好望角

在这里，看见新世界

强敌环伺下的弹丸小国何以成为军工强国？
一份来自前线的调研报告，一部有血有肉的以色列史

独霸中东 以色列的军事强国密码

THE WEAPON WIZARDS
How Israel Became A High-Tech Military Superpower

[以色列] 雅科夫·卡茨　[以色列] 阿米尔·鲍伯特——著

王戎——译

浙江人民出版社

图书在版编目（CIP）数据

独霸中东：以色列的军事强国密码／（以）雅科夫·
卡茨 （以）阿米尔·鲍伯特著；王戎译. —杭州：浙
江人民出版社，2019.11（2024.12 重印）
ISBN 978-7-213-09500-9

Ⅰ. ①独… Ⅱ. ①雅… ②阿… ③王… Ⅲ. ①军事
史-以色列 Ⅳ. ①E382.9

中国版本图书馆 CIP 数据核字（2019）第 226958 号

浙江省版权局
著作权合同登记章
图字：11-2019-177号

独霸中东：以色列的军事强国密码

[以色列]雅科夫·卡茨 [以色列]阿米尔·鲍伯特 著 王戎 译

出版发行：浙江人民出版社（杭州市环城北路 177 号 邮编 310006）
市场部电话：(0571)85061682 85176516

丛书策划：王利波		营销编辑：陈雯怡 陈芊如	
责任编辑：汪 芳		责任校对：陈 春	
责任印务：程 琳		封面设计：张庆锋	

电脑制版：杭州大漠照排印刷有限公司
印 刷：浙江新华数码印务有限公司

开 本：880 毫米×1230 毫米 1/32 印 张：9.125
字 数：200 千字 插 页：6
版 次：2019 年 11 月第 1 版 印 次：2024 年 12 月第 10 次印刷
书 号：ISBN 978-7-213-09500-9
定 价：69.00 元

如发现印装质量问题，影响阅读，请与市场部联系调换。

出版者言

当今的世界与中国正在经历巨大的转型与变迁，她们过去经历了什么、正在面对什么、将会走向哪里，是每一个活在当下的思考者都需要追问的问题，也是我们作为出版者应该努力回应、解答的问题。出版者应该成为文明的瞭望者和传播者，面对生活，应该永远在场，永远开放，永远创新。出版"好望角"书系，正是我们回应时代之问、历史之问，解答读者灵魂之惑、精神之惑、道路之惑的尝试和努力。

本书系所选书目经专家团队和出版者反复商讨、比较后确定。作者来自不同的文化背景，拥有不同的思维方式，我们希望通过"好望角"，让读者看见一个新的世界，打开新的视野，突破一隅之见。当然，书中的局限和偏见在所难免，相信读者自有判断。

非洲南部"好望角"本名"风暴角"，海浪汹涌，风暴不断。1488 年 2 月，当葡萄牙航海家迪亚士的船队抵达这片海域时，恰风和日丽，船员们惊异地凝望着这个隐藏了许多个世纪的壮美岬角，随船历史学家巴若斯记录了这一时刻：

"我们看见的不仅是一个海角，而且是一个新的世界！"

浙江人民出版社

以色列生存下来的方式非同寻常。在缺少自然资源的情况下，以色列充分利用人力资源，成为农业和安全技术领域的强者。《独霸中东：以色列的军事强国密码》让我们看到，人是未来最宝贵的资源，让一片土地变得真正富饶的是一个个工人、战士和开拓者。

——以色列前总统和前总理　西蒙·佩雷斯

本书回顾与分析了以色列军队和技术部门创造与筹划的一系列具有颠覆性的武器和战略。卡茨和鲍伯特完美诠释了一个国家生存下来并开拓进取的秘密：追随圣经中基甸那样的军事天才，并培养各种"麻烦制造者"。

——美国中央情报局前局长　R. 詹姆斯·伍尔西

如果没能在技术上领先对手很多步，以色列根本没法存活到今天。本书首次讲述了以色列是如何解决各种看似无法解决的技术挑战的。卡茨和鲍伯特是具有丰富行业经验的优秀记者，只有他们才写得出这样既有权威性又才华横溢的作品。

——《创业的国度》作者之一　索尔·辛格

对于任何希望理解以色列及其军队的人而言，这都是一本必读之作。作为以色列最知名的两位国防事务记者，卡茨和鲍伯特生动地讲述了以色列如何在无尽的冲突中勇往直前并最终成为一个军事强国的故事。

——以色列国防部前部长和国防军前总参谋长　沙乌勒·莫法兹中将

本书精彩地解释了以色列是如何成为全世界军事创新的重要起源地的。从用玩具飞机改装无人机到对伊朗发动网络战，《独霸中东：以色列的军事强国密码》为我们讲述了以色列的神奇故事。

——美国对外关系委员会高级研究员　埃利奥特·艾布拉姆斯

富有活力的创新文化使以色列成为世界上最为重要的创业和科技驱动型经济体之一，而作者非常巧妙地阐释了这种创新文化中最为关键的部分。

——《华尔街日报》

本书生动阐述了以色列发展成为军事强国的历史……如果将《独霸中东：以色列的军事强国密码》视为一部小说，它特别像霍雷肖·阿尔杰的作品；如果将其视为圣经故事，它很容易让我们联想到大卫同歌利亚间的战斗。

——《纽约时报书评》

身为军事记者和国防分析员的雅科夫·卡茨与阿米尔·鲍伯特回顾了以色列成为世界六大军火出口国之一的发展历程……讲述了这个两千年来没有国家的古老民族如何回到故土，面对重重困难，不仅生存下来，还实现了繁荣的故事。

——改革派犹太教网

引人入胜。

——《国家利益杂志》

本书内容十分丰富，从导弹防御系统到无人机，以色列在利润丰厚的军事科技领域处于全球领先地位，以至于改变了中东乃至全球战场的面貌。

——谢尔顿·科什纳，《以色列时报》

许多精确作战武器都源自以色列。本书为我们讲述了这个小国如何以及为何研发这些先进武器。

——《新亚特兰蒂斯》

为何这个弹丸小国能成为先进武器研发的先锋，在无人机、卫星、导弹防御系统、网络战等领域发挥了巨大作用？作者在书中很好地提出并解答了这个问题。

——《生存》

非常精彩……作者以引人入胜的方式呈现了以色列发展提升国防能力的历程。

——《美国思想家》

通过阅读《独霸中东：以色列的军事强国密码》，我们可以真实感受到保卫犹太国之艰难……其中关于武器研发的内容不仅吸引人，还非常重要。

——《犹太杂志》

在许多领域，以色列取得了许多国家联合起来都难以取得的成就，其中有的成功经验完全可以复制。任何一位关心就业增长的有责任感的政治家和任何一位致力于领导力和团队建设的首席执行官都应当学习这些经验。《独霸中东：以色列的军事强国密码》应当列入每一位行政人员、政治家和公司经理的必读书目当中。

——本·罗斯科，《以色列时报》

精彩绝伦……作者讲述的关于武器和创新的故事非常吸引人。

——《圣路易斯犹太之光》

本书介绍了现代军事世界一些鲜为人知的领域，很有启发性。

——《柯克斯评论》

卡茨和鲍伯特成功地为我们展示了以色列一直以来通过极具创新和有效的方式应对安全问题的独特文化。

——以色列鲁宾研究中心

译者序

　　以色列的传奇色彩无需更多笔墨渲染。这个资源匮乏的小国短短几十年间在经济、科技和文化等领域创造了诸多奇迹。谈到以色列军事，许多人都首先会想到高科技武器，如"梅卡瓦"坦克和"铁穹"防御系统。但这些武器是如何研发出来的？为什么成功研发出这些武器的是以色列，而不是其他国家？雅科夫·卡茨和阿米尔·鲍伯特所著的《独霸中东：以色列的军事强国密码》一书详细分析了其中的原因，弥补了这方面的空白。

　　本书原著于 2017 年出版。作为军事记者，两人长期跟踪和报道巴以冲突与地区军事动态；作为以色列公民，他们都拥有在国防军服役的独特经历。《独霸中东：以色列的军事强国密码》体现了两人10 多年来的业务积累和学术思考，是了解以色列高科技武器的必读之作。卡茨 1979 年出生于美国，后来移民以色列，定居耶路撒冷。他曾担任以色列教育部前部长纳夫塔利·贝内特的高级外交顾问，目前担任以色列乃至整个中东地区最具影响力的英文报刊之一《耶路撒冷邮报》的主编，同时在哈佛大学教授新闻学。除了从事教学和新闻工作，卡茨积极尝试专著创作，他的第一本书《以色列和伊朗：影子战争》于 2012 年出版。鲍伯特也是以色列人，出生于 1974

年，长期在以色列各大报刊和媒体工作，先后在以色列《晚报》和瓦拉网担任军事记者和国防分析员。他在巴伊兰大学获得博士学位，博士论文讨论的是军队、情报界和媒体之间的互动关系。他经常就以色列安全问题发表演讲和接受媒体采访。

在很多人心目中，以色列是"高科技武器"的代名词，但实际上，以色列在这方面起点很低，缺"小米"，少"步枪"，还没"子弹"。作者在《地下工厂》一章中对这个问题进行了详细介绍。接下来，卡茨和鲍伯特从无人机、坦克、卫星、火箭弹拦截系统、情报机构、网络病毒和军火外交等方面介绍了以色列军事工业从无到有、从弱到强的历程，在各个章节按照时间顺序介绍了武器系统研发过程中的重要人物和事件，着重分析了高科技武器发展背后的驱动力。

第一，在作者看来，以色列所具有的历史背景和所处的安全形势是发展高科技武器一个极为重要的动因。自建国以来，以色列面临的战争和冲突几乎从未停息，如果连续几周新闻没有报道任何袭击事件，以色列人反而会感到些许不适应。为了解决现实问题，甚至是生存问题，"孤独"的以色列人必须"不择手段""先人一步"，正如书中引用的以色列国家安全机构辛贝特一位前任局长的话："这并不是以牙还牙，以眼还眼。而是在别人约你吃晚饭前，先约他吃个午饭。"由于资源有限，他们无法靠数量取胜，只能凭借科技获取质量上的优势，这一理念从一开始就成为以色列国防安全战略的核心思想。这就是为什么"以色列的科研投入比例居全球之首，占国内生产总值约 4.5%，在许多排名中均被列为全世界最具创新性的国家。庞大的科研投入中有大约 30% 用于具有军事性质的产品"。

第二，以色列人的"虎刺怕"精神和以色列等级观念的缺失也有利于创新。"虎刺怕"一词源于意第绪语，在日常生活中常被理解为"胡搅蛮缠"或"厚颜无耻",但在本书中应该理解为"不屈不挠""不达目的誓不罢休"。译者曾在以色列留学和生活,在同以色列人交往时,书中提到的"虎刺怕"精神经常会让人感到难以适应,但用在做事上却非常管用。可以说,正是以色列人的"虎刺怕"精神导致以色列等级观念的弱化和缺失,而习惯打破等级制度的文化倾向又强化了以色列人"虎刺怕"式的民族性格。在其他国家,很难看到士官敢同将军就一个问题争论,但在以色列,这事一点也不奇怪。

第三,移民社会为以色列科技创新提供了丰富的人力资源。作者在介绍以色列人物时常常会用到"移民"一词:"莱纳特 1921 年出生于匈牙利,9 岁时随家人移民到美国,居住在宾夕法尼亚州的一个小镇""阿比·卡雷姆 1937 年出生于巴格达,1948 年以色列建国后随家人移民以色列"。的确,以色列是一个移民国家,不同地区的移民带来不同的文化传统和思维方式,而不同思想的碰撞往往能产生新的想法。在以色列内部,国防军是一个"社会中的社会",发挥着重要的熔炉作用。以色列实行义务兵役制,年满 18 岁后,男性需服役 32 个月,女性需服役 18 个月,不管是基布兹成员,还是正统教徒,不管是美国移民,还是俄罗斯移民,都要穿上国防军的军装,朝夕相处,并肩作战。以色列的开国之父们早就看到了以色列国防军在社会融合上可以发挥的巨大作用,并使之成为一个弱化阶级差异和促进社会融合的绝佳场所。

第四,密切的军地关系也是以色列成为高科技军事强国的关键。以色列大多数高科技公司和军火公司的创始人与研发人员都有军队服役经历,有的甚至曾是军队高级指挥官,他们知道战场上军队需要什么样的武器。在离开国防军后,他们大多成为以色列国防军预备役部队的一员，随时可能被召回参加训练或参与行动，所以，他们一直同军队保持着一定的联系。另一方面，以色列的高科技产业也离不开国防军的支持，国防军不仅为高科技产业输出人才，还输出技术，助推经济发展。

第五，美国因素在以色列成为军事强国的道路上也发挥了重要作用。以色列诸多武器系统的研发都离不开美元。在建国后的多次战争中，美国几乎全都站在以色列一边，美以特殊关系得以形成：美国公开使用以色列军事设施，并帮助以色列修建半公开共享军事设施，进行军事情报搜集与预警合作，举行联合军事演习，还在以设立了军事代表处。美国对以色列的经济和军事援助是两国安全合作的重要内容。1948—2014 年，美国对以色列的援助额高达 1200 亿美元，其中 75％用于购买美国商品。2007 年，根据美以达成的有效期为 10 年的《安全合作协议备忘录》，美国同意为以色列提供 300 亿美元的军事援助。2016 年 9 月，美国和以色列达成一项新的军事援助协议，从 2018 年起 10 年内为以色列提供约 380 亿美元的援助。包括"铁穹"在内的先进武器系统都离不开美国的资助。当然，美以特殊关系也成为以色列同中国等国家开展军事外交和军火贸易的障碍。

对于一个经历了漫长的大流散和长期的反犹主义折磨的民族而言，"不安全感"已成为以色列"民族基因"的一部分，有的学者称之为"岛民心态"。在其作用下，只有通过不断发展军事科技，使自己的武器系统在技术上遥遥领先于本地区其他国家，以色列人才能获得"相对的安全感"。译者认为，这种深层次的不安全感也是促使以色列成为高科技军事强国的重要原因。但正如作者在文中提到的，其他国家或组织的军事技术也在飞速发展。比如，作为一个无人机大国，以色列已开始应对来自哈马斯和伊朗的无人机威胁；继以色列成功发射卫星后，2009 年，伊朗成功将第一颗自行研制的"希望号"卫星发射到太空，2015 年，又成功发射了一颗侦察卫星；当以色列成功借助"震网"病毒使伊朗的离心机瘫痪后，伊朗也成立了自己的网络作战单位，每年投入 10 亿美元用于研发有效的攻击手段，连本书作者也承认，"两国间一场更大规模网络战的爆发似乎只是时间问题"。

　　从作者的这些话中，我们一方面能体会到他们对以色列的信心，但另一方面又能感受到他们对未来的一丝忧虑。即便赢得未来所有的战争，以色列能做到毫发无损吗？能获得长久和平吗？可以说，在可预见的未来，以色列人仍将生活在这种缺乏安全感的状态中，高科技军事强国的地位并不会实质性改变以色列的命运。在全书的论述过程中，两位作者就军事论军事，没有太多政治性判断，对于以色列如何解决地区冲突，如何应对未来必然出现的种种危机，他们并没有提供太多哲学层面的思考，这或许和两人都是记者出身有一定关系。我相信，在读完本书后，对于这些问题，每一位读者应该都会形成自己的看法。

　　作者用了一个章节的篇幅介绍以色列的军火外交。面对国际社会的孤立，军火外交在打开外交局面上发挥了重要的作用。此外，作者还解释了一个被很多人忽视的问题。事实上，"由于军队规模很小，不管过去还是现在，以色列国防军都很难通过常规采购刺激本土国防企业研发高端武器。因此，以色列国防企业生产的大多数产品都用于出口。只有这样，这些企业才能保持生产线的正常运行，并降低国防军的采购价格"。在某种程度上，正如 2007 年出版的《创业的国度》是以色列人对以色列高科技产业的一次成功营销，本书在一定程度上是对《创业的国度》的一种补充，也可视为对以色列武器的一次营销尝试。但另一方面，武器一旦卖到其他国家，以色列就失去了绝对控制权。未来这些武器或技术是否会落到敌人手中？这也是以色列始终面对的一个窘境。

此外，我想谈一谈本书的一些特点。受以色列国防军保密要求的限制，本书对于武器本身的介绍难以深入，有时会给人意犹未尽之感。书中谈到的许多行动属于秘密行动，还未解密，所以作者经常会用到"据报道"这样的表达。此外，本书篇幅有限，只能展现最能体现以色列特点的武器系统，无法面面俱到，如果读者想深入了解，可以将本书当作路标，搜索和研读专门论述相关问题的书籍和文章。

本书看似是一本军事书，实则侧重历史，更多篇幅在讲述武器研发过程中的关键人物和事件，以及这些人物所展现出来的品质和精神。从这个角度看，本书提供了一条了解以色列历史和以色列人民族性格的线索，也是一部有血有肉的以色列史。

最后需要指出的是，作者在写作时的假想读者是对以色列以及以色列国防军都有一定了解的人，因此，译者在文中添加了脚注，对部分专有名词进行了解释。为了让读者有更流畅的阅读体验，译者认为有必要在此对以色列国防军做一简要介绍：

以色列国防军向来具有神秘色彩，从不公布军力和战略，但根据全球军力（Global Fire Power）2019 年的数据，以色列现役军人大约有 17 万人，预备役部队大约有 44.5 万人。

以色列国防军的前身为英国委任统治时期的地下武装组织"哈加纳"（Haganah，希伯来语中"防御"之意）。1948 年建国后不久，以色列第一任总理本-古里安结束了哈加纳的"秘密地位"，成立以色列的官方军队——以色列国防军。包括伊尔贡、莱希在内的地下组织也并入国防军。

以色列国防部负责以色列国家防卫事务，其办公室位于特拉维夫的基尔亚（HaKirya），书中提到的"波尔"指挥中心就位于此。国防部部长由文职政治家担任，被认为是以色列内阁的二号人物。安全历来是以色列的头等大事，因此总理有时兼任国防部长，许多国防部长后来也成了总理。

总参谋部（希伯来语简写音译为马特卡尔）全面负责陆、海、空三军作战指挥和训练。总参谋长实际上是以色列国防军总司令，也是全军唯一一名中将。总参谋长在国防部部长的推荐下由政府内阁任命，直接向国防部部长汇报工作。以色列总参谋长影响力很大，以色列前总理拉宾和巴拉克都曾担任总参谋长。本书前言中提到的总参谋长甘茨2015年卸任后组建蓝白党，参加了2019年以色列大选，成为有望打破内塔尼亚胡长期统治的有力竞争者。

以军实行"总参谋部—战区（军种）司令部—师"三级指挥体系。通常情况下，以军总参谋长和副总参谋长通过战区司令部和海军、空军司令部对所属的陆、海、空三军实施逐级指挥，较之世界其他国家军队，以军指挥链更短，效率更高。总参谋部下设六个部、四个战区司令部和海、陆、空三军。总参六部分别为计划部、作战部、军事情报部、人力资源部、C4I（C4I是指挥、控制、通信、电脑和情报的集成）部和科技后勤部；四个战区司令部分别为北部战区司令部、中部战区司令部、南部战区司令部和后方司令部。总参谋部的直属单位还包括军事法院、军事学院等。2011年，以色列军方宣布成立"纵深司令部"，负责在伊朗等地实施特种作战。纵深司令部实际上是一个设在总参谋部的指挥部，负责指挥以色列精锐侦察部队和特种部队。

以色列陆军人数最多，包括步兵、装甲兵、炮兵、工兵和战场情报搜集兵（战场情报搜集兵不同于军情部下属的情报部队）等。步兵中最精锐的为伞兵旅，许多以色列人都以当过伞兵为荣；其他知名步兵单位包括戈兰旅、南部的纳哈尔旅以及吉瓦提旅，这些军事单位在建国以来的各大战争中立下了赫赫战功。

以色列空军被认为是中东地区最强大的空军力量。以色列空军在 20 世纪 70 年代前主要使用法国制造的战斗机获取战场制空权。70 年代后，开始大规模换装美制飞机，同时以色列开始尝试自行设计战斗机。2016 年，美国将首批 F-35 战斗机交付以色列，逐渐取代之前的 F-16 战斗机。

20 世纪 50 年代末，在法国的协助下，以色列在内盖夫沙漠的迪莫纳建立了核武器设施。但以色列采取"核模糊"政策，既谋求核威慑，也规避"国际合法性"的问题。通过"海豚"级潜艇、"杰里科"导弹和战斗机，以色列理论上能够通过海、陆、空实现核武器投放。

以色列实行义务兵役制。近年来，越来越多的女兵进入作战部队，这成为以军一大特色。以色列的义务兵役仅限于犹太人、德鲁兹人和切尔克斯人等民族，不征召阿拉伯人服义务兵役。极端正统教派的犹太人通常推迟服役，直到超出法定服役年龄，这种做法起源于本-古里安时代，现在争议很大，成为不同政党间的矛盾焦点之一。以色列军人服完义务兵役后，退出现役，成为预备役人员，也可在服役期快满时提出申请，继续和军队签订合同，成为职业军人。以色列国防军预备役部队的规模更大，组织结构更为稳定，它们保持着现役时期的上下级关系、武器装备和训练模式，在战时能迅速转化为战斗力。

以色列由于国小人少，平时无力保持庞大的常备军，因此在第一次中东战争后，以色列就创立了高效的动员机制，在军队和地方都有相应的动员机构；由于在世界其他地方还分布着大量犹太人，以色列还拥有一套吸收海外犹太人参军入伍的制度。第四次中东战争爆发 48 小时后，国防军动员了约 30 万预备役人员，约占当时总人口的 7.9%，使总兵力由 11 万人迅速增加到 40 余万人，为以色列转败为胜奠定了兵力基础。但近年来，由于爆发大规模常规战争的可能性几乎不复存在，以色列对预备役人员进行大规模动员的可能性也随之下降。

国防安全战略以国家目标为基础，以色列的国家目标包括确保以色列的生存和安全、以色列国的犹太性和民主性、以色列的社会经济发展以及以色列在地区和国际上地位的稳固和提高。从总体上看，以色列国防安全战略的内容包括先发制人、速战速决、威慑战略、武器质量优势、高度戒备与快速动员。

人们一般认为以色列三面受敌，地缘政治环境极为恶劣，但实际上，以色列在 20 世纪 70 年代末和 90 年代中期分别同埃及、约旦实现和平，"阿拉伯之春"后叙利亚阿萨德政权实力大减，周边紧张局势大幅改善。目前以色列面临的直接威胁主要来自南边加沙地带的哈马斯和伊斯兰"圣战"组织、北边黎巴嫩的真主党和更遥远的伊朗，其中对以色列威胁最大的还是伊朗，尤其是伊朗导弹的威胁。基于以色列周边和中东地区形势的变化，未来以色列国防军的关注重点主要集中在以下几个方面：继续维持大规模杀伤性武器的威慑力；对威胁来源保持实时情报覆盖；维持空军在中东地区的绝对优势；提供多层次的防空体系；提高静态防御能力，限制非国家行为体通过地道等途径向以色列渗透；继续维持袭击远距离大量目标的能力；维持部队的科技优势。

在对外关系上，以色列和美国、法国、印度、德国、英国、俄罗斯和土耳其等国都存在较为密切的军事关系。但毫无疑问，目前以及在未来很长时间内，美国都将是以色列最重要的合作伙伴。

中国和以色列具有极强的互补性，自两国建交以来经贸关系不断发展，以色列也成为中国"一带一路"建设在中东地区的重要支点。其实，不只是高科技军事武器，这个国家和民族很多方面都值得学习。虽然中以关系的发展受到一些外部因素的限制，但作为两个最为古老的民族，我们一方面应该吸收各自古老文明的智慧，一方面应该不断开拓创新，探索出一条长久的合作共赢之路，让世界变得更美好。

最后，我想在此感谢在翻译本书过程中给予我无私帮助的师长和朋友，其中包括中国驻以色列大使馆武官张溯大校、信息工程大学洛阳校区副教授刘海龙、中国人民警察大学讲师李志博、四川大学国际关系学院讲师修光敏和浙江人民出版社编辑汪芳。

王　戎

2019 年 10 月

序 言

本书源于我们两人在 2012 年春天的一次对话。当时，"铁穹"（Iron Dome）防御系统刚刚在加沙地带的作战中证明了其有效性，以色列在其他科技领域也突飞猛进。不过以色列的敌人同样如此：2012 年 2 月，伊朗将其第三颗卫星独立送入太空；叙利亚旷日持久的内战仍在继续；邻近的黎巴嫩真主党①则利用这一地区形势继续囤积火箭弹，其数量和质量都达到前所未有的水平。

作为以色列资深军事记者，我们两人每天都在报道以色列国内、周边和整个地区频繁爆发的事件与冲突，但我们总感觉这个故事讲述得还不够完整。以色列军队比历史上任何时期都要强大，拥有新型无人机、隐形飞机和潜艇，以色列导弹的精度越来越高，坦克的防护能力也越来越强。但以色列敌人的军事能力也在提升，特别是伊朗和黎巴嫩真主党。这场规模空前的军备竞赛可能带来非常严重的后果。

多年来我们一直重点关注以色列军事。我们两人都是以色列国防军的老兵，现在仍在预备役部队服役。我们不仅是以色列所处冲突

---

① 该组织主要分布在黎巴嫩南部的什叶派地区，受伊朗和叙利亚支持。——译者注

的观察者，也是参与者。在第二次因提法达①、以色列撤出黎巴嫩行动、以色列撤出加沙行动、第二次黎巴嫩战争和国防军在加沙地带的多次行动中，我们都身临前线进行采访，有时甚至深入敌后。

由于工作原因，我们登上过以色列的潜艇和导弹舰，坐过以色列的直升机和 C-130 运输机，在加沙地带和约旦河西岸②的黎明前突袭中，还和以色列国防军步兵并肩坐在装甲车里。

我们长期关注以色列国防军的变化和发展，观察这支军队如何适应新的威胁和挑战，不管是巴勒斯坦自杀式爆炸袭击者、真主党火箭弹还是伊朗核计划。近年来，中东地区空前混乱，以军也变得更为警惕。"阿拉伯之春"爆发后，地区形势发生剧烈变化，以色列南部和北部边界外出现了包括"伊斯兰国"在内的新的敌人。

以色列极度依赖它长期以来努力创造的威慑力。我们认为这种威慑力有三个核心支柱：以色列可能存在的核武器能力、以色列和美国的战略联盟关系以及国防军的常规作战能力。

这是第一本专门讲述以色列如何在军事领域研发和创造高新技术与尖端武器的书。从建国到今天，这个国家一直面临着来自整个地区的威胁和挑战，所以这本书的内容在时间上涵盖了整部以色列国的历史。

为了把故事讲好，我们认为最好的方式是根据以色列擅长的技术和武器将书分为不同章节。大多数情况下，我们遵循时间顺序原则，但有时也会在时间轴上来回跳跃，比如从 20 世纪 60 年代跳跃到

---

① 因提法达是 Intifada 的音译，在阿拉伯语中是"抖落""摆脱"的意思，指巴勒斯坦人在 1967 以色列占领的土地上对以色列人发动的大起义。有时也译为"巴尔斯坦大起义"，本书采用音译的方法。——译者注

② 以色列于 1967 年从约旦手中夺得的位于约旦河以西的领土，圣经时代称为"犹地亚和撒玛利亚"。——译者注

当下，然后又跳回 60 或 70 年代。我们这样做是为了让读者更为全面地了解每一种武器是如何诞生的，发明者是谁，是什么让这些人和这些技术如此与众不同。本书中每个章节都具有特殊性和独立性，而组合在一起则能构成一幅更为庞大和全面的图景。

目　录

前　言

"把望远镜给我。"以色列国防军总参谋长本尼·甘茨中将吩咐他身旁的军官。他将眼睛对准目镜，对焦到几英里外的画面，在冬日暖阳的照射下，他的眼睛眯成了一条缝。

甘茨正在卡比尔山上做着他最爱做的事：进行区域评估，观察这个他要保护的国家的每一寸土地。

向北望去，他清楚地看到叙以边境上黑门山白雪皑皑的山峰。向东转 90 度，他看到约旦，把望远镜角度调低一些，还可以看到居住有 13 万巴勒斯坦人的小城纳布卢斯。

从望远镜中看到的这些画面在提醒他：以色列太小了！甘茨站在那感慨道：这里根本没有战略纵深可言，敌人近在咫尺。

"那是什么？"甘茨向地区旅旅长尼姆罗德·阿洛尼问道。和总参谋长一样，阿洛尼的军旅生涯也是从伞兵部队开始的。甘茨用手指着那个方向说道："那里！那个满是窗户的白色大型建筑是……?"

阿洛尼把挂在胸前的枪挪到一边后，也拿起望远镜对焦，然后说道："哦，那是一个商场。"

纳布卢斯不是普通的巴勒斯坦城市。在始于 2000 年的那场被称为第二次因提法达的骚乱中，纳布卢斯成为以色列通缉犯的大本营。

当时甘茨所指挥的师专门负责约旦河西岸的安全，来自伊斯兰"圣战"组织和哈马斯①的激进分子在纳布卢斯老城（也称为卡斯巴城）的石头迷宫中建立了许多炸弹实验室和指挥所。卡斯巴城最早由罗马人修建，后来经马穆鲁克人和土耳其人扩建，拥有复杂的地道网络和隐蔽的藏身处，为逃亡的激进分子提供了极大的便利。

以色列国防军经常被派到这座城市实施突击行动，搜捕激进分子。但近年来，纳布卢斯发展迅速，激进主义处于历史低点，国防军也明显减少了在这座城市的活动。

第二次因提法达之后的几届以色列政府，都试图同巴勒斯坦人就和平协议进行谈判。2008年，时任以色列总理埃胡德·奥尔默特向巴勒斯坦总统马哈茂德·阿巴斯提出了一个历史性的解决方案，但遭拒绝。2009年，为了重启和谈，以色列总理本雅明·内塔尼亚胡同意冻结定居点建设，这是以色列前所未有的举动。最终，虽然双边对话得以重启，但还是未能达成任何协议。

2012年甘茨此次视察边境时，位于纳布卢斯的巴勒斯坦证券交易所的指数创下新高，而当时阿拉伯世界的证券市场普遍处于熊市。因新一轮和平谈判即将开始，人们对此抱有很大希望。

当然，甘茨这时视察约旦河西岸还有另一个目的。

几年前，发生在突尼斯的街头抗议活动像野火般迅速蔓延，"阿拉伯之春"由此诞生。穆阿迈尔·卡扎菲在利比亚被捕并被处决；胡斯尼·穆巴拉克在埃及的统治被推翻；巴沙尔·阿萨德开始同反政府武装作战，叙利亚这场血腥和充满争议的内战直到今天还在继续，一定程度上促成了"伊斯兰国"和全球"圣战"组织的崛起；在黎巴嫩，真主党不断囤积先进的武器装备，这支威胁以色列的力

① 伊斯兰抵抗运动组织的阿拉伯语首字母缩写。——译者注

量不再只是游击队，而逐渐成为一支成熟的武装力量。

以色列国防界很担心这种不稳定局势会继续蔓延，甘茨想要确保约旦河西岸的稳定，如果不能，以色列国防军必须时刻做好作战准备。

甘茨一开始并非总参谋长的人选，但由于第一人选被认为资历不够，他很意外地获得了这个职位。

所以，已经退休的甘茨被召回，穿上熟悉的军装，接受了这一要职。

4

以色列国防军总参谋长本尼·甘茨中将在 2011 年一次军事训练中和战士们谈话（以色列国防军提供）

他曾和人们说："我最喜欢的事情就是和我的战士们待在前线。"

听取了几个军情简报后，视察结束。甘茨登上他那辆装甲吉普车的后座，准备前往附近的直升机停机坪。他的随从参谋开始有些紧张，和往常一样，甘茨在时间上已落后于行程安排。吉普车离开基地，开上一条颠簸小路，绕过小山，从车上可以看到山上的一个犹太人定居点，定居点房屋的外墙都被刷成白色，屋顶都是红色的。

"停车!"甘茨突然对司机说道。

"怎么了?"司机望着眼前径直穿过约旦河西岸中心地带的荒无人烟的道路。

总参谋长语气更加坚定地重复道："停车。靠边停在那吧。"

司机迅速一脚刹车，将车停了下来。

总参谋长对随从参谋说："给我接通尼姆罗德。"尼姆罗德就是刚才陪同他视察的地区旅旅长。接通后，甘茨拿起电话说道："尼姆罗德，我的吉普车被路边炸弹击中，我受伤了，我的一名战士被劫持。"阿洛尼还没来得及回答，甘茨就挂掉了电话。

甘茨走下吉普车，看了看他那块银色的百年灵手表，然后坐在旁边一块石头上。他捡起一根树枝，抖落上面的尘土，一边用手折树枝一边说道："现在我们开始等他们。"

几分钟后，一群全副武装的战士出现在道路上，开始搜寻"被劫持"的战友；几辆军用悍马吉普车开到附近的高地，车上装有显示附近所有军力部署情况的等离子显示屏；天上还传来无人侦察机的引擎声。

时间在流逝，甘茨一边看着这些战士，一边看着自己的手表。10分钟后，阿洛尼出现在他跟前，但甘茨并没太多话要同他说。

"好吧，辛苦了，再见!"说完，他登上吉普车，只留下一团扬起的尘土。

这只是甘茨一个普通工作日，但他想利用这个机会传达一个重要的信息：中东局势极为混乱，以色列国防军指挥官必须确保部队能够应对随时可能爆发的战争。

甘茨说："鉴于地区的不稳定程度，下一次战争来临时，我们很可能没有太多预警时间。但我们会获得胜利，因为我们的战士已做好准备，他们还拥有最好的科技支持。"

以色列有不少军事科技在国际军火市场上非常受欢迎，从那天下午甘茨组织的突击演习中我们已经可以领略到几分以色列军事科技的风采。

首先赶到现场的悍马吉普车内配备的等离子显示屏是国防军所使用的指挥和控制系统的一部分，这一具有革命性的系统被称为"查亚德"（Tzayad），希伯来语中是"猎手"的意思。该系统工作原理同全球定位系统（GPS）导航类似，但不同于导航系统，它能够精确显示所在地区所有军力的确切位置，并能够区分友军和敌军。如果一名战士发现一个敌人的位置，他只需在电子地图上标注该敌人的位置，这一信息就可以马上出现在该系统所有用户的屏幕上。

这一科技正在改变作战方式，带来明显的战场效果，它大大缩短了从发现敌人到开火之间所需的时间（也称为"从传感器到射手"的周期）。"查亚德"系统的准确性及其在以色列国防军的成功运用已被广泛认可。2010 年，澳大利亚为采购该系统支付了 3 亿美元；2014 年，一个拉丁美洲国家投入 1 亿美元购买该系统。

在营救"被劫持"士兵的演习中，匆忙跑到现场保护总参谋长的战士所持的是以色列武器工业公司（IWI）研发的"塔沃尔"（Tavor）突击步枪。由于重量轻、精度高、尺寸小，"塔沃尔"突击步枪已取代美式 M-16 突击步枪成为以色列国防军的首选武器。自从该步枪在以色列服役以来，从哥伦比亚到阿塞拜疆，从马其顿到巴西，到处都可以看到它的身影。

6

　　甘茨那辆在假想中被炸弹袭击的吉普车装备有普拉桑·撒萨公司设计和生产的防护装甲，这家以色列公司位于动荡的黎以边境附近一个小型基布兹①内。

　　20 世纪 80 年代，这家公司成立于该基布兹的白色粉刷外墙房屋和猕猴桃果园中，凭借极具创新性的装甲迅速引起以色列国防军的注意。通过使用高密度复合材料，这些装甲能够在不显著增加车辆重量的情况下为车辆提供防护，减少火箭助推榴弹（RPG）和简易爆炸装置（IED）带来的伤害。

　　美国先后对阿富汗和伊拉克开战，在战场上，简易爆炸装置很快成为造成美军伤亡的最主要原因。因此，撒萨公司的订单量猛增，公司利润也很快从 2003 年的 2300 万美元上升到 2011 年的 5 亿美元。

　　在纳布卢斯上空，以色列国防军无人机在密切监视这座巴勒斯坦城市和附近以色列军队的部署情况。2011 年初，以色列国防军启动了"天空骑士"计划。随着该计划的推进，每个野战营都配备了轻型"云雀"（Skylark）无人机。研制这款无人机的是以色列主要国防承包商埃尔比特系统公司（Elbit Systems）。"云雀"无人机的发射方式就像橄榄球四分卫发球一样简便，它所提供的近距离情报对于步兵作战行动至关重要。该无人机的列装进一步巩固了以色列在无人机和无人系统研发上的世界领先地位。

　　从卫星到导弹防御系统，从无人机到网络战，以色列在现代战场的各项军事技术领域都处于世界前沿。作为一个仅有 800 多万人口的小国，以色列如何成为一个世界军事强国，并研发出改变全球战

---

　　① 基布兹最早是基于社会主义原则建立的集体社区，主要从事农业生产。在以色列建国后的几十年内，基布兹是最具以色列特色的组织。——译者注

争方式的科技？这正是本书要讲述的故事。

2013 年，在以色列南部的一次军事演习中，一名以色列国防军战士正在发射一架"云雀"无人机（以色列国防军提供）

由于以色列的成功，许多航空航天业巨头、武器制造商甚至国家政府纷纷来到这个犹太国家取经，学习创新、驱动力和科技的独特结合方式。

美国、法国、英国、印度、俄罗斯和澳大利亚的大型企业，经常同规模远小于它们的以色列国防公司签订合作协议。

60 年前，以色列的主要出口产品是橘子和假牙，而今天，已变成电子产品、软件和先进医疗设备。不得不说，这是一个非常吸引人的故事。

根据英国简氏信息集团的军事贸易出版物的统计，以色列是世界六大武器出口国之一，仅武器一项就占到该国出口总额的 10%。2007 年以来，以色列军火的年均出口额约 65 亿美元。2012 年，以色列 1000 家军工企业共出口了价值 75 亿美元的军火，创造了新的纪录。[1]

尽管国家很小，但以色列的科研投入比例列全球之首，占国内生产总值约 4.5%。在许多排名中，以色列都持续被列为全球最具创新性的国家。庞大的科研投入中有大约 30% 用于军事类产品，相比之下，德国该比例只有 2%，即便美国也只有 17%。[2]

对于以色列，著名报刊专栏作家和美国有线电视新闻网（CNN）主持人法里德·扎卡利亚曾这样写道："它的武器更加先进，通常比对手的武器要领先一代。以色列的技术优势对现代战场产生了深远影响。"[3]

以色列是如何做到这一点的？

这就是本书试图回答的主要问题。我们将通过介绍以色列具体的武器和战术的发展历程来作答。每一种武器都是因时因势而出现的，武器的发明者拥有不同的灵感和动机，并借鉴了这个国家诸多的民族特性，而这一切又共同创造了以色列独特的创新文化。没有任何一个民族特性能独立存在，以色列能成为一个军事大国，离不开这些民族特性的共同作用。

以色列文化经常被描述为一种充满矛盾的文化。几十年来，以色列人试图同巴勒斯坦人实现和平，但直到今天，他们都没能重复 1979 年同埃及以及 1994 年同约旦取得的成功。以色列人不分男女都要服兵役，但这并没有让以色列社会变得纪律严明，相反，军队被认为是这个国家随意性和非正式性特点的主要来源。

以色列只有 800 多万人口，自然资源匮乏，但在纳斯达克上市的公司数量却排名全球第三，仅次于美国和中国。建国以来虽然军事冲突不断，但每年却能吸引 300 万名海外游客。

以色列经济和军事的成功，在一定程度上归功于这个国家面临的一系列威胁和建国以来为了生存而不断进行的战争。

甘茨将军的母亲在大屠杀期间曾是伯根·贝尔森纳粹集中营的一名囚犯，二战结束后才来到以色列，是成千上万逃离欧洲、寻找新家园的犹太难民之一。以色列宣布建国后，又有几十万来自周边阿拉伯国家的塞法迪犹太人被迫离开家园，来到以色列。

追求生存的努力从来就没有停止过。一开始，全国的食品只能限量供给，没有公共交通，医疗服务严重滞后，人们一度怀疑这个国家能否支撑下去。

1948 年独立战争爆发后，许多大屠杀幸存者刚刚坐船到达码头，迎接者就发给他们枪支，并把他们派往前线。他们中许多人甚至还没来得及学一句希伯来语就已战死沙场。据那些和他们并肩作战并活下来的人说，在战场上，为了保卫自己的民族和国家，这些人视死如归。

由于条件异常艰难，为了生存下来，面临困境的以色列人从一开始就不得不具备一些关键的能力，比如即兴发挥和适应变化的能力。

以色列前国家安全副顾问鲁文·盖尔解释说："以色列国防军刚成立时，献身精神、昂扬斗志、情报保障和应变能力弥补了部队在人员、武器与训练上的不足。这些特点最终成了以色列战士的标志。"[4]

除了新移民这一人力资本，以色列几乎没有其他资源可言，以色列人只能最大限度地利用手头有限的资源。建国之初，以色列内部困难重重，外部不断传来要灭亡以色列的声音（直到今天，伊朗等地还在发出这样的声音），以色列人必须培养自己的创新能力。换句话说，如果没有创新思维，以色列根本无法存活。

创新和生存之间的关系非常明显，正如以色列卫星计划提出者哈伊姆·埃塞德对我们所说的："断头台阴影下的头脑更敏捷。"

但这只能算原因之一。世界上在逆境中崛起的国家还有很多，韩国也在类似的国家安全威胁下实现了经济的快速发展，但韩国在先进武器研发上远落后于以色列。

以色列的另一个独特之处是等级结构的弱化。

这看上去不太像是一个优势，但正是社会等级结构的解体刺激了创新行为的产生。

等级缺失现象在以色列比比皆是，不管是在军队中，还是在大街上，甚至在政府办公室里，低层员工都可以直呼部长的昵称。

以色列简直是一个昵称之国：总理本雅明·内塔尼亚胡被公开称为"毕比"，国防军前参谋长摩西·亚阿龙被人们称为"博吉"，总统鲁文·里夫林常被叫作"鲁维"，反对党领袖艾萨克·赫尔佐格则被叫作"布吉"。

在日常生活中，以色列人惯于省去社交中的繁文缛节。在这样一个小国，每个人和领导人或公众人物间的距离都不会太远，不管是进大学还是预约一位著名的心脏病专家，他们都很善于使用"普罗泰克西亚"（这个词来自波兰语，"关系"的意思，相当于走后门）的方式来达成自己的目的。

前面提到过，实行义务兵役制的以色列国防军被认为是以色列非正式性特点的主要来源。在军队中，以色列人对等级制度特别反感，表现出强烈的"虎刺怕"精神。这个词来自意第绪语，大概可以翻译成"大胆""厚颜无耻"或"魄力"。

按规定，新兵应当称指挥官为"长官"，但几个月后指挥官就会开始一项"拉近官兵距离"的活动，士兵可以直呼其名，甚至可以不用敬礼。

可以想象一下，在以色列军队这个本应该固化组织结构和强调士兵纪律的单位，居然存在一个专门用来打破等级制度的仪式性活动。

著名军事历史学家马丁·范·克里费德对我们说："非正式和无等级是以色列相对于其他西方国家最大的优势。以色列比较小，人们互相都认识，加上几乎人人都在国防军服役过，人与人之间的距离感很容易被打破。"

缺少等级秩序的非正式文化表面看来会影响一个国家或组织进行长远战略思考的能力，但在以色列恰恰相反。沟通障碍的打破有利于创造一种鼓励思想自由交流的环境，当不同级别的军官在一起平等自由地对话时，他们往往能碰撞出新的思路。

比如，以色列空军（IAF）司令执行训练飞行任务时，你可能会以为他会带一位和他一样的资深飞行员，但实际上，他一般会让一名有时年龄只有他一半大的年轻飞行员坐在后排。

以色列前空军司令伊多·内胡什坦少将就曾同一名 25 岁的中尉一起飞过 F-16 战斗机。任务结束后，少将对我们说："在机舱内没有上下级之分。"

这样一来，年轻人能从前辈身上学到很多东西，反之亦然。飞行任务结束后，初级飞行员甚至可以批评高级飞行员的表现，不用担心被降职、失去晋升机会或受到惩罚。实际上，他们被鼓励这样做。

内胡什坦解释道："这种开放、专业和公平的文化正是我们通过

12

不断努力创造出来的。"

外国军官访问以色列时，这种文化经常会让他们感到震惊。

1992 年，曾担任美国导弹防御局局长的美国空军中将罗恩·卡迪什第一次访问以色列时，就深切感受到这种文化的冲击。

当时，美国 F-16 战斗机坠机事件频发，作为美国空军 F-16 项目负责人，卡迪什来到这个除美国之外拥有最大规模 F-16 战斗机机群的国家进行咨询。

到达空军基地后，负责接待他的以色列人带他参观了各飞行中队，还向他展示了一些机身涂有击落敌机标记的飞机。这些中间有蓝点的红圈记录着这些飞机在十年前第一次黎巴嫩战争中击落敌机的数量，其中一架以色列 F-16 战斗机曾击落过 7 架叙利亚飞机。

参观结束后，卡迪什被带到基地指挥官办公室讨论飞机的技术问题，桌上摆着以色列的特色茶点：加热过的脆皮芝士，土豆三角面包，再配上又浓又苦的土耳其咖啡。美以双方人员一起对飞机进行机械和技术上的评估。

这时，一名参加讨论的以色列人员和基地指挥官就飞机存在的问题争吵起来。卡迪什询问他的身份，原来这位和准将争吵的是一名士官机械师。虽然级别很低，但他的观点很有道理，所以大家耐心地听完了他的陈述。

卡迪什回忆说："我坐在那儿感到惊讶极了。美国的军队等级更加分明，人们不会随意表达自己的观点。但在以色列军队却完全看不到这一点，以色列空军就更不用说了。"

卡迪什看到的就是典型的以色列"虎刺怕"现象。在美国军队从没听说过有人敢说与自己身份不相符的话，更别说在外国军官到访时和自己的指挥官争吵了。但在以色列，没人会这样想。这位机械师所做的就是他多年来被训练和被鼓励去做的事情：勇于表达自己的想法。

以色列预备役部队比现役部队更强调这种精神。作为一名军官，要想晋升，你不但要在上级那留下好印象，还得让下属佩服你。

退役准将舒基·本-阿纳特曾担任以色列国防军预备役部队司令，他对我们说："如果一位预备役人员没有得到他要的答复，他会直接去找更高一级的指挥官。这样做并不是为了破坏制度，而是为了得到自己想要的结果，他才不会在乎等级制度。"

2006年第二次黎巴嫩战争后，亚历山德罗尼旅（以色列国防军预备役部队最精锐的步兵旅之一）旅长什洛米·科恩上校在召集士兵开战况分析会时，也亲身经历了类似事件。

战争爆发后，亚历山德罗尼旅的预备役人员被大批召回部队，当时有两名以色列士兵被绑架，火箭弹不断落在以色列境内，没错，这又是一场关乎国家生存的战争。

然而，实现停火后，当预备役人员回到以色列境内，他们难以控制内心的苦恼和愤怒。被派到黎巴嫩时，他们拿到的都是些过时或有故障的装备，他们不得不自己筹钱购买防弹衣和手电筒。在战场上，科恩的指挥也让他们感到很不满，他下达的命令经常变更，明显缺乏决断力。有好几天时间，他们受命待在黎巴嫩南部的村庄中，似乎在等着真主党进攻。由于补给物资从没送到他们手里，他们不得不冲到黎巴嫩杂货店找食物，有的人出于内疚会在柜台上留下一些钱。

战争结束两天后，科恩召集部队开会，试图解决当时存在的一些问题，会议地点就在北部古城采法特附近的松树林里，这座城市在战争期间曾频繁遭到真主党的火箭弹袭击。在会议上，科恩提醒预备役战士不要总是抱怨，否则后果自负，他还批评他们士气过于低落。

这时，预备役战士们忍无可忍，有的对他吼起来，还有的开始向他发出嘘声，直至科恩起身离开现场。他的言论让预备役战士非常愤怒，其中几人还决定到耶路撒冷的总理办公室抗议。

战士们的不满传到了指挥系统高层，最后，这位本来前程似锦的军官被派到一个东欧国家当以色列武官，在那结束了他的军旅生涯。

在西方军队中，对高级军官发出嘘声是不敢想象的事情，在以色列则不无可能。预备役人员认为自己的所作所为并不过分，既然一名军官犯了错误，他们就应该表达不满，至于这名军官是他们的上级，且他们自己身上还穿着军装，都是无关紧要的细节。

本-阿纳特能理解这些预备役人员的挫折感和失望。1973 年赎罪日战争①后，他有过同样的感受，当时国家调查委员会发现这场战争中存在大量系统性失误和错误。那时他还是一名战士，在战争中，他所在连队的坦克数量一度只有敌方的五十分之一。这场战争和战争中暴露出来的问题让他看到发展预备役部队的重要性，也让他明白以色列经不起打一场没有准备的战争。

战争结束后，虽然服役年限已满，但他决定继续服役。大多数预备役军人每年要被召回 14—21 天，但本-阿纳特的年服役天数达到120 天，他在预备役部队的级别因此也越来越高，虽然他的正式工作岗位是在以色列的一个情报机构。2008 年，他在服役了 35 年后晋升

16

---

① 即第四次中东战争，由于发生在犹太民族的赎罪日，这场战争被以色列人称为赎罪日战争。——译者注

为准将，被任命为以色列国防军预备役部队司令。

与一些西方国家不同，无论是在战争时期还是常规行动中，以色列国防军非常倚重预备役人员，这一传统可以追溯到国防军建军时确立的人民军队原则和义务兵役制度。本-阿纳特指出，虽然成立预备役部队的最初目的是确保紧急情况下拥有足够的兵力，但预备役人员的存在还对军队产生了许多其他方面的积极影响。

他解释道："预备役人员每年只在特定时间来到部队，所以千万不能让他们觉得你在浪费他们的时间。这让整个体系变得更为高效。"

军队以预备役部队为基础意味着士兵退伍后，哪怕已经上大学或进入职场，每年还要回到军队服役一段时间。预备役飞行员每周会抽出一天时间进行飞行训练，作战部队战士每年被部队召回 2—3 周，其中一半时间用于训练，另一半用于执行常规巡逻或边境行动。

同样，军工企业的工程师并不只在会议室和战士们讨论武器设计方案，每年被召回部队时他们也会穿上军装，成为战士。

当年的战场经验和后来在预备役部队的训练作战经验能够帮助以色列工程师更好地理解国防军在下一场战争中需要什么，以及如何满足这些需求。也就是说，军队就新武器系统提出的每一项"作战需求"都会简洁而明确，且照顾到每个细节。因为这些工程师亲身经历过战争，很清楚部队的需求。

为以色列国防军和美军坦克生产防护装甲的普拉桑·撒萨公司的一名员工说："我们知道坐在军车中的感受，甚至知道车辆被爆炸装置击中或被火力扫射时车内人员的感受。"[5] 这些经历已深深刻在他们的脑海中。

海法大学商学教授丹·佩莱德说："以色列工程师既熟悉以色列

的国防需求又熟悉科技，这在其他国家难以想象。"[6]

比如，美国会在国防承包商研发团队安排军代表，但他们常被视为外人。在以色列，这些"外人"就是自己人。他们的军旅生涯会持续很长时间，他们的双重身份是重要的国家资产。

范·克里费德更是直截了当地说："如果你手下 95％ 的人都没服过兵役，也没参加过任何军事行动，你怎么能指望他们设计出创新性武器？"

1992 年访问以色列时，另一个让卡迪什中将大开眼界的是该空军基地飞行员和战士的年轻化程度。在同等岗位上，他们很多人的年龄甚至只有美国和欧洲国家军官的一半。

美军的平均年龄是 29 岁，而以色列国防军的平均年龄是 20 岁出头。

这意味着，相对于其他国家的军人，以色列初级军官和普通士兵拥有更高的权限，需要承担更大的责任。此外，他们的上级军官也更少，以色列高级军官和作战人员比例为 1∶9，美国则达到 1∶5。很多时候，以色列的年轻士兵不得不独自做出一些重要决定。

在以色列，刚参军几年的年轻情报分析员经常可以直接向国防部部长和总理汇报工作。23 岁的年轻人就可以成为连长，负责约旦河西岸边界某一段的安全，一旦这一区域有恐怖分子渗透，或出现大规模袭击活动，他们就将被问责。

让年轻人承担责任有利于培养他们的领导力，这种领导力不但能在军队中发挥作用，在他们以后的人生中也一样管用。由于以色列长期处于冲突状态，战士们在年轻时就要经历很多险情，有时不止一次要做生死攸关的决定。

以色列前空军司令和国防部前任总司长大卫·伊夫里告诉我们："哈佛大学毕业生可能得到了一流的教育，拿到博士学位，但他们学习的都是理论知识。在以色列国防军，战士们得到的是关于人生的博士学位。"

以色列在战士身上的投入很大，他们被视为无价之宝，是全体以色列人的宠儿。以色列社会的确是这样对待他们的战士的。2011年，以色列释放了1000多名囚犯用于交换一名在加沙地带被哈马斯绑架的士兵。20世纪80年代以来，这样的交换行动已有多次。

在中东其他国家甚至整个世界都很少会发生这样的事情。一名士兵不仅对他的家人而言很重要，对整个国家来说也是如此。当一名士兵被绑架，每个家庭都会感到非常痛苦，他们明白，他们深爱的亲人也可能是那个被绑架的人。

义务兵役制还对以色列社会产生了另一个影响：军队发挥着熔炉的作用。这一点和以志愿兵役制为基础的西方国家截然不同。在大约10年前的美国，44%的士兵来自乡村地区，41%来自相对落后的南部，将近三分之二的人来自家庭收入低于国家平均水平的县。7

在以色列几乎人人都得服兵役，男性服役约3年，女性服役约2年。来自特拉维夫的富家子弟被召到作战部队时，会发现和自己一起训练的不但有来自南部欠发达城市的埃塞俄比亚犹太人，来自北部的俄罗斯移民，还有来自约旦河西岸定居点的宗教人士。国防军不允许社会壁垒的存在。在这里，从没接触过高科技设备的穷孩子可以拥有操作这些设备的机会，在一个没有智能手机的家庭长大的孩子可能突然被训练为网络操作人员。一旦穿上军装，社会经济和种族的标签都不复存在。

熔炉作用也是促进创新的动因之一。只有当人们在一起畅所欲

2016 年 3 月，戈兰旅的新兵训练（以色列国防军提供）

言时才能产生创造力，要实现这一点，他们必须彼此了解，说着同样的语言，有着同样的文化。在以色列，军队就是实现这一目的的绝佳场所。

以色列国防军鼓励军官接受跨学科教育。这一理念源于以色列可支配资源的匮乏，这不仅体现为原材料的匮乏，也体现为人才的匮乏。以色列人常开玩笑说，在国外航空公司，每一种螺栓或保险丝都有专家，但在以色列，工程师必须掌握多个领域的技能，同时完成多项任务。

这也是为什么许多高级军官或军工企业高管都拥有多个领域的学位。一位获得电子学学士学位的军官可能会在硕士阶段学习物理学或公共政策。

"铁穹"防御系统是一个具有革命性的武器系统，其幕后策划者丹尼·戈尔德就是追求跨学科教育的榜样。在空军服役期间，他利用休假时间拿了两个博士学位，一个是企业管理学，一个是电气工程学。在本书相应章节中，我们会详细介绍为何他需要这两个学位来启动"铁穹"防御系统的研发工作。

国防军对人才培养的投入力度很大，特别注重跨学科教育，这方面最有代表性的莫过于"特比昂"（Talpiot）项目，在这个项目中服役的都是以色列最优秀、最聪明的战士。

"特比昂"一词来自《旧约·雅歌》中的诗句，意为城堡的防御工事。"特比昂"也是目前以色列一支精锐的技术部队，每年有数千人申请加入，但只有大约 30 人能最终被录取，他们还得同意服役 9年，这是一般服役年限的 3 倍。

这些战士一般拥有很全面的技能，能够胜任精英突击部队中飞行员或武器装备操作员的岗位。"特比昂"拥有人才的优先选择权，只要是它想要的人，一般都能得到，其重要性可见一斑。

"特比昂"人才培养项目诞生于一场灾难——1973 年赎罪日战争。叙利亚和埃及在犹太人神圣的斋日发动进攻，让以色列措手不及。这场战争中，2000 多名战士牺牲，数不清的飞机和坦克被摧毁。在那之前以色列一直认为自己拥有军事优势，但灾难过后，这个国家感受到建国 25 年来从未有过的脆弱和无助。

虽然最终守住了领土，但这场战争给以色列人内心造成了极大的创伤。它提醒以色列，单纯依靠创新策略不足以保持军事优势，以色列需要的是技术优势。但如何才能获得技术优势？

战争结束后不久，时任空军技术部负责人的阿哈龙·贝斯-哈拉

21

契米上校接到希伯来大学物理学教授沙尔·雅兹夫的电话。同年早些时候，两人在阿哈龙·贝斯-哈拉契米到希伯来大学参观雅兹夫研发的高功率激光时见过面。当时苏联人和美国人都在开展激光方面的研究，贝斯-哈拉契米认为以色列国防军也应该在类似项目上进行投资，至于如何应用到军事领域可以留到以后考虑。

雅兹夫在电话中说他有一件很重要的事情要当面商量，并会带一个朋友来。几天后，他带着另一位物理学家菲力克斯·多森来到贝斯-哈拉契米的办公室。在贝斯-哈拉契米看来，这次会面有一种穿越到圣经时代见到摩西和亚伦的感觉。和摩西一样，多森不善言谈，需要雅兹夫在一旁帮他表达自己的观点。

雅兹夫说，多森写了一份报告，建议设立一个名为"特比昂"的项目。这个项目只针对以色列的天才们。这些战士将经历为期40个月的培训（时间远远长于国防军其他新兵），在这一过程中他们不但要拿到物理学、数学或计算机科学的学位，还要同精锐伞兵部队一起完成作战训练。

在培训后期，学员将到军队不同单位挂职，40个月后，他们最终将被分配到一个特定单位，主要是空军和情报部队。

贝斯-哈拉契米对这个提议很感兴趣。他也为以色列在上一场战争中的表现感到忧心忡忡，希望能够提高以色列国防军的科技能力。他答应向上级汇报这一建议。

"特比昂"项目的关注点很特别，它的目的并不是教授单一技能，而是让参与者接受跨学科教育，熟悉以色列国防军科技能力的各个方面，使他们能够打破组织上和科技上的局限，提出更有效的解决方案。

但并非每个人都对这个想法感兴趣，空军和军事情报机构的军官很快就提出反对意见。他们希望最优秀的新兵成为飞行员和战场指挥官。在总参谋部，贝斯-哈拉契米最常听到的回答就是："把他们放在其他地方纯属浪费人才。"他在空军的地位有限，因此无能为力，只能等待时机。

几年后，贝斯-哈拉契米被提拔为以色列国防军研究与发展机构的负责人，成为总参谋部的关键人物之一，可以随时见总参谋长拉斐尔·埃坦。在一次周例会上，贝斯-哈拉契米介绍了成立"特比昂"项目的想法，并完全说服了埃坦。这位总参谋长甚至认为没有必要再开会进行论证。不到 3 个月，"特比昂"项目就进入试验阶段。

23

贝斯-哈拉契米很快发现这个项目非常成功。成立几年后，总理主持了一次专门讨论该项目的安全内阁特别会议。在会上，一些将军抱怨"特比昂"毕业生在军队各部门的分配不够均衡，自己所在的部门分得太少。几乎每个单位，包括以色列间谍机构，都希望获得更多的"特比恩"（"特比昂"毕业生）。这次会议的气氛非常紧张，后来总理不得不做出决定，规定"特比昂"毕业生必须分配到全国各个安全机构，包括警察系统。直到现在，平均下来，每个"特比昂"毕业生都会有 5 个单位进行竞争。

贝斯-哈拉契米告诉我们："通过这个项目我们看到，要想取得突破，并不需要太多人，需要的只是正确的人，并让他们接受正确的训练。"

这个项目拥有无数成功的案例，其中大多数案例都属于机密范畴。一位"特比昂"毕业生用电能取代化学能将炮弹的速度提高10 倍。

另一位"特比昂"毕业生当初在收到医学院的录取信后毅然放弃，选择参军入伍，进入该项目。他为直升机飞行员发明了一种新型座椅。20 世纪 80 年代末，他在服役时发现，许多飞行员都有腰疼的毛病。因此他重新设计了座椅，将其安装在直升机模拟器上，并在座椅靠背上打了个洞，在中间放置一支笔抵住飞行员的后背，然后用高速相机记录下直升机震动对飞行员腰背部的影响，最后在这些数据的基础上对座椅进行了改进。[8]

在加沙地带，许多激进主义者在边境朝以色列方向挖地道。对此，有一位"特比昂"毕业生在研发跨国界地道侦测系统中发挥了关键作用。

"特比昂"的项目规模很小，成立 40 年来只培养了大约 1000 名毕业生，但其对军队和国家的影响却非常大。许多毕业生成为以色列学术界和科技界的精英，在科技公司或在其他公司中担任重要职务，不少公司成功在纳斯达克上市。

同样毕业于"特比昂"、后来成为以色列国家网络局局长的埃瓦塔尔·马塔尼亚说："在世界其他地方绝没有这样的项目。一名'特比恩'就能单枪匹马让一个单位发生革命性变化，如果有 2—3 个'特比昂'毕业生，那就更厉害了。"[9]

我们相信以色列成功的秘密不仅在于以上提到的这些方面，在深层次上还源于以色列的国民特性。

世界上很少有哪个国家像以色列这样长期经历激烈的冲突。敌人近在咫尺，当边境线上的极端组织频繁向你家和学校发射火箭弹，或派自杀式爆炸袭击者来到你所乘坐的公交车时，容不得你有半点大意。

面对这样的现实，安全事务绝非儿戏。不少以色列人在经历了一段时间的安宁后会莫名其妙地感到紧张。他们说，这太不现实了，这一定是暴风雨前的平静。

在埃及和叙利亚战场上，以色列成为第一个同苏联武器过招的西方国家；远早于纽约、伦敦、马德里或其他欧洲国家的首都，以色列是第一个经受激进分子实施的街头自杀式袭击考验的现代国家。以色列常常计划对伊朗实施军事打击，偶尔还在约旦河西岸搜索激进分子嫌疑人，承受着大多数国家从未面临过的威胁。为了应对这些威胁，以色列必须不断发展先进军事科技。

以色列国防部前任总司令乌迪·沙尼同我们在特拉维夫见面时说："最让我们受益的是三个因素的综合：我们有创新人才；我们有丰富的作战经验来判断我们需要什么；我们有将研发成果马上运用于实战的能力，因为我们几乎一直处于冲突状态。"

以色列的武器研发的确改变了现代战争的形态，但这一切并非凭空出现，而是发生在中东这一全世界最动荡的地区。以色列可能认为之所以需要发展先进武器是因为面临外部威胁，但另一方面，这种科技优势恰恰加剧了以色列试图避免的军备竞赛。

2010 年，以色列发动了"震网"行动，这也是世界上最早的军事网络袭击行动之一。根据一些估算数据，凭借这种高效的电脑病毒，以色列成功摧毁了伊朗铀浓缩主体设施中大约 1000 台离心机，将这个国家的非法核计划推迟了将近两年。但此后，伊朗也成立了自己的网络作战单位，每年投入 10 亿美元用于发展有效的攻击手段。两国间一场更大规模网络战的爆发似乎只是时间问题。

中东的动乱不断蔓延，许多国家，特别是欧洲国家，也面临着来自"伊斯兰国"等恐怖组织的城市恐怖主义威胁。因此，以色列在应对类似威胁过程中所积累的战术和研发的科技存在很大的需求。

比如，"铁穹"防御系统就帮助以色列将从加沙地带射来的火箭

26 弹这一战略威胁降级为可控的战术威胁，使以色列领导人得以专注于这个国家所面临的更核心的挑战和威胁。

安装在以色列国防军"梅卡瓦"主战坦克上的"战利品"主动防御系统，能够拦截火箭助推榴弹和反坦克导弹，让这些钢铁机器能够在非对称战争和城市战时代继续发挥作用。当前许多国家正在逐步淘汰装甲部队，以色列没有随大流，反倒迎难而上。

以色列的故事常常让世人惊讶。在这个故事中，一个弱小的古老民族重回故土，建立国家，在饱经苦难后，不但存活下来，还实现了繁荣。

这本书将为这个故事添加一个新的维度，使其变得更加完整。我们所关注的并不是以色列如何通过科技获得的胜利和成功，而是以色列人和独特的以色列文化，因为这才是以色列获得成功的真正原因。

在一个充满不确定性和危险的世界，这个故事值得我们每个人细读。

第一章　地下工厂

1945年，以色列建国3年前，巴勒斯坦的犹太领导人已经意识到未来的发展趋势，委任统治结束和英国人离开巴勒斯坦只是时间问题。犹太人明白，一旦那一天到来，阿拉伯人就会发动进攻。

犹太人手上的武器严重不足，但更严峻的问题是，在英国统治下，一旦被发现持有武器，犹太人就会被送进监狱，有时甚至被判死刑。犹太准军事组织哈加纳（后来发展为以色列国防军）急需弹药和武器，但这些物资将从何而来？

负责解决这个问题的是哈加纳高级指挥官约瑟夫·阿维达尔。阿维达尔出生于俄国，他的一位非犹太人邻居曾在沙皇部队服役过，在这位邻居的帮助下，他在9岁时就参加过基础军事训练。这些技能让他受益终身，到以色列不久后他就脱颖而出，迅速晋升为哈加纳的高层领导人。在1929年阿拉伯人暴乱中，他是耶路撒冷老城犹太守卫力量的指挥官，他用一支枪和11发子弹成功抵挡住阿拉伯人的进攻。在之后发给哈加纳指挥部的一份电报中，他批评了部队存在的浪费弹药的行为，这反映出当时犹太社团的弹药有多么紧缺。

他在电报中说："我们本可以用7发子弹就抵挡住他们的进攻，结果白白浪费了4发子弹。"

　　暴乱活动让阿维达尔认识到问题的严重性，他明白，以色列要想生存下去，犹太人必须接受大量军事训练。因此，不久后的一个周六上午，他来到斯科普斯山希伯来大学附近的露天剧场，为50名犹太男青年讲解如何投掷手榴弹。当时哈加纳并没有像样的手榴弹，所以阿维达尔只能用走私来的自制手榴弹进行演示。当他扬起手准备投掷的瞬间，手榴弹提前爆炸，他的手臂被炸得血肉模糊。爆炸的声音传到几英里外，英军不久后就将赶到现场。虽然身受重伤，阿维达尔仍然等到所有人都安全撤离后才离开现场。

　　当时形势的确非常紧迫。犹太社团急需不会在自己战士手中爆炸的武器，但英国人对巴勒斯坦的控制极为严密，犹太移民都很难从海上登陆，更不要说武器了。因此，阿维达尔提出了一个非常有创意的想法：在以色列建立第一座弹药工厂。这是一个很需要勇气的想法。首先，伊休夫（以色列建国前对巴勒斯坦犹太社团的称呼）并没有生产武器的经验；其次，委任统治下的巴勒斯坦到处是英国人，很难在他们眼皮底下偷偷建起一座弹药厂。

　　但阿维达尔决心已定。他知道，这件事的成败很大程度上取决于能否找到正确的厂址。他跑遍全国，最后看中了雷霍沃特（著名的学术机构魏兹曼研究所就坐落于此）旁的一座小山。1932年，一小拨犹太人曾在这座小山的山顶定居，后来面对阿拉伯人的进攻，为了增强犹太人在城市的抵抗力量，他们搬到了城里。

　　这座小山的山顶有两个明显的优势：第一，它与外界相对隔离，但又靠近城市和电网；第二，它地势较高，有足够的空间修建地下工厂，不易被英军发现。

　　另一点让阿维达尔满意的是这个小山靠近英军密集的雷霍沃特火车站，他认为英国人怎么也想不到犹太人会在他们眼皮底下修建一座兵工厂。

但阿维达尔需要找一个理由解释为什么一群犹太人突然跑到那座山上常住。他听说一群从属于犹太青年运动的新移民准备成立一个新的基布兹。一天，阿维达尔出现在这些新移民的食堂，请求他们稍微调整一下计划：与其建立基布兹，不如直接为未来的战争做准备。他告诉他们，定居到那座山顶后，哈加纳会营造生产武器所需的建筑，他们将在这座工厂工作。这群人同意了他的建议。

到春天时，已经有几十名20多岁的小伙子搬到山顶，他们种柑橘，开展各种集体活动。他们的生活看上去再普通不过。

与此同时，被称为阿亚隆研究所的地下兵工厂已经动工，许多之前就有的建筑，包括浴室、鸡舍、厨房和餐厅，都得以改造和翻新。

为了建造这个地下空间，阿维达尔从耶路撒冷请来了20世纪20年代曾在斯科普斯山修建希伯来大学的建筑承包商。在那个年代，希伯来大学属于大型建筑工程，几年前阿维达尔正是在那里受的重伤。在22天的时间内，建筑承包商在地下约30英尺处挖出了一个长达100英尺的大厅。

每当有人问起，这些先驱们都会说，他们之所以修建大型地下室，是为了储存附近果园和田地采摘来的水果与蔬菜，只有这样才能保持农产品新鲜。

这个秘密地下室的房顶有很厚的混凝土隔层，上面只有两个入口，这两个入口处都修建了新的建筑，一个入口在面包房，另一个在洗衣房。在地下室，一条用第一次世界大战时期的设备组装而成的生产线已经建成。这些设备购买自华沙，然后借道贝鲁特被走私到以色列境内。制造弹壳所需的铜被装在标记为口红盒的板条箱走私到巴勒斯坦。

生产子弹的机器噪音很大，为了掩盖噪音，阿维达尔必须让洗衣房 24 小时不间断工作。为了找到足够多的洗衣客户，阿维达尔让团队在雷霍沃特市中心开了一个洗衣公司门店，它很快便承包了该地区大部分的洗衣业务，并拿下了附近一家医院的竞标，后来还为英军提供洗衣服务，他们这样做就是为了迷惑英军。

为了确保万无一失，地下室还安装了太阳灯，这样才能把生产弹药的"基布兹成员"的皮肤晒黑，让外人觉得他们成天在田野里劳作。

在那个面包房，他们用一个 10 吨重的大型石炉挡住入口，炉底与轨道连接，炉子沿轨道移动后，可以打开一个通往地下室的秘密楼梯井。在洗衣房，地下室的入口则被一台洗衣机挡住，可以通过拉动杠杆来移动洗衣机。

后来成为以色列国防军早期将领之一和以色列驻苏联大使的阿维达尔，为了不让人疑惑为什么这个新建的小型基布兹耗费这么多31 电，设法秘密走线将工厂的电线并入附近的电网。

最后，为了减少外来人员，基布兹成员在城镇散布谣言，说这里爆发了手足口病疫情，他们还在基布兹大门口立了块牌子，要求来访者在进入前务必将鞋子放在消毒水里消毒。

32 他们的计划非常成功，英国人从没起过丝毫疑心，但有过几场虚惊。1948 年初，一辆载有英军士兵从加沙地带开往卢德的火车经过山下时因引爆地雷而脱轨，28 名士兵遇难，几十人受伤。实施这次袭击的是比哈加纳更为激进的犹太复国主义组织莱希（也被称为"斯特恩帮"）。

英国人很可能会怀疑这个基布兹参与了袭击行动，并到山上的

在一个修建在洗衣房地下被称为阿亚隆研究所的弹药工厂，基布兹女成员正在工作（阿亚隆研究所提供）

建筑进行搜查，因此，地下弹药厂立即停工，所有的工人都被命令离开地下室。

如何阻止英国人搜查基布兹？情急之下，工人们决定来到事故现场提供帮助，带去食物和水，并提供医疗救助服务。英国人自然而然地认定这个为他们提供帮助的基布兹不可能参与这次爆炸袭击行动。

从1945年到1948年以色列建国，阿亚隆研究所运行了将近3

年，生产了 200 多万发 9 毫米子弹。在产量峰值时，该工厂每天生产 4 万发刻有字母"E"和"A"的子弹，"E"代表"以色列国"（希伯来语音译为"Eretz Yisrael"），"A"代表"阿亚隆"。

独立战争结束后，阿亚隆研究所并入以色列第一家军工企业军事工业公司（IMI），这家公司被认为是当今全球领先的导弹、火箭弹和装甲研发企业。

但这些成就都是很晚以后取得的。当时，这个即将成立的国家急需武器，随着战争的临近，这一需求变得日益迫切。但包括美国、英国和苏联在内，当时几乎没有哪个国家愿意向这个身处困境的国家销售军火。

唯一一个例外是捷克斯洛伐克。

最早在以色列空军服役的飞机就是纳粹德国空军遗留在捷克斯洛伐克的 4 架"梅塞施密特"飞机。这几架飞机被拆解后运送到以色列，然后重新组装，每架飞机配备有一挺机枪和 4 枚 70 千克炸弹。

还有的飞机来自意大利。为了增加续航里程，确保能直飞以色列，这些飞机的座椅被拆除，取而代之的是油箱。

捷克还同意为以色列提供大量步枪和第一次世界大战时使用过的 4 门火炮。只要还能打出炮弹，以色列就照单全收。

除了这些武器交易，以色列还使出不少奇招以获取武器。一群以色列军火采购商曾到英国成立了一家电影公司，声称准备拍一部关于第二次世界大战的电影。他们雇用了一整套剧组人员（包括制片人）和演员团队，还买了一架专门用于拍摄的飞机。

电影刚开拍不久，在拍摄空战一幕时，这架飞机在伦敦的迷雾中起飞，在摄像机的拍摄下，它越飞越远，然后掉头向南，朝以色列飞去。

这些奇招很成功，但以色列领导人知道，这不是长久之计，以色列必须找到更稳妥的获得武器的方法。但这件事情得先缓一缓，因为一场关乎以色列存亡的战争已经爆发。

1948 年 5 月，不出所料，独立战争爆发了。经过密切的协调，中东 5 个阿拉伯国家的军队同时向以色列发动进攻。这个新生国家似乎没有任何取胜的希望。阿拉伯国家的军事实力更强，拥有众多坦克、重型火炮和一支成建制的空军，而以色列既没有火炮也没有坦克。

人们对以色列将在战争中有什么样的表现有着不同的判断，但对于战争结果的看法却出奇地一致：以色列必败无疑。一位以军高级指挥官在给犹太领导人的汇报中也指出，这个新生国家生存下来的概率只有 50%。

他说："我们的胜负概率各半。"[1]

这场战争非常残酷。以色列在人员和武器上都处于劣势，6000多名以色列人牺牲，15000 人受伤。但最终，凭借非常规的战术、惊人的献身精神和史无前例的随机应变能力，犹太国存活了下来，以色列创造了一个奇迹。

这场战争中有许多让人感慨的案例：在加沙地带以北、地中海沿岸，有一个名为雅德莫迪凯的小型基布兹。在那里，面对埃及一支机械化师的进攻，150 名犹太人，凭借 75 支步枪、300 枚手榴弹和一个反坦克火箭弹发射器，竟然顽强抵抗了整整 6 天时间。

另一个让我们难以忘怀的是卢·莱纳特的故事。

莱纳特 1921 年出生于匈牙利，9 岁时随家人移民到美国，居住

34

在宾夕法尼亚州的一个小镇。由于自己的犹太人身份，他经常被殴打和嘲讽，深受反犹主义之苦。他从小就明白，要想生存下来，他必须变得强壮，因此他加入了美国海军陆战队。

35

莱纳特后来成为一名飞行员，在长达 7 年的服役期间，他在冲绳岛和日本本土都完成过飞行作战任务。二战结束后，他得知自己在匈牙利的亲戚在奥斯威辛遇难。到洛杉矶后，他开始思考关于以色列——确切地说，由于以色列还没有建国，当时还是巴勒斯坦——的事情。

许多年后同我们聊起那段悲惨岁月时，他说："我的许多家人都在奥斯威辛遇害，我认为大屠杀幸存者也有权拥有生命和一些最基本的快乐，但除了在以色列的同胞，没有人愿意接纳他们。"

他加入了洛杉矶一个致力于帮助以色列的群体，其成员都是犹太飞行员。1948 年 4 月，就在独立战争爆发前夕，他来到以色列，负责组装来自捷克的阿维亚 S-199"骡子"战斗机。

5 月中旬，战争已经爆发，飞机终于组装完毕。在经历了一周的作战后，以色列已身处绝境。由 15000 多名埃及士兵、500 辆军车和坦克组成的埃及纵队沿着地中海沿岸的公路一路向北推进，虽然暂时被拦截在阿什杜德附近，但他们离特拉维夫只有几英里之遥。前一天晚上，为了阻止埃及军队推进，以色列士兵炸毁了一座桥梁，但埃及人再过几小时就能修复这座桥梁，如果顺利恢复通行，第二天早晨埃及军队就可以进入特拉维夫。特拉维夫一旦陷落，以色列就回天乏术了。

当得知埃及军队的推进情况后，莱纳特把他们的飞行员召集到一起，告诉他们现在必须向南飞行轰炸埃及军队。但存在两个问题：第一，飞机刚刚组装完毕，并没有执行过飞行任务，谁也不能确保飞机能正常飞行；第二，当时其他国家并不知道这些飞机的存在，以色列并没有计划用这种方式向世界宣布以色列空军的成立。

以色列危在旦夕，此刻什么困难也阻挡不了这群飞行员。作为飞行编队队长，莱纳特驾驶飞机首先飞到埃及纵队上空，朝一个车队方向俯冲，然后投掷炸弹。幸运的是，炸弹击中了一辆油料车，引发一系列二次爆炸。其他飞行员紧随其后发动攻击，用机枪朝地面部队扫射。

这次突袭完全出乎埃及人预料，几小时后，他们放弃占领特拉维夫，转而向东开进，加入约旦军队在耶路撒冷附近的战斗。特拉维夫幸免于难。那座暂时挡住埃及军队的桥梁后来被称为"哈洛姆"，希伯来语的意思是"到此为止"。

莱纳特并没有时间考虑这次行动成功的深远意义，他说，至于这到底是运气使然、命中注定，还是本能反应，已经不再重要，因为接下来他们得继续战斗，赢得这场战争。

"老头"① 说："我们面临着一个很麻烦的军事问题，那就是敌众我寡。"

1953 年，战争虽然已经结束，但作为以色列第一任总理和以色列版的乔治·华盛顿，大卫·本-古里安知道下一场战争的到来只是时间问题。

作为只有几十万犹太人的弹丸小国，以色列如何在成百上千万阿拉伯敌人的包围下生存下去？这个基本问题让本-古里安深感不安。

为了得到答案，他休假离开耶路撒冷，来到他在斯代博克基布兹的一座简朴的小屋。斯代博克基布兹坐落在内盖夫沙漠南部的著

① "老头"指的是本-古里安。——译者注

名自然景观拉蒙天坑附近。

几天后，他带着一份文件回到了位于耶路撒冷的总理办公室，这份文件名为《国家武装部队防御方针》，直到今天，这份文件中的大部分观点仍然是以色列国防战略的基础。[2]

37　　　这份文件的主要观点非常简单，对于今天的以色列仍然适用：以色列需要强大的质量型军事优势。

以色列士兵比叙利亚少，所以必须让士兵接受更好的训练；坦克比埃及少，所以必须拥有更先进的坦克；以色列采购了沙特阿拉伯同样拥有的 F-15 战斗机，所以以色列空军必须在飞机上加装专门设计的智能炸弹和先进的电子战系统。总之，以色列要确保自己的武器和战士拥有质量优势。不一定能有数量优势，但一定要有质量优势。

接下来的问题是如何实现这一目标。当时谁也不会相信这个新成立的资源匮乏的国家能具备并维持独立研发和生产的能力。[3]

所以，本-古里安得出的结论是应当寻找愿意卖军火给以色列的国家。但在 20 世纪 50 年代，这谈何容易。当时，美国、英国和法国发表停止向中东出口武器的《三方宣言》。这三个国家认为，如果它们为以色列提供军火，苏联也会向阿拉伯国家提供武器；如果不向以色列提供军火，苏联也会保持克制。

这样一来，以色列可行的选项只剩一个：另辟蹊径，通过各种计策和冒险寻找武器，有时甚至不惜与最不可能的人联手。

本-古里安将这份事关国家命运的工作交给一位年仅 26 岁的波兰裔基布兹成员来领导，他原名叫西蒙·佩尔斯基（Szymon Perski），移民以色列后他将自己的名字希伯来化，改为"西蒙·佩雷斯"。

独立战争期间，佩雷斯担任本-古里安的助手，给总理留下了很

好的印象。这位犹太领导人认为，佩雷斯能在外交场合优雅地出席
鸡尾酒晚宴，但晚宴过后，又能在码头上撸起袖子将非法购得的武
器搬运到集装箱里。佩雷斯被任命为以色列国防部办公厅副主任，
他的任务非常明确：为以色列国防军寻找和采购军火。

佩雷斯曾同国际卡车司机兄弟会领导人吉米·霍法这样危险的
人物会面，也去过哥伦比亚首都波哥大这样危险的地方。有一次去
波哥大时，他乘坐的飞机因为引擎着火而紧急迫降。还有一次，他
通过谈判签订了一份从墨西哥购买 46 辆坦克的合同，甚至还拿到了
坦克钥匙，结果发现这些坦克根本无法交付，早就消失在墨西哥边
境附近。

在各地出差的过程中，佩雷斯发现，没有人真正关心以色列的
命运。因此，和许多伟大的销售人员一样，佩雷斯意识到，要想得
到他想要的东西，首先要让合作者明白通过合作自己能够获利，即
便是同刚诞生不久就陷入孤立的犹太国合作。

在哈瓦那，佩雷斯曾尝试说服古巴情报机构高层领导，在购买
军火一事上帮助刚建国就陷入困境的犹太国。他中午 12 点准时到达
警察总局，本以为这是约好的见面时间，结果对方秘书笑着告诉他，
埃弗拉莫先生白天从来不和人见面。

"先生指的是午夜。"接待人员解释道。

午夜 12 点，佩雷斯又来到警察总局，结果他没有被邀请到办公
室，而是被这位古巴主人带到了当地一家夜总会。和当地姑娘一块
喝了会儿酒后，佩雷斯和埃弗拉莫才开始谈正事。

佩雷斯后来解释说："我们有什么办法？许多交易都是同这种背
景复杂的人物达成的，有的人甚至来自黑帮。我们实在别无他法。"[4]

一年后，佩雷斯得知加拿大准备出售一批第二次世界大战中遗

38

39

留下来的加农炮，这正是以色列急需的。经过调查他很快得知，加拿大愿将这些火炮卖给以色列，但要价 200 万美元，这对以色列而言是个天价。

佩雷斯决定筹集这笔资金，于是他来到蒙特利尔同塞缪尔·布朗夫曼见面。塞缪尔·布朗夫曼是著名的犹太慈善家，拥有世界上最大的酿酒公司之一。

布朗夫曼答应同加拿大政府交涉，将价格压低。当他把价格谈到 100 万美元后，他问佩雷斯到底谁来支付这笔钱。

"当然是你啊！"这位以色列人回答道。

这样犀利的回答让布朗夫曼有些惊讶，但很快，他从容地让妻子列出一个 50 人名单，当即邀请这些人共进晚餐。他看了一眼佩雷斯，发现他穿着一套蓝色西装和白色袜子，于是说道："你的袜子不太适合今晚的场合。"然后让这位客人在回去的路上赶紧去百货商店买一双正装袜。

当晚，在上主菜时，佩雷斯在宾客面前就加农炮采购事宜发表了一席演讲，解释了这对以色列国防军的发展和以色列的生存有多么重要。演讲过后，宾客们纷纷打开了他们的支票簿。

以色列诞生于危难之中，生存在困境之下，"工合"① 文化成为以色列的一大特点。在这一背景下，佩雷斯为了走私武器而使用的这些手段就很好理解了。为了以色列的未来，情急之下，几乎没什么事情是不合法的。

在纽约期间，佩雷斯还联系了老朋友阿尔·史威默，独立战争

---

① 英文为 gung-ho，来自汉语中"工合"的英译，衍生出"起劲""卖力""热心"，甚至是"过分热心"的含义。——译者注

前这位飞行工程师曾帮助以色列走私飞机，其中包括莱纳特用于轰 40
炸埃及军队的战斗机。

两人相识于独立战争期间，在本-古里安身边工作的佩雷斯当时
就非常欣赏这位美国人过人的远见、坚定的信念和对本民族的忠诚。

史威默曾在环球航空公司工作，第二次世界大战爆发后，他加
入美国空军，执行过200多次飞越大西洋的飞行任务。史威默本来并
不在乎自己的犹太人身份，但当他参观完一所被解放的犹太人集中
营并同一群大屠杀幸存者见面后，他心中突然燃起了帮助犹太人在
历史故土重获独立的强烈愿望。他相信，犹太人只有在自己的国家
才能安全生活下去。

回到美国后，史威默联系上哈加纳驻纽约的代表，表示愿意为
其效力。过了一段时间后，哈加纳向他提出了一个明确而莽撞的要
求：帮助我们建立一支空军。之所以说莽撞，是因为这并不合法。
根据中立法，在没有政府批准的情况下，美国公民不得向战争国家
出口军火。

但这并不能阻挡史威默，作为一名老兵，他有权低价购买军方
多余的飞机。他召集了一群同他在二战期间并肩战斗过的犹太飞行
员和工程师，然后一起采购飞机，所有能弄到手的可以飞起来的东
西他们都不放过。大多数成员都不知道这些行为背后的真实原因，
他们只是听说史威默准备帮助巴拿马建一条向欧洲运牛的航线。

这些飞机被运到洛杉矶附近的机库进行检修，然后被拆卸并装
入条板箱，被海运或空运到意大利。在那里，哈加纳利用一个废弃
飞机场组装飞机，组装好后直接飞往以色列。

以色列独立战争后，尽管面临刑事指控，史威默还是回到了美 41
国，和手下工作人员租下了让内特·麦克唐纳的别墅，这位好莱坞

明星在 20 世纪 30 年代演过许多经典音乐剧。

史威默接受了审判，最后被判有罪，但未受牢狱之灾，而是被处以 1 万美元的罚款，剥夺选举权和老兵权益，并且不得在联邦政府任职。他从未寻求赦免，但总统比尔·克林顿在卸任前宣布了对他的刑罚赦免。

法院对他的定罪并没有放缓他的脚步，很快，在佩雷斯的鼓励下，他重新开始从事走私活动。为了掩盖这些活动，他成立了国际航空公司，办公室就设在洛杉矶北部的伯班克，位于洛克希德·马丁公司工厂的一个角落里。

佩雷斯和史威默最早的合作项目是向以色列走私"野马"式战斗机。美国空军已经淘汰了这种可执行轰炸任务的单座战斗机，但拒绝卖给以色列，而是卖给得克萨斯州垃圾场。然而，政府不知道的是，这家垃圾场的老板立马将这些飞机以原价转手给了史威默。

当这些飞机一运到伯班克，史威默和他的工作人员立即开始重新组装的工作，以确保飞机能够正常飞行，然后再次拆解，装入板条箱，打上"制冷设备"的字样后发往以色列。

1951 年，这个团队秘密将多架"蚊"式轻型轰炸机从美国发往以色列。有的被拆解后用集装箱运到以色列，有的直接飞到特拉维夫，虽然中途需要加几次油。然则，在一次走私行动中，有一架飞机在加拿大纽芬兰省失踪。

驾驶这架飞机的飞行员是雷·库尔兹，他是一名来自布鲁克林的美国犹太人，第二次世界大战期间曾在美国空军服役。战争结束后，库尔兹在布鲁克林福斯特大街 250 号的消防公司担任一名消防员。1947 年，他辞去了这份工作，加入了史威默的非法走私飞机的团队。

库尔兹曾执行过当时以色列航程最远的轰炸任务，在那次令人难忘的行动中，他驾驶着一架 B-17 轰炸机从捷克某空军基地出发，径直飞往开罗，计划轰炸埃及总统的一处住宅，结果没有击中目标，炸弹落在了总统府附近。即便如此，这次轰炸行动对这个新成立的国家而言也是一项了不起的成就：以色列人成功深入埃及的要害部位。

可惜这位以色列的英雄在为这个国家走私更多飞机的行动中失踪了。佩雷斯和史威默决定立即开展搜寻工作，并在靠近北极的小镇古斯贝设立了行动指挥部。

之所以在这里展开搜索，是因为当地爱斯基摩人声称看到一架"蚊"式轰炸机坠入雪地。救援队伍在当地的冰川和山脉上空飞行了整整 7 天，但什么也没找到。

尽管行动失败，但正是在古斯贝，一个即将对以色列产生巨大影响的想法产生了。在北极附近漫长的夜晚，佩雷斯和史威默促膝长谈，畅想以色列不再依靠秘密渠道获得飞机的那一天。一天，佩雷斯像先知一样突然对大伙说，以色列将来一定会拥有自己的航空工业公司，并生产自己的飞机。

佩雷斯一直记得大多数救援团队成员听到这句话后那满脸无奈的表情。他们认为他在做白日梦。一个得靠取道北极走私飞机的小国，怎么可能制造飞机？但是史威默不但不觉得这是天方夜谭，还告诉佩雷斯这非常可行。佩雷斯后来说："在古斯贝，以色列飞机制造业宣告诞生。"[5]

回到纽约后，佩雷斯得知来美国进行国事访问的本-古里安刚刚抵达加利福尼亚，于是他和史威默一块儿登上飞机去向"老头"汇报这次失败的救援行动。

43

他们见面的地点被安排在伯班克的洛克希德·马丁公司工厂附近，他们还带本-古里安参观了史威默的修理厂。本-古里安满脸惊讶地走在厂房里，他简直不敢相信史威默仅凭这些设备就能修好飞机。随后，总理问道："你为什么不来以色列？我们需要拥有自己的航空工业，我们要自力更生。"

对本-古里安而言，独立的航空工业正符合他几年前提出的质量型军事优势原则。建立以色列航空工业公司能够确保以色列在整个中东地区拥有制空权。

说服史威默并没有那么容易，他明白这当中的风险。但最终，他答应了本-古里安的要求，但提出了条件：这家公司禁止任人唯亲，必须按照美国公司的方式运作。

本-古里安答应了这些条件，说道："以色列需要你，快来吧！"

不到一周时间，史威默起草了一份 30 页的工作计划，列出了起步阶段所需的每一种设备，包括液压起重机和各种型号的螺栓与螺钉。

接下来的环节最为麻烦：他们需要说服政府资助这个项目。为此，佩雷斯和史威默专程飞到以色列，同政府和军方高层领导频繁会晤，宣传他们建立以色列航空工业公司的想法。

不出所料，一开始他们就遇到很大的阻力。空军司令表示以色列不需要飞机制造公司，财政部不愿提供预算，交通部部长甚至拒绝考虑这个问题，他还说，以色列连自己的汽车都造不出来，怎么能考虑造飞机？

佩雷斯没有放弃。他成功募集到一些资金，加上部分国防预算的补充，足以启动这一项目。几个月后，新机库的建设工程在卢德郊区启动，这里靠近以色列的国际机场。与此同时，史威默飞回美国采购所需设备。

1955 年，这家公司正式开始运营，从世界各地购买的"空中堡垒"轰炸机、"达科塔"运输机、"蚊"式轰炸机、"斯梯曼"教练机等各种机型的飞机，都被运送到这里进行维修和保养。

一年内，这家公司已拥有超过 1000 名员工。截至 20 世纪 60 年代中期，其员工数量达到 1 万名，成为以色列雇员最多的单位。

以色列航空工业公司并没有满足于飞机维修和保养业务。1960 年，该公司在法国图纸的基础上自主生产出战斗机，这一里程碑事件让以色列航空工业公司有信心接受更复杂的挑战。这家以色列公司逐渐发展为航空业的国际巨头。

1951 年底，佩雷斯回到了以色列。本-古里安对他这位弟子在纽约取得的成绩很满意，任命他为以色列国防部总司长，这是以色列国防体系中最高的非政党文职职位。此时，以色列航空工业公司刚刚起步，以色列还没有独立生产武器的能力，它需要一个国家能为它稳定地提供军火。

佩雷斯当时对他的助理说："我们必须尽可能多地下竿，说不定就有鱼上钩了。"[6]

当时，《三方宣言》仍然有效，留给以色列的选择少之又少。然而，在 1955 年，形势发生了变化。苏联决定通过捷克斯洛伐克向埃及提供价值 2.5 亿美元的现代高科技武器（在独立战争时，正是捷克斯洛伐克为以色列提供了重要的武器支持）。一场潜在的冲突正在酝酿之中，西方国家明白不能再坐视不管了。

埃及和苏联的这笔军火交易包括先进的"米格"战斗机、远程轰炸机以及数百辆坦克和装甲车，这让以色列政府感到非常紧张。

以色列迫切需要得到帮助。时任以色列总理的摩西·夏里特提出应当向美国求援。美国是联合国成员国中第一个承认以色列的国家，美国有约 500 万犹太人，同犹太国的文化联系紧密。

夏里特相信只要以色列在政策上表现得更加克制，就能够说服美国为其提供武器，并且在质量和数量上同苏联提供给埃及的武器相当。

但问题是，艾森豪威尔总统之前就制定了美国不做中东主要武器供应国的政策，此时，美国并没有打算放弃这一政策。美国人愿意向以色列提供经济援助，但不提供武器。

接下来的选择是英国。时任以色列国防部部长平哈斯·拉冯认为，英国可以成为以色列的主要军火供应国。佩雷斯专程来到伦敦，但遭到冷遇。英国对以色列国防军不久前在加沙的行动很不满，甚至拒绝向以色列交付当年早些时候订购的坦克。英国还同意卖给埃及两艘驱逐舰，以色列这时已不太可能改变英国的立场。

这样一来，有可能的选项只剩下最后一个：法国。除英国外，法国是唯一一个自主生产包括战斗机、坦克和火炮在内本国大多数武器的欧洲国家。

当时以色列还没有同法国建立正式的防务关系。以色列曾通过一位住在巴黎的波兰伯爵在法国采购过一些武器，但两国在防务领域没有任何官方联系。佩雷斯只能直接飞到巴黎，安排了一次同法国副总理的见面。几周后，他成功谈下 155 毫米火炮的订单。

佩雷斯到巴黎时，这个共和国正处在政府频繁更迭的混乱期，以色列政府担心政局的不稳不利于两国建立明确的战略合作关系，但佩雷斯看到的却是机会。他意识到，政局的不稳和混乱有助于他自由穿梭于不同的党派间，建立关键的私人联系。这样一来，不管最后哪个党执政，他都可以找到正确的人来促使两国达成协议。

1964 年，西蒙·佩雷斯（左二）陪同以色列总理列维·艾希科尔（左三）在法国会见法国总理乔治·蓬皮杜（右二）（以色列国防部提供）

佩雷斯还准备利用他所察觉到的法国国防界对以色列的理解和同情。20 世纪 50 年代，为了维持对阿尔及利亚的控制，法国一直在同这个北非国家争取独立的势力作战。而包括埃及在内的阿拉伯国家则支持阿尔及利亚民族独立运动。在佩雷斯看来，这是典型的"敌人的敌人可以成为朋友"的场景。

当佩雷斯在巴黎开展游说时，以色列国内民众有种大难临头的感觉。1956 年初，苏联军火开始陆续抵达埃及。以色列宣布国家进

47

入特殊状态，呼吁民众牺牲个人时间加入全国防御工事的修建当中。为了让国家有钱购买军火，许多人将自己的珠宝和手表捐给国防部。大家都认为，一旦埃及拥有足够的武器，贾迈勒·阿卜杜勒·纳赛尔就会发动进攻。

佩雷斯频繁地往返于巴黎和耶路撒冷之间，虽然中间经历了一些挫折，但最终他成功让以色列同法国建立起必要的联系，来自法国的武器开始不断运往以色列。

以色列同法国的关系迅速发展，很快两国的合作不再局限于军售。1956 年 7 月，纳赛尔决定将苏伊士运河国有化。佩雷斯再次看到了机会，决定利用这次危机将法以联盟推到一个新的高度：说服巴黎向以色列出售核反应堆。

纳赛尔宣布苏伊士运河国有化后不到一天时间，佩雷斯就和法国国防部部长莫里斯·布尔热-莫努里见面了，后者想知道，以色列需要多长时间越过西奈半岛并获得对运河的控制权。当布尔热-莫努里问以色列是否愿意加入英法开展一次三方军事行动时，佩雷斯抓住机会，毫不犹豫地回答道："在一定条件下，我认为我们愿意做好一切行动准备。"

这个"条件"正是以色列一直梦寐以求的核反应堆交易，一旦这个核反应堆顺利在沙漠小镇迪莫纳建成，以色列就能对整个中东拥有史无前例的威慑力。法国答应了这个条件。几周后，为了最终敲定入侵埃及计划，法国、英国和以色列的领导人在色佛尔会面，就在秘密条约签订前，佩雷斯还私下会见了法国总理和国防部部长。

佩雷斯回忆道："正是在那次私下会面中，我和这两位领导人最后达成协定，法国将帮助以色列在南部的迪莫纳建立一座核反应堆，并提供这座核反应堆运行所需的天然铀。"[7]

当月月底，以色列国防军入侵埃及，史威默和佩雷斯几年前走私到以色列的"野马"式战斗机首先在战场上亮相，以色列人在机身上安装了特殊缆线，在飞行过程中可以切断埃及的通信联系。这一举措导致西奈半岛的埃及军队出现混乱。几天后，法军和英军加入以军的行动，虽然战争没有向三国之前预期的方向发展，但以色列如愿进一步巩固了同法国的关系。

1958 年，法国和以色列之间的军售仍在继续，两国开始讨论将先进战斗机纳入军售范畴，中东似乎又将回到权力平衡的态势。

以色列一直希望深化以法两国的合作，以色列国防部部长问法方能否让一名以色列空军飞行员加入法国的试飞员课程。法国同意了这一请求，并铺上红地毯迎接以色列飞行员的到来。

以色列派出的飞行员是丹尼·沙皮拉，一位以色列土生土长的后起之秀。小时候，当看到德国齐柏林客运飞艇从海法上空飞过时，他就一发不可收拾地爱上了航空飞行。

15 岁时，只要有关于战斗机飞行员或飞机的电影，哪怕里面只有几个短短的镜头，他都会溜到电影院去看。他玩悬挂式滑翔机，还跑到附近基布兹的青年俱乐部阅读所有关于航空知识的书。1944 年，19 岁的沙皮拉拿到了飞行员执照。

1948 年 5 月，当巴勒斯坦犹太社团正在全力备战时，包括沙皮拉在内的一批犹太飞行员被送到捷克斯洛伐克参加飞行作战训练。5月 13 日，就在本-古里安宣读《独立宣言》的前一天，他们一行乘坐最后一趟民航班机离开巴勒斯坦前往捷克斯洛伐克，这是以色列空军第一期飞行员课程。

1959 年，鉴于在独立战争和苏伊士运河危机中的英勇表现，沙

49

皮拉成为以色列最优秀的飞行员之一。

由于以色列空军急需自己的试飞员，所以以色列空军司令埃泽尔·魏茨曼少将派沙皮拉到法国参加试飞员高级课程，沙皮拉以优异的成绩通过了课程考核。随后，魏茨曼命令沙皮拉暂时留在法国，评估一款名为"幻影"的新型战斗机。

这款由法国飞机制造商达索公司研发的战斗机当时还属于最高机密，但法国已经生产出两架原型机，并有意同以色列空军签订军火大单。采用三角翼设计的"幻影"战斗机实现了重大技术突破，由于其特殊的火箭助推系统，"幻影"战斗机成为欧洲设计的第一款飞行速度能达到 2 马赫的飞机。

魏茨曼对法国人说，虽然他对这款飞机很感兴趣，但需要派自己的试飞员对飞机进行检查和试飞。而法国人坚称只有法国飞行员才能驾驶"幻影"战斗机。

魏茨曼用典型的以色列"虎刺怕"方式告诉达索公司首席执行官本诺-克劳德·瓦利尔雷斯："我把丹尼·沙皮拉送到你们的试飞员学校学习，你们给他颁发的证书上写着他可以试飞各种机型，所以没有理由不让他试飞！如果不让丹尼·沙皮拉试飞，这桩生意就不要再谈了。"

法国人不得不答应他的要求。

第一次试飞非常顺利，飞机的性能给沙皮拉留下了深刻的印象。但真正的考验还在后面，1959 年 6 月 26 日，他将在魏茨曼面前试飞"幻影"战斗机。

试飞当天，沙皮拉很早就来到基地穿戴装备。"幻影"战斗机飞行员需穿戴特殊加压服和氧气罩。由于过度紧张，沙皮拉穿过跑道准备登机时才发现自己忘了换作战靴。马上就要起飞，换靴已经来不及了。刚开始飞行非常顺利，沙皮拉轻松爬升到 4 万英尺的高度。接着他打开火箭助推开关，飞机突然加速，强大的推背感让沙皮拉都感到有些吃惊。

"1.1 马赫，1.3 马赫，1.9 马赫，2 马赫。"沙皮拉向指挥室汇报飞机的飞行速度，而此时，站在指挥室的魏茨曼已难以抑制住内心的激动之情，他对身边的达索公司行政人员大声说道："两千年来第一次达到 2 马赫！"他话中的两千年指的是犹太人重新建国所花的时间。

当魏茨曼欢呼雀跃时，沙皮拉正经历着生死考验，甚至做了最坏的打算。飞机在不断爬升，沙皮拉回头看了一眼，然后对自己说道："丹尼，你在飞离地球。"

突然，驾驶舱一个红灯亮了起来，提示沙皮拉飞机已超过最高时速。飞机达到 6.4 万英尺的高度时，沙皮拉才关掉火箭助推器，但由于速度下降过快，飞机开始剧烈抖动，沙皮拉以为机身要解体了。最终，他成功控制住飞机，适应了超音速状态下驾驶飞机的方法，安全降落在达索机场。

虽然吓出一身冷汗，但沙皮拉对飞机的性能非常满意，魏茨曼也一样。沙皮拉的下一个任务是让达索公司对这款飞机的技术参数进行调整，从而更好地满足以色列的需求。"幻影"战斗机被设计为高空截击机，而不是用来携带炸弹执行地面攻击任务。

但以色列需要多功能的飞机，在同一任务中既要同敌机进行近距离空战，又要轰炸地面目标。法国人同意了沙皮拉的要求，答应对这款本用于拦截苏联轰炸机的飞机进行改装，使其能够携带空对地炸弹。

"我们还需要在机身上安装航炮。"沙皮拉对法国工程师说。

51

这个要求让他们感到非常困惑，沙皮拉得到的回答是："那是老掉牙的东西，完全没必要，只有老式飞机才需要航炮。"

但后来成为以色列传奇人物（就像查克·耶格尔之于美国的意义一样）的沙皮拉拒绝妥协，他知道，当以色列飞机同埃及和叙利亚飞机进入近距离战斗时，根本没有足够的距离使用空对空导弹，因此，以色列空军飞行员需要能够近距离开火的武器，航炮是最佳选择。

在沙皮拉的坚持下，法国人最终让步，在飞机上装备了两门 30 毫米航炮。丹尼·沙皮拉完美展现了以色列典型的"虎刺怕"精神，一名以色列空军飞行员通过一己之力成功说服世界上最大和最成功的国防企业之一重新设计其战斗机，给出的理由也仅仅是他的个人见解。

第一批"幻影"战斗机于 1962 年到达以色列，在几年后的六日战争①中，这些战斗机正是用航炮击落了 51 架敌机。

52　　　1967 年六日战争过后，以色列和法国的亲密关系结束。为了恢复同阿拉伯世界的关系，法国战争英雄和总统夏尔·戴高乐以六日战争为借口停止了与以色列的合作。他对中东实行严格的军火禁运，特别是对以色列。

林登·约翰逊总统在位期间，美国最终取代法国成为以色列的现代武器主要供应国。

虽然美以关系之后不断发展，但法国还是让以色列学到了重要的一课：为了生存下去，犹太国不能仅仅依靠外部援助，而是应该设法发展自己的研发和制造能力，这才是生存下去的长久之计。

---

① 以色列将第三次中东战争称为六日战争。——译者注

第二章 "玩具"飞机

"我们的特工带着照片回来了。"一名情报分析员将头探进沙伯泰·布里尔的办公室对他说道。

时间是 1968 年，鉴于当时紧张的情报战形势，这可是一个重大新闻。听到这个消息，以色列国防军军事情报局（希伯来语缩写的音译为"阿曼"）的布里尔少校连忙放下手头的报告站起身来。

布里尔经常看秘密情报，但今天的情报很特殊。这位"特工"是一年前六日战争结束后最早渗透到埃及的以色列间谍之一，他拍到的照片可以反映埃军的作战计划，包括埃军在停火线后方的潜在准备行动。

在军事情报局，有一个房间是该部门的神经中枢，所有的情报先汇聚到这里，然后分发给各情报案件官员。此时，在这个房间，一小拨人正围在这位特工周围。布里尔的顶头上司亚伯拉罕·阿尔南上校正在仔细端详一张照片。

"你们怎么看？"他向一群情报分析员问道，"这看上去像一座军用桥梁。"

那的确是一座军用桥梁，而且，埃军已将桥梁移到离苏伊士运河不到 1 英里的地方。这条极具战略意义的水道的另一边就是在六日战争中以色列占领的埃及领土。通过这座军用桥梁，埃军的坦克和装甲车可以横穿运河，入侵以色列。此时这座桥梁离运河已经太近了，显然没法让以色列安心。

在将特工派往埃及前，以色列尝试过利用其他途径获取关于埃军在运河以西活动的情报。一位军官曾设计出一个可以安装在坦克上的特殊观察台，站在上面，情报官可以将视线越过埃及在运河那边修建的 30 英尺高的沙障观察对面的情况。这个方法似乎挺有效，直到有一天，一个观察台被埃军狙击手击中。

后来，以色列空军派出侦察机从边界上空向地面拍照，由于埃及部署有地对空导弹，侦察机不得不保持高空飞行，因此拍出来的照片几乎毫无价值。这样一来，以色列国防军只剩下最后一招：人力情报。他们将特工化装成埃及人，从欧洲入境埃及，然后以游客的身份来到苏伊士运河附近拍照，从而让以色列了解边境的具体情况。

阿尔南急忙拿着照片去向军事情报局高层领导汇报。布里尔则站在原地，他在想，一张照片竟然能对以色列的生存起到如此关键的作用，这简直不可思议。

他不禁问道："如此大规模的行动，仅仅是为了获得运河那边的一张照片？"他明白这份情报的重要性，但同时又总感觉事情有些奇怪。他认为，了解几百英尺外的情况，一定存在更简单的方法。

晚上，在开车回家的路上，他还在思考着获得运河情报更简单的方法。他回忆起几周前在特拉维夫看的一部电影。在正片开始前有一段新闻短片，其中有这样一个镜头，一个美国犹太男孩在成人礼上收到一架玩具飞机。具体情节已经不再重要，布里尔的大脑在飞速运转，他记得，那架彩色飞机可以通过遥控器远程无线控制。

布里尔想到一个极为简单的方案：买几架遥控玩具飞机，在底下装上相机，然后遥控它们飞至苏伊士运河上空拍摄埃军阵地的照片。

布里尔知道，要想实现这个想法，他需要其他人的帮助。于是他来到空军基地，通过打听，他认识了什洛莫·巴拉克，这位军官经常在周末玩遥控飞机，是能够帮助布里尔实现这个想法的不可多得的人选。

布里尔尝试让空军负责这个项目，但很多人都持怀疑态度。空军技术部门的军官对布里尔说："遥控飞机只是玩具，对我们没有任何利用价值。"

于是他试图让自己的上级领导接受这个想法，他对阿尔南说："我们只须花很少的经费就可以买一些遥控飞机，安上摄像头后就能飞到苏伊士运河上空监视埃及人。"阿尔南不太相信，他要求首先看看实际效果。

不到一周时间，布里尔和阿尔南再次碰面，地点是特拉维夫郊外一个简易飞机跑道。在飞行演示中，巴拉克操纵一架遥控飞机完成了一些空中动作，进行了几次翻转，最后完美降落。阿尔南觉得这个想法不错，但他需要知道实现这个想法的成本。布里尔没法马上回答他，而是和巴拉克一起列出一份清单：3架飞机，6个遥控器，5个引擎，一些备用轮胎和螺旋桨，一共需要850美元。

阿尔南批准了这笔经费，然后，一名访问纽约的以色列国防代表团成员来到曼哈顿玩具店购买了这些装备，并用大使馆的外交包裹将它们寄回以色列。这样一来，谁也不会问他行李中为什么会有这么多玩具飞机。

这些玩具飞机安全运达以色列后，被送到军事情报局的技术小组进行改装，装上了德国制造的35毫米胶片相机和计时器，在计时

56

器的控制下，相机每 10 秒就会自动拍照。

玩具飞机运到以色列几周后，布里尔告诉阿尔南："我们已经准备好将其投入实战了。"但高层军官仍然心存疑虑，他们害怕飞机被埃及防空导弹击落，所以建议先让国防军的防空部队试试，能否将其击落。

一个炎热的夏日，阿尔南和布里尔驾车来到以色列国防军在内盖夫沙漠的防空训练基地，他们将一条道路封锁起来用作飞机跑道，并提示防空炮手飞机的飞行方向。布里尔非常紧张，因为一旦飞机被击落，他的计划将会被立即终止。

飞机起飞后在一块沙地上空盘旋，炮手朝它开火，震耳欲聋的响声持续了很长时间。由于看不到飞机的踪影，布里尔心里已经做好了最坏的打算。但出乎他意料的是，当炮火的浓烟散去后，玩具飞机仍在高空翱翔。巴拉克让飞机的高度从 1000 英尺降到 700 英尺，最后甚至降到 300 英尺，但由于目标太小，防空炮手根本无法击中目标。飞机降落后，满脸惊讶的阿尔南转身面向布里尔，同意飞机到埃及上空执行任务。

他们选定的第一个侦察目标是位于伊斯梅利亚附近的一处埃军阵地，伊斯梅利亚这座小城位于苏伊士运河河畔，靠近提姆湖（也称为鳄鱼湖）。行动小组由两人组成，一人是操作遥控器的"飞行员"，另一人是拿着 120×20 双筒望远镜观察飞机的"领航员"，后者负责确保飞机不会超出他们的视线范围。

但 1969 年 7 月玩具飞机的第一次试飞开展得并不顺利。一开始，由于地面到处是坑，很难找到一块能用作飞机跑道的平地。好不容易找到一块长达 100 英尺的狭长平地后，上级才批准了飞机起飞。阿尔南下令他们操纵飞机向埃及方向飞行到纵深 1 英里左右的位置，但

1969年，一位不知姓名的以军战士正在组装一架准备飞往苏伊士运河上空的玩具飞机（沙伯泰·布里尔提供）

很不巧，起飞后不久飞机就进入一团沙尘，突然消失在人们的视线中。大家立刻紧张起来，因为一旦飞机坠毁在埃及，以色列新研制的秘密武器会立马暴露。担任"领航员"的巴拉克让"飞行员"操纵飞机在天空盘旋，并爬升到更高的地方。他对"飞行员"说："别紧张，接着飞，我们会看到它的。"

经过紧张的时刻后，飞机终于从沙尘中飞了出来，"飞行员"将它顺利降落在以色列领土。胶片当即被送去冲洗，当照片送回来后，阿尔南和布里尔都感到非常惊讶：照片的清晰度非常高！他们可以清楚地看到埃军沿着运河修建的战壕，连阵地之间的通信电缆都能看清。

以色列第一次得到能够清晰显示埃及沿苏伊士运河所修防御工事以及为未来战争所做准备情况的照片。

之后，他们又在西奈半岛执行了一次任务，任务完成后，阿尔南将团队派到约旦河谷地，对约旦阵地进行了类似的空中侦察，再次取得良好效果。当年夏末，军事情报局局长阿哈龙·亚里夫少将决定成立一个正式的开发小组，负责研发一种体积更小、更加结实并能够整合到常规部队中的遥控飞机。亚里夫还写信表扬布里尔："谢谢你的这项发明。没有来自各级官兵的创新，就不会有今天的以色列国防军。"

几周后，布里尔得到晋升，负责西奈半岛的早期预警情报系统。他以为自己启动的项目已有人接管，自己可以去探索新的领域了。但几个月后的一天，军事情报局的朋友打电话告诉他，局里终止了那个项目。亚里夫成立的团队并没有采用布里尔设计的飞机，而是另起炉灶重新设计，结果新飞机总是在飞行过程中坠毁。所以，军事情报局高层认为这个项目成本太高，应当由空军负责，便终止了此项目。

布里尔并没有放弃，1969 年，他向亚里夫和情报界其他官员写了好几封信，说明放弃这个项目的严重后果，并请求这些指挥官不要终止该项目，但布里尔未能说服他们。

1973 年 10 月 6 日是犹太人的赎罪日，这一天，埃及军队发动突然袭击，成功渡过苏伊士运河，在几乎没有遭到任何抵抗的情况下进入西奈半岛。以色列最终守住了自己的国土，但这场残酷的战争给这个国家留下了巨大的创伤：共有 2000 多名战士牺牲，这是独立战争以来死亡人数最多的一次。

布里尔难以抑制心中的愤怒。他敢肯定，如果无人机项目没被取消，以色列可以提前发现埃军的行动，及时加强防御，甚至避免战争的爆发。如果当时看得见边界线那一边的动态，数千人的生命

沙伯泰·布里尔的玩具飞机第一次试飞时拍摄到的苏伊士运河沿岸埃及港口的照片（沙伯泰·布里尔提供）

就不会白白葬送。

他说："如果我们当时继续对运河以西 3 英里范围区域拍照，我们就可以看到埃及正在调集坦克、桥梁设备和其他物资，也能够明白他们在准备发动战争。但很不幸，我们没有这样做。"

军事情报局也意识到这个错误，于是重新启动了布里尔的计划，联系到当地国防公司，委托他们设计一种小型无人驾驶飞机（UAV），现在我们一般称其为无人机。

新设计的以色列机型还需要几年时间才能投入使用，但在这期间，有两件事情已经明确：第一，以色列需要高质量的情报；第二，为了满足这个需求，以色列必须发展无人机。布里尔当时还不知道，1969 年他在苏伊士运河开创的事业将发展为一项数十亿美元的巨大产业，并帮助以色列成为全球军事强国。

经过几年的研发和试飞，以色列第一款无人机"侦察兵"（Scout）终于在 1979 年交付空军。最早的"侦察兵"无人机需要使用火箭助推器进行发射，但不久以后，以色列航空工业公司就对该机型进行了升级，使其能够像普通飞机一样使用跑道起飞。

"侦察兵"无人机很快被用于实战。

1982 年 6 月，由于巴勒斯坦解放组织不断越过北部边界向以色列发动武装袭击和发射火箭弹，以色列决定入侵黎巴嫩，从根源上消除这些隐患。叙利亚当时在黎巴嫩贝卡谷地部署了将近 20 个"萨姆"导弹（苏制地对空导弹）连，严重限制了以色列空军的机动能力，成为以色列面临的首要障碍。

以色列空军已经做好了战争准备，几周前，"侦察兵"无人机已经飞到谷地上空搜集到"萨姆"导弹连的雷达和通信频率，这些数据对以色列空军的下一步行动至关重要：利用电子手段压制导弹连。

以色列于 6 月 6 日发动全面进攻，电子战系统让大多数叙利亚导弹系统失效，"侦察兵"无人机还协助以色列战斗机识别并炸毁了导弹发射系统。这次行动大获全胜，以色列空军摧毁了几乎所有的叙利亚"萨姆"导弹，并在没有任何损失的情况下击落了 82 架叙利亚"米格"战斗机。

这次行动改变了许多以色列人的认识，特别是那些之前不相信无人机的军官。现在人们突然发现，这些小型无人机拥有无限的潜力。

当以色列"侦察兵"无人机屡立战功时，以色列最主要的盟友美国在无人机的研发道路上却走得极为艰难。几十亿美元已经投了进去，但项目一个接一个地失败，没有任何办法。

几年前，五角大楼曾资助过"天鹰座"无人机的研发，这款无人机由洛克希德·马丁公司设计，在起飞时需要几十个人协同操作，但在试飞过程中经常坠机。1987 年，在烧掉了 10 亿美元后，五角大楼决定终止这一计划。[1]

波音公司当时也在研制一种名为"秃鹰"的无人机，计划用这种无人机替代 U-2 传统侦察机，但这种无人机的翼展过长，达到 200 英尺，是 U-2 侦察机的两倍。这个项目在投入了 3 亿美元后也被终止，最终只制造出一架样机，现在被悬挂在加利福尼亚州一个博物馆里。[2]

1983 年 12 月，美国终于决定向以色列寻求帮助。几周前，部署在贝鲁特附近的叙利亚防空导弹击落了一架美国间谍飞机，作为回应，美国海军对叙利亚导弹连发动袭击，但行动不但失败，而且损失惨重：两架美国飞机被击落，一名飞行员遇害，一名领航员被俘。虽然部分叙利亚防空火炮被摧毁，但叙利亚防空火力迫使美国飞机在远离目标的地方提前投弹。事后调查发现，附近海域美国战列舰上舰炮的火力范围完全可以覆盖这些叙利亚防空系统，根本没必要让美国飞行员付出生命的代价，但问题在于，美国海军不知道叙利亚导弹系统的具体位置，它需要一双能够停留在空中的眼睛来指挥舰炮。

行动失败几周后，美国海军部部长约翰·莱曼来到贝鲁特，并

62

决定利用这一机会飞到特拉维夫了解以色列无人机的使用情况。他听说"侦察兵"无人机曾用于 1982 年战争，但从未亲眼见到过这款无人机。到达以色列军事指挥部后，莱曼被带到一个作战室，坐在一台小电视机前，然后以方人员交给他一个操作杆，直接让他操作一架飞行中的无人机。同样，美国海军陆战队司令保罗·X. 凯利将军曾为了无人机项目专程访问以色列，在他行程快结束时，以色列人为他展示了一段无人机拍摄的视频，其画面效果和家里播放的电影差不多，看到其中一些镜头时，凯利的脸都快贴到屏幕上了。[3]

他们两人都很欣赏以色列的无人机技术，下一步的工作是推进双方的合作。美国的官方手续非常复杂，但莱曼决定跳过一般流程，直接让美国海军和以色列航空工业公司签订合同，在"侦察兵"无人机基础上研制一款新型无人机。美国希望这款无人机更大更结实，并装备更先进的航空电子设备，为战列舰提供校射服务。以色列航空工业公司很快开发出一款被称为"先锋"的原型机，在莫哈韦沙漠试飞后，美国海军非常满意，并订购了 175 架。

"先锋"无人机从 1986 年开始交付，不久后就参加了实战。1990年，萨达姆·侯赛因统治下的伊拉克入侵科威特，为了解放这个海湾国家，美国加入战争。在一次作战行动中，一架"先锋"无人机飞到一群伊拉克士兵上空，看到这架飞机后，士兵们不知道这是什么先进武器，赶紧脱下身上的白色内衣向空中挥舞，示意投降。这大概是人类历史上第一例一个军事单位向一台机器投降的案例。

回到美国几个月后，莱曼得知有人在洛杉矶研发另一种无人机，而且这种无人机也可以为军舰提供校射。其设计者来自"先锋"无人机开发单位以色列航空工业公司，他曾是那里的高层管理人员，现在来到美国试试运气。

阿比·卡雷姆 1937 年出生于巴格达，1948 年以色列建国后随家人移民以色列。8 岁时他就立志成为一名工程师，几年后，他找到了自己真正热爱的领域：航空科学。14 岁，他制作出人生中的第一架（玩具）飞机。又过了不到两年，他成为高中玩具飞机俱乐部的一名教练。高中毕业后，卡雷姆到以色列理工学院（相当于以色列的麻省理工学院）学习航空学，服完兵役后，他来到以色列航空工业公司工作。[4]

1973 年赎罪日战争时，卡雷姆研制出他的第一架无人机，当时以色列空军很难突破埃及苏式防空系统的防线。卡雷姆的团队仅用了几周时间就研制出一种诱饵飞机，简单说这是一种可以通过操作杆控制的诱饵弹。以色列空军可以通过这种诱饵飞机使埃军启动雷达，确定雷达的位置，然后让附近的战斗机发射反辐射导弹[①]摧毁这些雷达系统。虽然在战争中立下奇功，但战争过后，以色列空军决定购买美国的类似武器，卡雷姆的发明无人问津。他不断强调，以色列要想建立自己的工业体系，必须加大对自主系统的投资，但没人听他的建议。于是，失意的他放弃了以色列的工作，来到美国寻找新的机会。

卡雷姆和家人搬到洛杉矶，但他没有足够的经济条件同时买房和租赁办公场所，所以卡雷姆和妻子不得不采取折中方案：房子供家人使用，后院则用来研发无人机。几个月内，正是在哈仙达岗这个 600 平方英尺的后院，卡雷姆成立了领先系统（Leading Systems）科技公司，并同两位兼职员工一起开始了新型无人机的研发。他们吸取卡雷姆在以色列航空工业公司的教训，试图将无人机的成本降

64

---

① 反辐射导弹又称反雷达导弹，是指利用敌方雷达的电磁辐射进行引导，从而摧毁敌方雷达及其载体的导弹。——译者注

到最低。这款被称为"琥珀"的原型机由胶合板和玻璃纤维制成，其使用的二冲程引擎是卡雷姆从一辆卡丁车上拆下来的。

20 世纪 80 年代中期，还处于测试阶段的"琥珀"无人机每天都进行飞行试验，有时单次连续飞行时间能达到 30 小时。在莱曼的坚持下，美国海军宣布了购买 200 架"琥珀"无人机的计划，卡雷姆本以为自己的努力终于获得了回报，但没想到，1987 年国会否决了这笔采购经费。卡雷姆没有放弃，开始着手设计适合出口的"琥珀"无人机机型。但这时银行给他打来电话，通知他 500 万贷款的还款日到了，为了筹到这笔钱，卡雷姆只好把领先系统科技公司卖给了休斯飞机公司。收购完成后，领先系统科技公司更名为通用原子公司。卡雷姆担任该公司的顾问，并研发了另一型号的"琥珀"无人机——"蚋蚊"750。

卡雷姆的转折点来自两个他意想不到的地方：波斯尼亚和以色列。1993 年，前南斯拉夫地区爆发内战，参战人员中既有正式部队士兵也有民兵，但他们穿着便装，这让美国政府难以评估地面的真实情况。

这个问题摆在时任中央情报局局长 R. 詹姆斯·伍尔西的面前。一天，在（中情局总部弗吉尼亚州的）兰利举行的一场寻找对策的会议上，伍尔西突然回忆起几年前对以色列的一次访问，在那时他第一次看到飞行中的无人机。访问期间，伍尔西在之前担任海军部副部长时结识的一些以色列国防官员的带领下，参观了以色列国防军新成立的无人机单位。这个单位主要负责黎巴嫩的侦察任务。一名以色列国防军上校带他参观了该单位的基地，并介绍他认识了一些无人机操作人员。

伍尔西对这名上校说："这些人在业务上非常专业，但他们看上去也太年轻了。"以色列军官笑了笑回答道："这里相当于以色列的飞机模型俱乐部，我们只是在征兵时把这些爱好者招到了同一个单位。"

接着，上校把伍尔西带到附近的一个帐篷内，向他展示了在不久前的行动中搜集到的视频。在屏幕上，伍尔西看到3辆梅赛德斯奔驰轿车组成的车队正行驶在黎巴嫩南部的一条公路上。上校解释说，根据情报，坐在第二辆轿车中的一名乘客是真主党高级特工。接着，一架无人机用激光指示器对这辆轿车进行标记后，附近的以色列空军直升机立即发射导弹将其摧毁。

在越南战争时，担任参议院武装部队委员会总顾问的伍尔西见过激光制导在实战中的运用，当时激光标记工作由战斗机完成，他至今还记得被标记后飞机总能精准地击中目标。此次访问结束回国后，伍尔西一直对无人机很感兴趣。

现在，作为中央情报局的负责人，面对美军在波斯尼亚存在的重大情报空缺，他明白现在需要什么。他对手下说："我们需要能长时间工作的无人机。"他将国防部无人机团队召集到兰利，问他们需要多长时间造出一架能在波斯尼亚使用的无人机。国防部官员回答说："我们可以做到，但需要6年时间和5亿美元。"对伍尔西来说，这个时间太长，投资太大。

他突然想到阿比·卡雷姆。几年前他们曾有过一面之交，卡雷姆的创新思维给他留下了深刻印象。他拨通卡雷姆的电话后开门见山地问道：

"如果由你来研发一种能够在波斯尼亚使用的无人机，需要多少钱？需要多长时间？"

"6个月，500万美元。"卡雷姆回答道。

66

"厉害，你给的数字比五角大楼的人少了两个零。我们来好好聊聊这件事。"中央情报局局长说道。

伍尔西派中央情报局一位名为简的工作人员配合卡雷姆开展这个项目，这位员工曾研发过一种特殊的无人机指挥控制系统。卡雷姆和简立马投入工作，6 个月后，"蚋蚊"750 无人机如期在波斯尼亚上空执行侦察任务。几天后，伍尔西在兰利中情局总部七楼的办公室装上了能够直播无人机拍摄视频的设备，中情局局长可以一边观察莫斯塔尔古桥上的人流，一边通过一款早期聊天软件同操作无人机的地面站进行交流。[5]

国防部对"蚋蚊"无人机非常满意，当即决定利用这次成功继续开发军用无人机的应用。他们和通用原子公司再次签订合同，要求他们研发一种比"蚋蚊"更强大的机型，要求引擎的功率更大，机翼也要重新设计。

这种新型无人机在"蚋蚊"的基础上发生的最大改变来自通用原子公司在上面安装的卫星通信链路。公司认为更先进的无人机需要一个新的名字，通过竞争，最终胜出的名字是"捕食者"。这款无人机后来声名远扬，成为美国在全球反恐战争中最具杀伤力的武器，在巴基斯坦、阿富汗、伊拉克和也门执行过无数次袭击任务。正是以色列和一名以色列工程师让这一切成为现实。

无人机对军队之所以有吸引力是因为其适合执行"3D"任务[①]，它们不怕枯燥、不怕污染，也不怕危险。

"枯燥"主要指的是边界巡逻和海上监视等例行任务的乏味。这

---

① dull，dirty 和 dangerous 三个英文单词都是以字母 d 开头，所以称之为"3D"任务。——译者注

些任务对体力的要求很高,极具重复性。人类在连续工作 10—12 小时后会感到非常疲劳,而以色列的"苍鹭"无人机(2005 年以来,以色列空军主要用于执行例行任务的无人机机型)可以在空中连续作业 50 小时。

"污染"主要指进入被化学或生物制剂污染的空域,在这些情况下,人类需要穿戴笨重的护具,但无人机却没有任何风险,可以正常执行任务,适应更多类型的作战环境。

至于"危险",可以有不同的解读,但主要指那些飞行员有可能受伤或牺牲的任务,可以派机器来执行。

相对于普通战斗机,无人机具有许多优点:体积更小,重量更轻,造价更低,在空中飞行的时间也更长。战斗机可以冲破音障,这既是优势,也是劣势。高速飞行在近距离空战或执行需要快进快出的任务时至关重要,但这意味着飞机位置暴露得也很快。无人机的声音更小,当它在目标位置高空盘旋时,其发出的噪音会和城市交通产生的噪音融为一体,不易识别,所以无人机特别适用于追捕和清除恐怖分子等移动目标。

自 1979 年"侦察兵"无人机交付以来,以色列空军已经使用和退役了多种型号的无人机。不同于从海外采购的大型战斗机、武装直升机和运输机,这些无人机全部由以色列本土公司研发和制造。

1985 年以来,以色列一直是全球最大的无人机出口国,出口份额占全球市场的 60%,排在第二的美国只占 23.9%。[6]以色列无人机的客户包括美国、俄罗斯、韩国、澳大利亚、法国、德国和巴西等几十个国家。2010 年,5 个北约国家都使用以色列无人机在阿富汗执行任务。

今天,以色列国防军各军兵种都使用无人机。比如,以色列空军一直在加沙、黎巴嫩和叙利亚各前线地带使用"苍鹭"无人机执行侦察任务。

"苍鹭"无人机机身长度约 27 英尺，比"赛斯纳"轻型飞机略短，但翼展却要长出 20 英尺。该飞机的螺旋桨推进器后置，运行时持续发出类似割草机的声音。"苍鹭"无人机最大的优势在于其自动飞行系统，操作员可以在起飞前设定飞行路线，只需 4 个按钮就可以完成起飞，随后飞机会飞到目标地点，并在任务结束后飞回之前设定的降落点。这样一来，操作员可以专注于任务本身，而不是飞机的操控。

"苍鹭"无人机的生产商以色列航空工业公司从未公布过制造这款无人机的确切成本，根据行业估算，其单机造价大概在 1000 万—1500 万美元之间，远低于有人驾驶的战斗机。如果参照以色列空军最近购买 F-35 第五代多用途战斗机的价格，一架 F-35 的采购资金可以购买 10 架"苍鹭"无人机。

"苍鹭"无人机的飞行模式分为视距模式和卫星模式。采用视距模式操作时，操作员同无人机间的距离必须保持在 250 英里以内；在卫星模式下，无人机通过连接卫星进行控制，其飞行距离完全取决于所携带燃料的数量，不受操作员位置的影响。但无人机最大的意义还在于其有效荷载。仍然以"苍鹭"无人机为例，它有多个部位可以携带设备，包括机舱下方、机翼上以及机头下方的万向节，在万向节中可以根据不同任务需求安装不同的传感器，包括昼夜摄像机、红外夜视仪、激光目标指示传感器和识别大规模杀伤性武器的特殊传感器。

这些传感器可以发挥巨大的作用，其中一款由以色列设计的传感器名为"烈火战车"，可以通过探测地形的微弱变化来发现地下火箭发射器的位置。哈马斯经常把火箭发射器藏在地下，所以这种传感器在加沙等地能发挥重要作用。简言之，这种传感器能够看到其他手段无法识别的东西。

以色列无人机最初设计用于执行情报、监视与侦察（ISR）任务，即飞到目标上空监测地面情况变化。其实从一开始以色列的武器设计人员就明白，无人机可以不断适应新的环境，完成更多类型的任务。

无人机可以通过激光指示器对目标进行标记，然后由直升机或战斗机攻击目标。无人机既然可以携带激光指示器，为什么不能携带导弹？据报道，包括"苍鹭"在内的以色列无人机已经具备定位目标并将其摧毁的能力。[7] 以色列从未承认其无人机具备攻击能力，但大量证据都表明其已具备这种能力。在一次防务展上，以色列展出过机翼下安装有导弹的无人机。在维基解密泄露的电报中，以色列也曾承认部分加沙地带的袭击行动是武装无人机所为。据报道，"苍鹭"无人机和"赫尔墨斯"450型无人机（以色列埃尔比特系统公司研发的另一种中型无人机）可携带"海尔法"激光制导导弹和体积更小的导弹，如以色列研发的"长钉"导弹。"长钉"导弹的附带毁伤很小，据说在精确打击恐怖分子的行动中非常有效。

以色列无人机技术不断发展，受影响最大的是加沙地带。在加沙狭窄的巷子里，人们每天都可以听到天空传来无人机发出的割草机般的声音。加沙人称这些无人机为"扎那纳"，阿拉伯语中是"噪音"或"唠叨的妻子"的意思。

这些无人机在加沙搜集情报，帮助以色列国防军建立冲突爆发后可供使用的"目标库"。在2012年11月发生在加沙的"防务之柱"行动中，以色列国防军攻击了将近1000个地下火箭发射器和200条

70

地道，这些目标都是根据无人机搜集的情报定位和识别的。其实，"防务之柱"行动的第一波攻击就是在无人机的帮助下发起的，当时，一枚导弹击中了哈马斯最高军事指挥官艾哈迈德·贾巴里驾驶的起亚轿车。没想到，这名在之前四次暗杀行动中死里逃生的以色列通缉要犯最终被无人机清除。[8]

在以色列对加沙地带火箭弹袭击展开报复性轰炸之前，无人机主要用于侦察目标附近的情况。比如，在直升机和战斗机轰炸那些载有火箭发射器的汽车前，无人机会先确认没有儿童进入杀伤区；当以色列国防军步兵包围哈马斯成员藏匿的建筑时，无人机会提供实时空中援助，引导战士安全地进入该建筑。在必要情况下，无人机也可直接向目标发起攻击。

以色列国防军中的很多微型无人机并不是从空军基地起飞，而是从战士背包里拿出来，然后像橄榄球运动中四分卫掷球那样抛向天空。2010 年交付以色列国防军地面部队的"云雀"无人机就属于这一类。"云雀"无人机的重量只有 13 磅，可以收纳到单兵背包中，但一旦飞到天空，可以在 3000 英尺的高度持续工作 3 小时。该无人机适用于多种类型的作战行动，包括在约旦河西岸的随机巡逻和在黎巴嫩、叙利亚等地的大规模地面行动。

凭借这种新型战争武器，指挥员能迅速获得近距离情报，不再完全依靠以色列空军。同样，以色列空军也可以专注于完成更具战略意义的任务。

截至 2016 年，以色列的微型无人机在各国军队中深受欢迎，已被澳大利亚、加拿大、美国、韩国、法国、瑞典和秘鲁等国使用。

无人机不但影响了战争方式，还改变了军队的组织结构，各军兵种都不得不适应这项新科技带来的变化。以色列建国后，第七装甲旅曾成立过一支代号为"帕萨尔"① 的负责远距离侦察的精锐部队，这支部队的战士相当于移动的前哨。在坦克出动前，他们已摸清前方地形，并发回了敌人的位置信息。然而，2010 年"云雀"无人机投入使用后，以色列国防军认为现在需要重新考虑这支部队存在的必要性，或者说，需要重新定义战士的角色。毕竟，坦克出动前，无人机可以完成同样的任务，为什么还要让战士去冒险？

2009 年，以色列无人机的性能开发取得了新的进展。[9]

1 月中旬，以色列士兵深入到加沙地带执行作战任务，这是 4 年前以色列从这片巴勒斯坦领土单方面撤离以来发动的第一次大规模地面行动。一年来，哈马斯向以色列境内发射了 2000 多枚火箭弹和迫击炮弹，以色列总理埃胡德·奥尔默特认为不能再忍下去了，所以以色列发动了"铸铅"行动。

当全国人民密切关注着以色列步兵和装甲旅在加沙的战况时，在遥远的苏丹，以色列正面临着一个新的威胁。

根据以色列情报机构摩萨德② 的情报，一艘载有伊朗先进武器"法基尔"③ 火箭弹的船只已停靠在红海边的苏丹港。这不是普通的火箭弹，它极有可能打破中东的军力平衡。

在此之前，依靠哈马斯的武器库，巴勒斯坦激进组织已威胁到以色列南部 100 万居民的生命，"法基尔"火箭弹的射程更远，可以直接打到特拉维夫。此外，摩萨德还获悉，这些装有火箭弹的集装箱正在装车，计划取道苏丹和埃及运往加沙边境的一个仓库，接着

① 希伯来语中"侦察连"的意思。——译者注
② Mossad，以色列三大情报机构之一，主要负责海外情报。——译者注
③ 波斯语中"黎明"的意思。——译者注

通过地道走私到加沙。

以色列国防军总参谋长加比·阿什肯纳兹中将开始制订攻击这支运输车队的计划，但时间非常紧迫。一旦卡车进入埃及境内，以色列就无法实施打击计划，因为埃以之间签订有和平协定，在埃及境内发动袭击很可能打破这一脆弱的和平状态。加沙是全世界人口密度最高的地区之一，一旦火箭弹运到加沙后很快就会被分散到人群中，虽然以色列在加沙的情报覆盖做得非常好，但定位这些火箭弹谈何容易。换句话说，要想阻止这些火箭弹进入加沙，以色列必须在苏丹境内发动袭击。

以色列国防高层在这个问题上出现分歧。鸽派人士反对发动袭击，因为以色列在国际上正变得越来越孤立。加沙的死亡人数在不断上升，不少地方遭到以色列严重破坏，许多国家对以色列提出严正抗议。这时如果以色列在另一个国家发动袭击，很难从道义上自圆其说。另一方的鹰派人士则认为以色列不能坐以待毙，如果先进武器进入加沙，其后果难以估量。

这个事情最终只能由总理奥尔默特决定。其实，奥尔默特和不少秘密行动有着紧密的关系。有报道称，2007年，他不顾美国反对，批准了以色列袭击叙利亚西北部一座正在秘密修建的核反应堆的行动。还有人认为以色列许多针对黎巴嫩真主党成员和伊朗科学家的高调刺杀行动也是由他授权的。

在批准这些行动前，奥尔默特一般会了解完成任务的技术难度和风险大小。但这一次，除了这些一般程序，他还要确保外界无法将这次袭击归罪于以色列，也就是说，以色列在执行任务过程中不能留下任何"指纹"。

接下来需要讨论的是如何做到这一点。向苏丹派出战斗机非常危险，一旦有一架飞机被埃及或沙特阿拉伯的雷达发现（红海那一区域正好被沙特阿拉伯雷达覆盖），整个任务就可能失败。

此外，该行动还存在技术上的困难。袭击目标是移动的卡车车队，因此很难追踪。攻击时机非常重要，情报必须绝对精确。由于战斗机燃料有限，无法在苏丹领空停留太久。

接下来，阿什肯纳兹与作战部负责人开始制订任务计划。他们两人咨询了空军作战研究小组的工程师、科学家和弹药专家，这些人员对目标进行了评估，推荐了摧毁目标需使用的飞机和炸弹。他们给出了多种方案，经过慎重考虑，以色列国防军选择了一种非常规方案：用无人机袭击车队。[10]

这种方案之前从未尝试过。虽然有报道称以色列曾使用无人机对加沙地带个别恐怖分子实施过小规模袭击，但大多数时候无人机只在加沙、黎巴嫩等邻近区域执行侦察任务，从来没有长途奔袭到苏丹这么远的地方实施过袭击。不过，这个决定是有道理的：无人机可以在广阔的苏丹沙漠上空盘旋较长时间，等待车队的出现。

这次袭击后，以色列安全领域一名消息人士在接受《星期日泰晤士报》采访时说："当你攻击一个固定目标特别是大型目标时，你最好使用战斗机。但如果袭击随时变换位置的可移动目标，无人机是最佳选择，因为它们可以盘旋在敌方看不见的高度等着目标出现。"[11]

随着准备工作的推进，参与人员的名单也变得越来越长。所以，以色列国防军采取了他们在筹备敏感行动时经常采取的策略：区隔化。只有极少数军官知道任务的所有方面，其他人只知道并专注于其中的一个方面。大家知道，如果走漏风声，任务就会被取消，伊朗火箭弹将会被运到加沙，要想再次见到这些火箭弹，很可能就是

74

火箭弹打到他们家的时候了。

内盖夫沙漠烈日炎炎，这里降水极少，缺少植被，大部分地区十分贫瘠。由于很少有以色列人居住在沙漠，这片广袤而干燥的地区成为以色列国防军最主要的训练场所。在之前的训练中，以色列的无人机操作员已经掌握了跟踪移动车辆的技巧，但仅局限于跟踪驾驶汽车或摩托车的单个激进分子。在针对这次任务的准备时期，他们必须学会定位和追踪多辆载有火箭弹的卡车。但在广阔的苏丹沙漠，这就像大海捞针一样难。

本次任务选用的是"苍鹭"TP 和"赫尔墨斯"450 型两种无人机。"苍鹭"TP 无人机是以色列最大的无人驾驶飞机，其翼展与波音客机相当；"赫尔墨斯"450 型无人机是以色列最主要的攻击型无人机。根据计划，"苍鹭"TP 无人机将首先出发，到达指定地点后，在无法被发现的高空对这支车队进行定位和跟踪。接下来，"赫尔墨斯"450 型无人机（有必要的话战斗机也要参战）向目标俯冲并进行攻击。

轰炸行动的当晚是典型的苏丹 1 月的天气，虽然局部地区多云，但大部分区域都很晴朗。行驶在沙漠中，苏丹和巴勒斯坦的走私分子们怎么也想不到以色列无人机会从几千英尺的高空发现他们的位置，当他们看到迎面飞来的导弹时，一切都晚了，这次行动中有 43 名走私分子被杀，所有卡车都被摧毁。首战告捷。但几周后的 2 月，伊朗进行了第二次尝试，奥尔默特再次批准袭击行动。据报道，这一次 40 名走私分子被杀，10 多辆卡车被摧毁。

苏丹人感到非常震惊，奥马尔·巴希尔政府知道伊朗和哈马斯在利用苏丹秘密走私军火，但他们万万没想到以色列敢在一个非洲主权国家发动袭击，因此他们得出了一个错误的结论：美国是袭击行动的策划者。2 月 24 日，在第二次袭击发生几天后，苏丹外交部

正在以色列起飞的"苍鹭"TP无人机（以色列航空工业公司提供）

召见美国驻喀土穆大使馆临时代办阿尔贝托·费尔南德斯。在青尼罗河河畔，费尔南德斯和苏丹外交部美国司负责人纳斯尔丁·瓦里进行了会面。[12]

瓦里对费尔南德斯说："我要和你说一个很敏感且很令人担忧的事情。"这名美国官员表现得非常镇定，他知道自己为什么会被叫来。瓦里看了看自己用阿拉伯语写的谈话要点，然后打开一张破旧的苏丹地图，指着东部一块沙漠地区的位置滔滔不绝地说了起来。他大声向费尔南德斯读出死亡人数和被毁车辆数量，然后对这位美国外交官说："我们认为发动袭击的是你们的飞机。"

苏丹的怀疑并非毫无根据。几周前，费尔南德斯还在苏丹外交部谴责苏丹政府允许伊朗通过其领土将武器走私给加沙地带的哈马斯。苏丹一定认为，美国在提出正式外交抗议未果后决定采取军事行动。

费尔南德斯大多数时候只是安静地听着，瓦里则不断对美国在苏丹领土单方面发动袭击表示遗憾，并强调两国在安全上的"密切合作"关系。

77　　最后，瓦里总结道："我们抗议并谴责这一行为，为了维护主权，苏丹有权在适当时机以适当形式做出合理的回应。"费尔南德斯并没有否认苏丹方面的谴责，只是承诺向位于华盛顿的美国国务院汇报此事。[13]

即使美国知道这是以色列国防军所为，费尔南德斯也不会向喀土穆出卖以色列。反倒是奥尔默特忍不住在公开场合暗示以色列参与了这一行动。在费尔南德斯被召见的几天后，以色列总理在特拉维夫附近举行的安全会议上发言，表示以色列在离家"不那么近"的地方执行了一次反恐行动。

总理说："我们攻击了他们，这提升了我们的威慑力，也强化了我们的威慑形象，对于以色列而言，这种威慑作用有时比攻击本身更为重要。没有必要说得太详细，每个人都可以发挥自己的想象。实际上，只要稍做调查，任何人都能明白……这个世界上没有以色列不能开展行动的地方。"

虽然以色列没有公开，但此次行动表明，无人机在以色列战争中的参与方式和参与规模都在发生变化。现在，以色列空军每年将近一半的飞行小时数由无人机完成，无人机每天的侦察总时长达到数百小时。以色列步兵行动也经常需要无人机支援。空军高层最近组织过一次代号为"2030"的为期两天的研讨会，专门讨论和决定无人机部队未来几十年的发展方向。在会议快结束时，大多数与会人员达成共识：在未来几年，以色列空军将逐渐淘汰 F-15 和 F-16 战斗机，成为一支几乎完全由无人机组成的空军，未来的无人机有的将小到能装进口袋里。[14]

对帕尔马希姆空军基地的一次访问让我们了解到以色列无人机的另一面。在这一带起伏的沙丘中坐落着以色列空军第一支无人机飞行中队。地中海沙滩不远处，在开着空调的可移动营房中，穿着绿色连体式军装的年轻男女们正操控着黑色操纵杆，全神贯注地盯着无人机发回的监控视频。

2008 年 12 月，这支飞行中队的副指挥员吉尔上尉（根据保密规定，以色列空军人员只能使用个人名字，不能使用家庭姓氏）本在计划着期待已久的海外旅行，而在以色列对哈马斯发动"铸铅"行动后，他不得不取消旅行计划，将这些操作无人机的年轻男女们集合到一起。

他对战士们说："我们有两个目标：一是为地面部队提供支援，二是尽可能降低平民伤亡。"

一个周日，吉尔在一辆指挥车内值班。在以色列各大情报部门的密切配合下，他正在跟踪一名被以色列情报部门怀疑是哈马斯高级别官员的男子。当该男子离开位于加沙北部难民营的家，吉尔开始从空中对他进行跟踪。

这名男子并不知道自己被跟踪，他开始忙着处理手头一些看上去像是电线的东西，吉尔担心他在安装路边炸弹，准备伏击正在附近执行任务的以色列国防军部队。

"这看上去很可疑。"他通过头戴式耳机说道。

以色列国防军南部战区司令部的目标专家同意吉尔的判断，于是下令让部署在附近的飞机实施袭击。就在这时，吉尔又仔细看了一眼画面，他突然发现这名男子并不是在安装路边炸弹，而是在晒衣服，于是立马通过耳机大声喊道："不对，停止进攻！"

几天后又轮到吉尔值班，他发现一名以色列国防军战士正走在加沙北部的一条小巷子里，但这个画面存在疑点。这名男子虽然穿着国防军的橄榄色军装，但他独自行动，单肩挎着 M-16 步枪，没有按国防军的规定将枪支斜挎在胸前。"一名以色列国防军战士怎么会独自出现在这儿？"吉尔向指挥车内一位无人机操作员问道。这名男子马上成为他们的跟踪目标。

在这两次事件中，吉尔都体验到无人机在战场上的优势：避免无辜者被袭，不让被通缉的恐怖分子逃跑。

吉尔在飞行中队指挥部与我们见面时说："虽然远离目标，但我能通过长时间观察确保目标的正确性。"不难想象，他们的责任重如泰山。吉尔才 30 岁出头，已经是飞行中队中比较年长的无人机操作员，其他操作员大多只有 20 多岁。他告诉我们："我日夜坚守在此，为的就是这份责任，我们要将附带毁伤降到最低。但另一方面，如果我向战士保证某一区域安全，结果他被敌方狙击手击中，我也得负责。风险真是无处不在。"

这么年轻就要承担如此重大的责任，战士们不得不摆脱思维定式，并迅速成长起来。和许多其他指挥岗位的军人一样，无人机操作员没有白纸黑字写有作战计划和方法的手册，他们必须随机应变，在几秒钟内迅速做出决策，然后像什么事都没发生一样下班回家。正如吉尔所说的："操纵无人机？那只是我们工作中最简单的部分。"

以色列取得成功的原因到底是什么？为什么这个小国在无人机行业的发展上总能领先世界一步？

由于长期处于战争当中，以色列必须不断尝试新的战术和科技，因此许多方面常常领先其他西方国家几十年。由于没有现成的平台，以色列不得不自主研发，无人机就是一个典型的案例。

回顾自己 50 多年的航空工程师生涯，卡雷姆指出以色列能够成为世界无人机引导者的两大因素：

第一是以色列的客观环境。他说："我同来自以色列、法国、英国、美国、德国和日本的工程师与技术人员都共事过，同其他国家的人相比，以色列人并没有什么特殊的基因，我们拥有的只是打赢战争、生存下去的压力，我们不得不最大限度发挥自己的能力。"

第二是以色列人的思维融合。每个以色列人都要在军队服役，后来去军工企业工作的人仍然同军队的朋友保持联系，他们经常会一块聊天，交流思想，大家相互都认识。这种环境能够缩短研发过程，创新者之间也因此能够迅速交换观点，如果某个点子已经被尝试过，他们就会继续想下一个。如果没有，只要一个电话的工夫，他们就可以得到来自战场最真实的反馈。

以色列航空工业公司无人机部的年轻航空工程师阿米特·沃尔夫就很好地诠释了这一点。20 世纪 90 年代中期，刚刚高中毕业的沃尔夫和其他同学一起被招到以色列国防军服役。和许多充满理想主义情怀的年轻人一样，他尝试进入一支以"朱鹭"（希伯来语音译为"马格兰"）这种鸟命名的精锐部队。在经过特殊设计的武器系统的帮助下，这支几年前刚成立的部队专门深入敌人后方发起行动。和朱鹭这种鸟一样，这支部队的战士学会了如何迅速融入环境，隐蔽地移动，并定位目标的位置。

在沃尔夫服役时，"朱鹭"部队主要在约旦河西岸和黎巴嫩南部活动。在黎巴嫩，该部队几乎每天都对真主党恐怖分子发起行动。从国防军退伍后，沃尔夫来到以色列理工学院学习工程学，毕业后

81

来到以色列航空工业公司无人机部工作。

2008 年的一天，他和几个同事在办公室附近的咖啡馆简单聊了聊各自的创意，其实在军队服役时，他就考虑过设计一款能够供单兵轻松携带的无人机，用于迅速开展近距离侦察。

他还清楚地记得，在加沙地带和部分约旦河西岸等人口密集区域，走在危险的小巷，他根本无法知道下一个拐角会遇见什么，这种感觉非常难受。当我们在特拉维夫郊外的以色列航空工业公司总部见面时，他告诉我们："我们开始讨论设计一种微型无人机，它可以从背包中轻松取出，垂直起降，无需跑道。"

在那个咖啡馆，沃尔夫在他卡布奇诺咖啡杯下的餐巾纸上画出了新型无人机的草图。几天后他找到科研负责人，在听取了他的想法后，该负责人拨给他 3 万美元的研发启动经费。这笔投资收到成效：两年后，以色列航空工业公司推出了"黑豹"无人机，这是世界上第一款倾转旋翼无人机，可像直升机一样垂直起降，在目标上空 1 万英尺的高度续航 6 小时。"黑豹"无人机的重量很轻，单兵可以将其放进背包背在身上执行作战任务。

"总之，我们的想法来自很多渠道。"当我们漫步在以色列航空工业公司总部的绿色草坪上时，沃尔夫细声细语地说道，"我们关注国际互联网上的其他发明。为了理解以色列国防军的需求，我们和国防体系的人保持着密切联系。但毫无疑问，我们很多人也会受到战场上个人经历的启发，我们都上过战场，知道有哪些不足之处。"

的确，沃尔夫有双重身份。一方面，他是一名有着丰富战场经验的战士，与此同时，他也是一名航空工程师。正是这种双重身份赋予了他发明新武器系统的必要知识和经验。

军民间的密切关系是一笔极为宝贵的国家财富。

有些讽刺的是，另一个促进以色列无人机技术发展的是"狮"式战斗机研发计划的取消。这是以色列政府有史以来规模最大的飞机研发项目。该项目从 1982 年启动，以色列航空工业公司计划研发这款被称为"狮"式的多功能、单引擎第四代战斗机，作为未来以色列空军的主战飞机。该项目共花费 10 多亿美元（大部分投入来自美国援助），已经制造和试飞了多架原型机，但 1987 年，以色列议会以 12 票赞成、11 票反对的结果终止了该项目，直到今天许多已退休的以色列国防官员还在就这个决定进行争论。之所以被终止，一方面是由于研发费用不断攀升，另一方面也是受到来自美国的巨大压力，因为美国希望以色列购买 F-16 战斗机取代"狮"式战斗机。

"狮"式战斗机研发计划的取消对以色列航空工业公司而言是一个巨大的打击，该集团不得不辞退数百名工程师，但之前的研发工作积累下来的知识并没有白费，而是被运用到以色列的卫星、导弹防御和无人机等蓬勃发展的项目中，一架飞机的星星之火在以色列国防和高科技产业形成燎原之势。

83

以色列发明的无人机让现代战争发生了革命性变化，各国军队在评估目标、搜集准确情报和获得战场优势时可以投入更少的地面部队。这项发明着实不易，是在极其艰难的环境下诞生的。

然而，2006 年夏天，以色列在这方面的优势受到挑战。7 月 12 日，伊朗支持下的黎巴嫩真主党游击队入侵以色列，劫持了两名以色列国防军预备役人员，以色列随即展开报复行动，持续 1 个月的第二次黎巴嫩战争爆发。

一开始，战争双方的实力似乎非常不对等：以色列是一个拥有先进武器系统的民族国家，黎巴嫩真主党作为一个激进组织既没有固定的军事基地，也没有成建制的空军和海军；真主党武装人员身着便装，和当地环境融为一体；真主党的总预算只有以色列每年国防预算的零头。然而，战争爆发几天后，以色列意识到自己严重低估了对手的实力：真主党在战场上非常善战，打死了121名以色列士兵，尽管以色列不断发动空袭，真主党平均每天仍能发射120枚火箭弹。此外，真主党还入侵了以色列国防军的无线电系统，实施了高超的网络攻击，并破坏了边界地区的以色列移动电话网络。

84

最让以色列吃惊的是，在战争快结束时，真主党竟然出动3架伊朗制造的无人机，携带20多磅爆炸物进入以色列境内，虽然这些无人机没有到达预定攻击目标（其中两架坠毁，一架被以色列战斗机击落），但这足以震惊以色列国防军高层。他们没想到，作为无人机的发明国，以色列居然成为第一个被非国家行为体操作的无人机入侵的国家，成为自己所发明武器的打击目标。

2012年，另一架敌方无人机进入以色列境内，在深入到以色列核反应堆所在的南部城市迪莫纳附近几英里处时被击落。2014年又有无人机飞入以色列境内，这一次操作无人机的是来自加沙地带的哈马斯。

和2006年一样，这些无人机都被以色列国防军击落，但哈马斯公布的一段视频显示，这些无人机上面不但载有炸弹，还有空对地导弹。当然，人们普遍认为这与哈马斯的科技水平不符，炸弹和导弹显然是为了拍这段视频临时安装上去的。2015年10月，巴勒斯坦安全部队宣布他们在约旦河西岸城市希伯伦附近逮捕了多名恐怖主义团伙成员，这些人正在策划向以色列派出一架载有爆炸物的无人机。

在最近的冲突中，真主党和哈马斯用行动表明，不仅以色列，整个西方世界都要适应新的战争形式。科技是一个优势，但科技的优势并不能让人高枕无忧。真主党和哈马斯等非国家行为体已经证明它们能够以其人之道还治其人之身，运用他国的高科技武器来攻击这些国家。

真主党和哈马斯对无人机的使用迫使以色列国防军不断做出改变，特别是以色列空军。在真主党使用无人机之前，以色列国防军一直认为整个地区只有以色列使用无人机，虽然伊朗拥有一两架无人机，但在技术上落后以色列无人机很多代，根本无法进入以色列。因此，以色列雷达在设计和程序上无法探测无人机，只能用于发现大型飞机。边境出现敌方无人机后，以色列不得不通过发明新式雷达或改进旧雷达来增强其探测能力。

据报道，以色列还在更隐蔽的战线同黎巴嫩真主党无人机做斗争。比如，2013年，真主党负责无人机机群的高级指挥官哈桑·拉基斯在贝鲁特被枪杀。根据黎巴嫩报道，两名伪装成游客的杀手在靠近哈桑·拉基斯乘坐的汽车后用无声手枪将其杀害。真主党立即谴责以色列。对于是否参与了这次行动，以色列既没有承认也没有否认，但很明显，以色列在想尽一切办法遏制真主党的无人机作战能力。

以色列难以接受哈马斯和真主党使用无人机，但另一方面，这些组织的选择其实很好理解。无人机体形小，可以低空和慢速飞行，很难被常规雷达系统探测和跟踪。

无人机的出现让交战规则也变得非常模糊。如果一架无人机入侵另一个国家，这应该同战斗机轰炸或导弹袭击一样被视为战争行为吗？2012年，当真主党无人机飞到迪莫纳附近时，为了避免大规模战争，以色列并没有做出回应。如果一架无人机成功在以色列发

85

动袭击，又会如何？以色列会以此为由发动全面战争吗？

这些问题暂时没有答案。然而，可以确定的是，和机器人一样，无人机虽然还不具备自我决策能力，但它们正以前所未有的方式改变着战争的形态。

第三章　无敌装甲

"前进!"第四○一装甲旅第九营营长埃菲·德夫林中校通过无线电大声下达命令。

2006年8月11日,以色列即将发动后来充满争议的萨鲁基战斗,针对真主党的第二次黎巴嫩战争即将结束,以色列决定在停火生效之前最后发动一轮攻势。位于特拉维夫的军事指挥部匆忙决定让国防军渡过黎巴嫩南部的萨鲁基河占领一片重要区域,因为真主党射向以色列的大多数火箭弹被认定是从这一区域发射的。以色列认为这次地面行动能让其在联合国停火谈判中拥有更多筹码。虽然战争即将结束,但政府认为值得最后一搏。

以色列坦克缓慢穿行在狭窄的山路上,完全暴露在反坦克导弹的射程内。坦克履带在岩石上发出的刺耳噪音让战士们把真主党武装分子抛到脑后,但殊不知,以色列国防军这些价格不菲的坦克即将进入敌方埋伏区域。

真主党侦察部队已经发现以色列坦克车队正在靠近山口,立刻将信息发给正在附近村子里待命的反坦克小组。以色列这支队伍的指挥官德夫林的坦克上有许多天线,很容易被识别。真主党游击队战士很快在指定地点集结,等待车队的出现。根据惯例,他们首先找到对方指挥官乘坐的坦克，然后用"短号"（Kornet）反坦克导弹瞄准目标并发射。几秒钟后，坦克发出一声闷响，立马冒起烟来。德夫林一脚踢到炮手身上，愤怒地说道："你脑子有病吗？谁叫你开火的？"

"不可能！"炮手结巴地回答道："我没有开火……我们可能被导弹击中了。"

他们的"梅卡瓦"4型主战坦克在继续前进。"这不可能。"德夫林自言自语地说道。这时他朝坦克后方看了一眼，突然发现3枚导弹朝他的方向呼啸而来，原来之前的无线电通话声完全盖过了导弹飞行的声音，使人无法察觉。其中第一枚导弹击中坦克，但没有打穿装甲；第二枚导弹从坦克上方飞过；当听到第三枚导弹击中坦克的巨大爆炸声后，德夫林的记忆就断片了。

在2006年打击真主党的战争期间，以色列国防军在黎巴嫩南部发现一个藏有反坦克导弹等大量武器的武器藏匿点（以色列国防军提供）

以色列原本并不想和黎巴嫩真主党作战，但在 2006 年 7 月 12 日那天，以色列已别无选择。真主党游击队进入以色列境内袭击了一支国防军边境巡逻队，并劫持了两名预备役人员。为了改善以色列北部边境地区的安全局势，以色列总理埃胡德·奥尔默特以此为理由宣战，带领国家在时隔 20 多年后再次进入一场大规模战争。

战争爆发几个月前，以色列国防军总参谋部就军队一系列结构调整方案进行过一次为期两天的研讨，准备马上取消一些军事单位的编制。

装甲部队的前景十分堪忧。当时，以色列国防军的首要任务是遏制约旦河西岸和加沙地带的巴勒斯坦激进分子的活动，由于很多人认为坦克在其中的作用有限，总参谋部考虑裁掉几个装甲旅，并减少每年坦克的生产数量。就在真主党劫持人质事件发生后 1 小时，又一事件敲响了"梅卡瓦"坦克的丧钟：一个大当量爆炸装置在一辆部署于黎以边境的坦克下方爆炸，一名坦克乘员当场死亡，这辆代表以色列国防工业骄傲的坦克也遭到严重损坏。

德夫林的哥哥是一名伞兵，在德夫林入伍几年前，他的哥哥在同真主党游击队的冲突中身受重伤。德夫林本想和哥哥一样成为一名伞兵。在以色列，伞兵被视为国防军的精锐兵种，许多从伞兵部队成长起来的军官后来都进入国防军高层，有人甚至成为总参谋长。高中时德夫林喜欢长跑和举重，后来通过了伞兵部队苛刻的体能测试，结果国防军医生说他的身体不适合当伞兵，他本想退而求其次进入步兵部队，结果被招到声望更低的装甲部队。

1991 年 5 月，德夫林进入第七装甲旅，来到以色列南部的阿拉瓦沙漠进行基础训练。他根本就不想来这儿，心情就像那里的沙尘

88

暴和干旱的气候一样糟糕。在基地入口处，他看到一个用油布盖着的巨大机器，这里面藏着的正是以色列的国家机密：新型坦克。德夫林根本不在乎这辆坦克，眼前的坦克只会让他想到他错过的机会，他还沉浸在自己脸上涂着迷彩色、肩上挎着 M-16 步枪的想象中。他打了几份报告，要求调到步兵部队，但都被拒绝了。几个月过后，德夫林逐渐向命运妥协，高级训练课程快结束时，他被选为发表告别演说的标兵。

他所在单位的军士长经常在点名时教导德夫林和他的战友们。在一个雨天，战士们列队站在泥泞的戈兰高地，军士长指着边境的方向对他们厉声说道："那边是叙利亚，这边是以色列，你们在中间，保护这个国家的只有你们和这些坦克，别无他人！"

德夫林和战友们明白军士长的话。的确，边境那边就是叙利亚军队，也是最后一个同以色列处于战争状态的阿拉伯国家的军队。不管是白天还是黑夜，战士们每周都要随机进行紧急处置演练，指挥官们要让每名战士明白，当叙利亚的作战旅向以色列北部城镇推进时，他们启动坦克的速度越快越好。叙利亚发动进攻只是时间问题，每个人都要保持战备状态。

每当和战士们说起坦克，指挥官们的语气中都有一种宗教般的虔诚感。每周五，擦拭坦克成为他们迎接安息日①的主要方式。他们把坦克里面擦得一尘不染，外面擦得闪闪发光。不仅在作战训练时，当战士们用肥皂水和海绵擦拭坦克时，战士和坦克之间的关系也会变得越来越亲密。人们常说，坦克是有灵魂的，需要悉心照料。

20 世纪 90 年代初，以色列战事不断，军队深陷在黎巴嫩南部。

---

① 安息日为犹太人每周一次的节日，从周五太阳落山开始，到周六太阳落山结束。——译者注

当德夫林完成军官课程训练回到戈兰高地后，他多次参与了袭击真主党激进分子据点的行动。在那里，他也第一次遇到了坦克的克星：反坦克导弹。一天晚上，德夫林将他的坦克停在一个黎巴嫩村庄附近，他当时的任务是为附近执行侦察任务的步兵部队提供掩护。为了打发时间，他在坦克内蘸着鹰嘴豆泥吃皮塔饼，当他把头伸出舱口准备透透气时，突然一股浓烟从他头顶快速飞过，这枚"萨格尔"反坦克导弹只偏离目标几英尺，险些击中德夫林的坦克。两周后，就在同一地区，另一枚导弹射向以色列坦克，这些坦克乘员就没有德夫林那么幸运了，一名国防军军官当场牺牲。

当时，"梅卡瓦"2 型坦克是以色列国防军最现代化和最具创新性的坦克，这款坦克刚刚服役，取代了 20 世纪 60 年代以来一直使用的在美国"巴顿"坦克基础上升级而成的"马加赫"坦克。

2004 年的一天，已经担任坦克连指挥官的德夫林被派到犹地亚沙漠的拿比牧撒训练基地，参观新型"梅卡瓦"4 型坦克。当时大家都知道以色列国防军在研制新型坦克，但没有一个军官亲眼见到过。这种坦克当时是以色列的最高国家机密，极具神秘色彩，许多传言都声称其具有颠覆性设计和卓越的性能。

根据规定，参观坦克的军官不得拍照，也不能向外传播坦克的性能细节。对很多人来说，这款坦克看上去像一艘宇宙飞船。它比大家之前驾驶的坦克更大，动力也比上一代"梅卡瓦"坦克更强，其柴油发动机功率能达到 1500 马力，大幅提高了坦克的速度，使其能够在更短的时间内通过复杂地形。先进的指挥控制系统使指挥员能够更快地识别目标和进行射击。

2000 年，第二次因提法达爆发，以色列国防军再次进入约旦河西岸的巴勒斯坦城市。大量预算需要用于常规安全巡逻以及检查点

90

91

和隔离墙的修建，国防军高层认为需要改组军队，取消义务兵役制，打造一支规模更小、智能化程度更高、专业性更强的军队，不再需要那么多坦克。

此后，以色列坦克数量一度降到赎罪日战争以来的最低点。训练计划内容大幅削减，许多装甲部队战士只有在大型仪式上和教室的幻灯片中才能看到他们心爱的坦克。这些战士的主要任务也从之前的阻止叙利亚军队入侵变为在加沙地带进行常规安全巡逻以及搜寻非法移民和毒品走私人员。德夫林都快忘了驾驶坦克的感觉。

2006 年夏天，形势突然发生变化。第二次黎巴嫩战争爆发后，德夫林的装甲营被紧急调往北部进行短期集训，重拾操作"梅卡瓦"坦克的基本要领。没过几天，德夫林和战友们的自信心就回来了，他们做好了进入黎巴嫩作战的准备。有的战士开玩笑说，开坦克就像骑自行车一样，只要学会了，永远忘不掉。

多年来，德夫林和其他坦克手一直听说，自 2000 年以色列撤出黎巴嫩以来，真主党囤积了大量反坦克导弹，等待着以色列坦克的到来。据说，真主党武器库中有"混血儿"（Metis）、"巴松管"（Fagot）和 RPG-29 等型号的当时世界上最先进的串联战斗部反坦克导弹。但其中最让他们害怕的还是"短号"反坦克导弹，这种成为西方装甲部队噩梦的导弹最早由俄罗斯卖给叙利亚军队，然后被巴沙尔·阿萨德总统以私人礼物的形式秘密送给真主党。这种激光制导导弹是世界上最危险和最精准的反坦克导弹，配备有 7 千克重的串联战斗部，能够穿透 1300 毫米的装甲。该反坦克导弹属于发射后不管导弹，也就是说，一旦它锁定目标就一定能击中。

德夫林参与的强渡萨鲁基河的行动计划在 7 月中旬战争爆发伊始

就已制订，之后该计划被不断修改和推迟，直到 8 月 11 日星期五才开始执行。之所以选择这一天是因为以色列得到消息，当天晚上联合国安理会将在当晚的会议上宣布几天后实施停火计划，结束这场战争。在经历了 34 天①的战斗后，以色列将不得不服从安理会的决议，但奥尔默特总理还想利用最后的机会尝试让联合国决议更有利于以色列，让联合国向黎巴嫩南部派出更多国际部队，而要做到这一点，以色列人不得不在最后一刻深入黎巴嫩境内作战。

德夫林并不喜欢这个作战计划。午夜过后部队才接到最终的命令，要求他们开进到距以色列边境 10 英里处的萨鲁基地区，这意味着他的坦克将在天亮后到达指定地区，完全暴露在真主党反坦克小组的火力下。虽然纳哈尔步兵旅和戈兰步兵旅的战士将提前乘直升机到河对岸，为即将开来的坦克提供掩护，但德夫林和他的战士在过河前需要经过一段狭窄的山口，在这期间根本无法得到友军的火力掩护。

就在前一天，德夫林同他手下的连长以及几位预备役军官坐在沙盘前对行动进行了推演，并讨论了行动计划的几个薄弱点。一些预备役军官提醒德夫林，在经过山谷的时候，他的部队非常容易成为攻击目标。德夫林告诉他们："打仗又不是买保险。"并预测最多只会有一两辆坦克被击中，因为根据国防军情报，真主党在该区域最多只有两个反坦克小组。

但后来的事实证明，情报有误。在第一枚导弹击中他的坦克后，德夫林在无线电中大声喊道："我是指挥官，任何情况下不要停下来……"他所乘坐的坦克继续前进，接着第二枚导弹从坦克上方呼啸飞过，随后第三枚导弹飞来，再次击中坦克。德夫林感觉自己无

93

---

① 第二次黎巴嫩战争爆发于 2006 年 7 月 12 日，结束于 8 月 14 日。——译者注

法呼吸，他的喉咙像被一个巨大的异物堵住了一样，然后他就失去了意识。

"指挥官倒下了。我再重复一遍：指挥官倒下了。"作战参谋在德夫林所乘坦克的无线电话筒中喊道。谁也不知道德夫林的具体情况，但当时顾不了那么多，时间非常紧迫，坦克车队必须继续前进，真主党的反坦克小组还在不断发射导弹。

醒过来后，德夫林吐了很多血，肺部一阵痉挛后，又失去了意识。虽然"短号"反坦克导弹并没有穿透"梅卡瓦"4 型坦克的装甲，但德夫林身受重伤，生命垂危。国防军医生把这位营长抬出坦克，就地手术。他们开始和时间赛跑。在敌方炮火的攻击中，德夫林被成功运回以色列领土，就近送往位于采法特的齐夫医院。

该营的作战参谋保持镇定，指挥德夫林的坦克，带领部队成功推进到萨鲁基地区。但他们损失惨重：在 20 个真主党反坦克小组的火力打击下，12 名国防军战士牺牲，11 辆坦克被击中。根据以色列国防军的报道，在接下来的战斗中国防军消灭了几十名真主党武装人员，第二天，双方宣布停火。

德夫林在重症监护室住了将近 3 周，身体恢复的过程极为艰难。出院后，他立即回到了自己的装甲营，听取了手下指挥官和战士的工作汇报。接着，他去探望了阵亡官兵的父母，注视着这些人的双眼，向他们讲述当时的情况。

94　　德夫林的身体逐渐恢复正常，但装甲部队还在为生存苦苦挣扎。萨鲁基战斗中装甲部队战士和坦克损失如此惨重，这让国防界感到非常震惊。和 2004 年一样，国防部的走廊里又开始出现关于削减装甲部队的争论。坦克的前景堪忧，预算削减似乎已是不可避免之事。

回到基地几周后，德夫林被邀请到国防部下属的负责以色列坦克设计和生产的"梅卡瓦"坦克研发局。原来，在他住院期间，人们对他乘坐的那辆"梅卡瓦"4型坦克进行了细致的检查，坦克上每个划痕都被仔细查看并进行X线扫描。整个车体被拆分，然后重新组装。军队和国防部想了解这辆坦克被导弹袭击的每一个细节。

一名高级军官交给德夫林一个标有"高级机密"的灰色文件夹，德夫林取出文件夹中的照片。照片上是他的坦克，上面标记有两枚击中坦克的导弹的弹着点。第一次看到自己的坦克被击中和烧黑的样子，德夫林感觉像是突然穿越到了当时的战场上一样。

德夫林问道："我记得当时我所处的位置，现在又看到了导弹击中坦克的位置……但我现在怎么会在这儿？我为什么能活下来？"

那名高级军官解释说，虽然被多次击中，但没有一枚导弹穿透坦克。"梅卡瓦"坦克经受住了迄今单辆坦克承受过的最猛烈的攻击。这台以色列机器创造了历史。

有了这张照片，德夫林重新拥有了回到坦克的勇气。正如他后来告诉我们的，这张照片证明"梅卡瓦"坦克是尖端技术的缩影。

几个月后，这名曾经梦想成为伞兵的军官晋升为上校。萨鲁基战斗给德夫林心里留下了巨大的阴影，很多年后他才愿意和人分享自己的这段经历，但是，他后来却成为"梅卡瓦"坦克最坚定的支持者。

不是每个人都像德夫林那样对坦克充满信心。媒体强烈抨击装甲部队，一家以色列主要日报在大标题上写道："炮塔已被暴露。"[1]英国和美国的报纸也报道了曾经坚不可摧的"梅卡瓦"坦克所经历的失败，并质疑道："这款被大肆吹嘘的坦克在真主党反坦克导弹面前为何如此不堪一击？"[2]

军队中主张减少坦克生产数量的呼声越来越高。一些军官说：

95

"它们没有用处。"这些人认为，军队应该投资研发防护性更好、机动性更强的新型装甲车，不能再把钱投到坦克上了。

争论非常激烈。第二次黎巴嫩战争结束后，军队的预算有限，而降低坦克生产量省下来的经费能用在国防军其他重要事务上，如增加步兵训练、整修防空避难室、研发导弹防御系统等。欧洲的新闻也有相似的论调。西方军队也在重新审视坦克的未来。比如，美国正计划退役第二次世界大战以来部署在欧洲各大军事基地的坦克。

为了能够削减国防预算，将更多资金用于教育、福利和卫生部门，一些政治家将"梅卡瓦"坦克与"狮"式战斗机进行类比。以色列于 20 世纪 80 年代研发的这款战斗机一度是以色列国防工业的骄傲，但经过长期的政府内部斗争后研发计划被取消，国家最终决定直接从美国购买战斗机，将研发经费投到其他地方。

不少专家认为"梅卡瓦"项目也应该接受这样的命运。国防部收到各种各样的方案，有的人建议以色列应从美国和欧洲采购价格更为合理的坦克。还有人提出方案，呼吁将"梅卡瓦"生产线转移到美国。这样做虽然能降低成本，但也会增加部分坦克技术被泄密的风险。

德夫林和他的同事们不遗余力地同这些声音抗争。他们知道坦克仍然很重要，如果爆发战争，只有在坦克的掩护下地面部队才能快速占领对方领土。这其中当然存在诸多风险，但这并不构成以色列国防军放弃"梅卡瓦"坦克的理由。

在他们的努力游说下，国防部部长和国防军总参谋长最终被说服。他们没有停止"梅卡瓦"计划，当然，他们也不是将这个计划原封不动地保留下来，而是做了一件非常有意思的事：改进坦克。

直到今天,"梅卡瓦"坦克仍然是以色列密级最高的计划之一。几十年来,"梅卡瓦"坦克一直笼罩在神秘色彩下,之所以如此,就是为了在"末日之战"到来时,这个钢铁怪兽能够在战场上所向披靡,打败以色列的敌人。

参与"梅卡瓦"坦克研发和生产的人很多,但其中一位国防军军官至关重要,他就是"梅卡瓦"坦克之父,绰号"塔里克"的塔尔少将。

1924 年出生于以色列的塔里克,年幼时就知道在以色列生活有多么危险。1929 年阿拉伯人的暴乱席卷巴勒斯坦地区,100 多名犹太人遇害。一天,塔里克在北部采法特家中的房门被暴徒封住,房子被点着。塔里克本以为这将是他的末日,好在他的叔叔带着一群英国警察从街上及时跑来,赶走了暴徒,冲进房屋将 5 岁大的侄子救了出来。这次死里逃生的经历影响了他一生。

17 岁时,塔里克志愿加入英军,成为一名坦克炮手,参加了第二次世界大战。战争结束后,他加入以色列地下组织,帮助这个即将成立的国家购买武器。独立战争期间,他还只是一支机枪部队的指挥官,之后他在国防军不断被提拔,先后担任装甲部队司令、总参作战部部长、南部战区司令部司令,最后成为国防部部长特别顾问。塔里克于 2010 年去世。他被视为现代史上最伟大的五位装甲兵指挥官之一,写有他名字的纪念牌现在就挂在美国肯塔基州的巴顿骑兵和装甲兵博物馆的墙上。

以色列建国之初就开始苦苦寻找坦克。在独立战争期间,国防军第七旅多次冒着枪林弹雨试图夺取被外约旦阿拉伯军团占领的拉特伦(之前是英国警察的一个要塞),但始终无法攻下这个横跨耶路撒冷-特拉维夫公路的战略要地,因为他们没有突破约旦防御工事的

97

手段。

以色列国防高层将领、政治家和游说者试图说服西方国家将坦克卖给国防军，虽然他们成功达成了一些交易，但武器禁运始终存在。后来，在 1967 年六日战争中，通过占领埃及的西奈半岛、约旦的约旦河西岸和叙利亚的戈兰高地，以色列几乎将领土扩大了一倍。以色列知道，敌人迟早会试图收复失地，要想在下一场战争中再次获胜，以色列需要更强大的装甲部队。

六日战争后，第一批来自法国和美国的坦克先后交付以色列。20 世纪 60 年代末，以色列又购买了当时英军武器的中流砥柱——"百夫长"主战坦克。以色列对这款坦克进行了一些改装，安装了威风的 105 毫米坦克炮，改造了炮塔的结构，并给它取了一个新的名字：肖特（希伯来语中"鞭子"的意思）。

作为交易的一部分，以色列还购买了两辆"酋长"坦克，当时这款配备有 120 毫米坦克炮的坦克还处在研发阶段，属于英国的高级机密。经过这些尝试后，以色列本想和英国达成更多交易，但被英国人以政治考虑为由拒绝了。

英国人的决定让以色列非常吃惊。苏联在继续武装埃及和叙利亚，以色列急需新型坦克，却哪也买不到。

对于这笔交易的中止，塔里克的记忆非常深刻。意识到无法依靠任何国家后，他提出了一个革命性的想法：以色列将制造属于自己的坦克。很多人都认为塔里克疯了。在这之前，以色列没有飞机、舰船或装甲车等主要军事平台的制造经验，但塔里克坚信这是可行的。他认为，通过研究"酋长"坦克，以色列学习到一些技术，完全可以以此为基础推进这项事业。于是，他找到几位合作者，开始画新型坦克的设计草图。1969 年，他的想法已被证明具有一定可行性，下一步的关键在于两点：自主研发和生产坦克在经济上是否可行？以色列是否拥有科技实力生产足够好的坦克，与苏联提供给叙利亚和埃及的坦克抗衡？

1970 年夏天，时任国防部部长、以色列战斗英雄摩西·达扬和财政部部长平哈斯·萨皮尔会面，讨论是否推进塔里克关于坦克研发的计划。在他们会面之前，一支由安全专家和经济专家组成的团队已就该方案进行过讨论，他们研究了该计划的各个方面：塔里克提出的坦克研发计划是否可行？坦克研发能够给这个刚刚成立的国家带来经济利益吗？在萨皮尔看来，"梅卡瓦"坦克计划很可能产生极为重要的经济推动力，安全利益反而退居其次。

"我支持，"萨皮尔对达扬说，"你同不同意？"

达扬开始担心这笔投资会影响到其他军事项目和军队海外采购计划，但最终他还是同意了。坦克计划进入第一阶段：研发。

1971 年春季的一天，阿维格多·卡哈拉尼突然接到一个电话，电话那端的人声称自己是"塔里克的秘书"。她说，明天上午会派司机来接卡哈拉尼参加一个会议，让他务必着正装待命。

第二天，一辆深绿色的普利茅斯勇士轿车（军队当时给高级军官配发的车辆）停在卡哈拉尼家门口的路边。司机示意他坐到后座。卡哈拉尼完全不知道这次会议的主题，但他顾不了这么多。塔里克是以色列的传奇性人物，如果他打电话叫你，你必须得去。汽车停在特拉维夫以南特兹瑞芬（Tzrifin）陆军基地一个大型仓库的入口处，卡哈拉尼刚从车里出来，仓库的大铁门突然打开，停在附近建筑上的鸽子被吓得一齐飞了起来。塔里克出现在大门口，他示意卡哈拉尼跟他进来，然后将大厅中央原本遮盖某物的伪装网掀了起来。

一开始卡哈拉尼根本无法确定自己看到的是什么，好几秒钟后他才明白，这是一辆坦克。但这不是一辆普通的坦克，而是木头模型。坦克的形状也很奇怪。"这辆坦克没屁股。"卡哈拉尼说道，"发动机往哪放？"

塔里克一边和卡哈拉尼绕着自己精心设计的木头模型走着，一边向他解释着新坦克外形如此独特的原因。他说："这是全新的设计，引擎和传动装置都在前面，后面是一个舱门。"这是一个具有革命性的设计，在此之前所有坦克都采用引擎后置的设计，坦克乘员从炮塔顶部进出坦克。

塔里克之所以邀请卡哈拉尼来看坦克，是为了获得这位年轻军官的支持。卡哈拉尼是国防军中成长很快的一名指挥官，六日战争期间，他在"百夫长"坦克内表现非常英勇，获得了"杰出勋章"。

2015 年，在以色列北部的一次演习中，一辆"梅卡瓦"坦克正和国防军士兵一同前进（以色列国防军提供）

后来，在 1973 年的赎罪日战争中，作为第七十七营的营长，卡哈拉尼创造了历史，击退了叙利亚在戈兰高地的进攻。

赎罪日战争爆发时，驻扎在戈兰高地的卡哈拉尼从不同军事单位临时调集了大约 150 辆坦克，投入同叙利亚军队的战斗中。当时发动进攻的叙利亚军队是以色列军力的 5 倍，经过几天的激烈战斗，卡哈拉尼成功抵挡住叙利亚人的攻势，摧毁了数百辆敌方坦克，重新占领了之前被叙利亚攻占的制高点。鉴于他的表现，卡哈拉尼得到了以色列最高级别的军事勋章——"英勇勋章"。塔里克之所以会安排 1971 年的那次见面，是为了确保卡哈拉尼这类年轻坦克手愿意驾驶着他设计的这款坦克参加战斗。

早在铸造坦克的钢水被倾倒进模具之前，塔里克就已经看到这款坦克在阅兵场上英姿飒爽、跃跃欲试的样子。他从来不会让自己受到那些悲观主义者的影响，尤其是那些担心钱被打水漂的财政部官员们。他不断积累必要的投资、知识和人际关系，用于建造一条能够铸造坦克车体、生产加农炮、制造光学和火控系统的生产线。

1979 年底，第一辆"梅卡瓦"坦克驶下生产线。之前，人们在升级坦克和解决技术难题上的分歧很可能推迟坦克下线时间，但塔里克用他的决心和魅力扫除了这些障碍。3 年后，第一次黎巴嫩战争爆发，这款坦克在以色列北部前线展现出惊人的作战能力。又过了两年，"梅卡瓦" 2 型坦克驶下生产线。以色列终于有了属于自己的坦克。

塔里克曾在"梅卡瓦"坦克研发局对他的战士们说："我们因为身体里的犹太人基因而被世界视为异类。但这并不能阻止我们学习，只有傻子才拒绝学习。"

101

102 　　塔里克身边有很多优秀的工程师，比如来自"坦克世家"的雅隆·利夫纳特。利夫纳特的父亲曾是国防军坦克维修部队的负责人。利夫纳特本来在以色列理工学院学习电子工程学，读书期间以专业技术人员身份进入国防军。他的梦想是研制一种具有开创性的导弹。但梦想和现实还是有很大差距，完成军官培训后，他被分配到坦克研发局。他本以为事情已不可能更糟糕了，没想到他接着又被派到基层装甲部队，每天参加野外训练。

　　塔里克认为技术人员只有亲临战场才能明白战士们所面临的困难，从而提出解决实际问题的方案，而不是一切都从虚无缥缈的理论出发。他不允许技术人员和一线部队之间产生距离，不管是在文化上还是在物理上。利夫纳特在第七装甲旅待了两个月，在这期间，和其他战士们一样，迎着火力冲山坡，爬沙地，给坦克装弹，听指挥官和战友们讲述战场上发生的事情。在这些经历的启发下，他在脑海里罗列了许多坦克需要改进的地方。

　　利夫纳特回忆道："没人明白我为什么会在那儿。他们觉得我脑子有问题。他们还对我说，放着办公室不坐跑到戈兰高地来是一个愚蠢的决定。但我心里知道自己去那里需要观察和感受的东西，同样重要的是我同那些战士和军官们建立起来的业务关系，后来他们很多人都成为营长和旅长。"

　　第一眼看到这位年轻工程师，塔里克就喜欢上了他。利夫纳特有"虎刺怕"精神，从不循规蹈矩。在他看来，所有的规则都只是建议。塔里克在他身上看到了自己的影子。一天，塔里克把这位年轻军官叫来谈话，让他成为自己身边的参谋长。

103 　　利夫纳特虽然受宠若惊，但礼貌地拒绝了这一邀请。他解释说："我是一名年轻工程师。让我着迷的是技术，我不愿意离开技术的世界。"

塔里克很少被人拒绝，但他很欣赏利夫纳特的坦诚。

他告诉利夫纳特："敢对我说'不'的人，基本上就不要在部队混了。但你不一样，你以后就是我的人了。"

凭借刚柔并济的行事方式，塔里克网罗了国防军一批最优秀、最聪明的人才。他也是个信守承诺的人，从那以后，利夫纳特在研发关键系统的过程中经常得到他的支持。在塔里克的培养下，利夫纳特被任命为"梅卡瓦"3型坦克火控系统工程的总指挥，正是凭借在这一项目中的出色表现，利夫纳特获得著名的以色列国防奖。

"梅卡瓦"坦克之父一直在关注全球坦克的发展趋势，20世纪80年代末，他发现各国军队都在尝试提高坦克移动过程中的射击精度。塔里克明白，第二次世界大战那样的静止交火已一去不复返，"梅卡瓦"坦克也要适应这一变化，力争具备在高速移动的前提下精准命中远距离目标的能力。

一天，塔里克对利夫纳特说："你必须将移动射击精度提高到和静止射击一样。我要看到一模一样的结果。你设计的系统必须要将指挥官解放出来，他们不用让坦克停下来射击。"

塔里克提出的这个要求完全出乎利夫纳特的意料，他鼓起勇气说这不太可能，移动中坦克的射击精度不可能比得上静止坦克，这简直是"异想天开"。但塔里克认为这是可行的，要求工程师寻找解决方案。最终，他们不辱使命，研发出被称为"猎鹰"（Baz）的新型火控系统。

利夫纳特告诉我们："塔里克并不是一位纯粹的技术人员，他很多时候是靠自己没有太多科学依据的第六感。"他还说："塔里克在第二次世界大战期间是一名坦克炮手，在他办公室里有一个皮质公

104

文包，里面记录了他的坦克击中目标的情况。原来，他在第二次世界大战中打出了那么多发炮弹，这已成为他的第二天性。"

凭借这种第六感，塔里克提醒利夫纳特和他的团队，要想找到解决方案，首先要分析无法击中目标的原因。为什么坦克在运动过程中难以让炮筒保持稳定？通过研究他们发现，运动中的坦克能否击中目标主要取决于炮弹精度、炮筒稳定性以及炮手在移动中精准识别目标的能力。

通过大量实验，利夫纳特发现，已有火控系统虽然能够加入移动产生的变量从而实现校准，但炮手难以在短时间内考虑这么多事情。也就是说，虽然坦克乘员能够测算距离、瞄准和射击，但一旦炮手注意力稍有不集中，就无法击中目标。

1989 年，利夫纳特和他的团队取得突破性进展，他们将摄像头整合到自动追踪系统中，这样一来炮手不用再计算目标距离和方向，他要做的只是开火。当然，只有在确保目标被锁定的情况下他才会将炮弹发射出去。

塔里克经常提出看似难以完成的要求，但实际结果至少能接近他的预期。

此外，塔里克也赋予他的工程师极大的自主性，他相信这些人，知道他们都是各自行业的顶级专家，在如何改进坦克这件事上往往比他更有发言权。有一次，利夫纳特带着写有 30 条坦克改进建议的清单来找塔里克，塔里克让他回去根据重要性将这些建议进行重新排序，分成两个清单，当一小时后利夫纳特带着新的清单来找他时，塔里克依旧埋头读着手里的文件，漫不经心地说道："A 清单通过，B 清单搁置。"对于这个决定未来坦克性能的决策，塔里克表现得像在点一份三明治一样随意。

从一开始塔里克就强调这款坦克的可塑性，以求能够不断适应以色列战场上的变化。

因此，这款坦克每隔几年就会有一次升级。2003年，以色列国防军已推出"梅卡瓦"4型坦克，不同于以往各型"梅卡瓦"坦克，"梅卡瓦"4型坦克的行驶速度和射击速度更快，并配备有新型模块化装甲，可根据具体任务更换不同防护级别的装甲。进入有反坦克导弹威胁的区域需要重型装甲，没有这一威胁则可降低防护等级以减轻自重，这还意味着坦克乘员可以在战场上快速更换坦克上的受损装甲部件，不用开回修理厂。

这种适应能力是以色列国防军的一个显著特征，其根源在于以色列资源紧张。不同于美国或一些欧洲国家，以色列无法根据战争形式的变化不断取消和启动武器研发项目，只能尽可能延长飞机、舰船和坦克的使用寿命，确保它们能长期适应现代战场。

攻击目标就是以色列坦克需要面对的一个变化体。以前，坦克攻击的主要是坦克，但在现在的中东，以色列的敌人几乎没有坦克。经历了多年内战的摧残后，叙利亚的军力已大不如前，哈马斯和真主党则完全没有坦克。要想适应新的形势，以色列坦克必须能用于对付隐藏在一栋居民楼三楼的哈马斯火箭弹发射小组，或盘踞在学校里的真主党激进分子小组。

为了应对这些挑战，以色列国防军研发出新的武器（很多通过卫星制导），通过这些武器，坦克乘员不但能够精准打击建筑物和反坦克小组，甚至还能击中飞机。其中一款极具创新性的武器是"卡拉尼特"空爆弹，这款炮弹能飞越掩体后在激进分子上空爆炸，或穿过混凝土外墙后在建筑物内部爆炸。

106

"卡拉尼特"空爆弹的特别之处在于坦克乘员可以在两种爆炸方式间自由选择。一方面，它可以像常规炮弹一样用于攻击强化结构或车辆，在弹着目标时爆炸。另一方面，它可以攻击常规坦克炮弹无法正常攻击的激进分子小组，在这种模式下，"卡拉尼特"空爆弹可被设定飞行到激进分子小组上空时再引爆炮弹内的 6 个弹头，产生出数千块致命弹片。

以色列现在的坦克还配有国防军研发的先进的"查亚德"战场管理系统。简单地说，每辆坦克内都有一块电脑屏幕，战士们能在这块屏幕上看到敌军和友军的军力分布情况。如果发现一个新的敌方位置，指挥官只需在电子地图上输入这个位置，附近所有的国防军部队——包括坦克、炮兵和武装直升机——都能看到这一信息。

新版"查亚德"软件还可以让系统推荐攻击某个特定目标应该使用的弹药类型，或向指挥官推荐带队进入战斗区的路线。

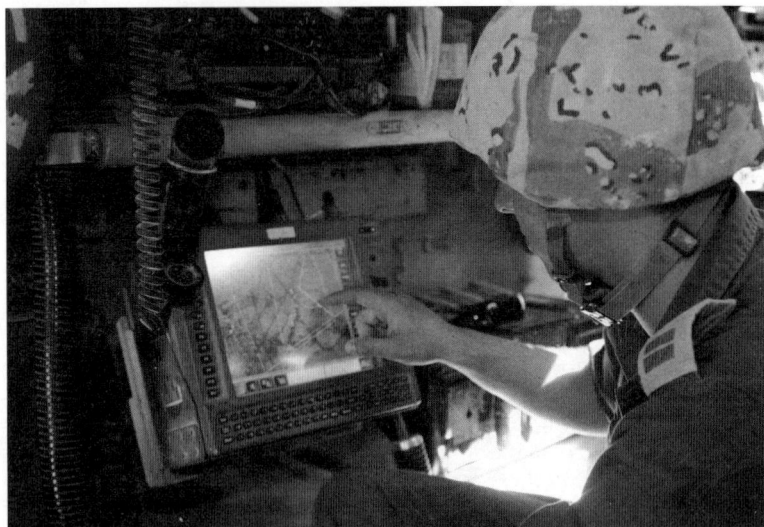

一名士兵正在练习使用"查亚德"数字陆军系统（埃尔比特公司提供）

"查亚德"战场管理系统能够大幅缩短"从传感器到射手"的周期，即我方发现敌方部队到同该部队交战所需的反应时间。根据一些估算，以色列国防军能将反应周期降到几分钟之内。

以色列坦克最大的改变来自 2012 年推出的"战利品"主动防御系统，该系统能够拦截向"梅卡瓦"坦克发射的反坦克导弹。在此之前，世人只听说过"箭"式（Arrow）导弹等能够拦截弹道导弹的防御系统，但从没听说过能够单独保护一辆坦克的防御系统。

事实上，这个想法诞生于 20 世纪 70 年代。赎罪日战争中，以色列国防军坦克遭到埃及反坦克部队猛烈进攻，损失惨重。一名军官提出可在坦克四周安装一条可爆炸的空心带状物，一旦接触导弹就会引爆，这样一来导弹将在坦克外爆炸，不会穿透坦克。

但几年后，"梅卡瓦"坦克诞生，这个想法被搁置。因为"梅卡瓦"坦克拥有比以往更为强大的装甲，不再需要安装可爆炸的空心带状物等昂贵的主动防御系统。

但后来的黎巴嫩战争（特别是萨鲁基战斗）让人们开始重新审视这个方案。虽然德夫林的坦克完好无损，但真主党的反坦克武器构成的威胁不可小觑。有情报显示，在加沙，哈马斯也在学习黎巴嫩战争的经验，开始充实自己的先进反坦克导弹武器库。据报道，叙利亚采购了数百辆摩托车，训练特种部队如何一边驾驶摩托车一边发射反坦克导弹。坦克将难以发现和击中这类小型移动目标。

在坦克四周安装可爆炸的空心带状物的方案被重新启用，交给政府持股的主要导弹开发企业拉斐尔公司负责。最终的研发成果就是"战利品"主动防御系统。该系统利用小型雷达系统探测来袭导弹，然后呈烟雾状发射出大量金属小球对导弹进行拦截。"战利品"系统的雷达还可以无缝对接"查亚德"战场管理系统，也就是说，

"战利品"系统可以自动向坦克乘员提供敌方发射导弹的反坦克小组的坐标，从而方便坦克乘员迅速还击。

2014 年夏天，在针对加沙地带哈马斯的"护刃"行动中，以色列国防军第一次将"战利品"系统投入实战。上一次大规模使用"梅卡瓦"坦克还是在 8 年前的第二次黎巴嫩战争，那一次，为了能够抵达萨鲁基河，埃菲·德夫林差点牺牲。但在这一次行动中，"梅卡瓦"坦克所向披靡，哈马斯向以色列坦克发射了几十枚反坦克导弹，大多数打偏，20 枚导弹被"战利品"主动防御系统成功拦截，没有一辆坦克受损。

现代战争形式再次被以色列改写。

109　　但为什么是以色列？在众多国家中，为什么只有以色列通过长期摸索发现坦克可以不断改进，在现代战场上继续发挥作用？

在特拉维夫附近的一个老陆军基地也许可以找到部分答案。这个被称为特哈绍莫（Tel Hashomer）的地方原本是一个英军基地，独立战争期间被以色列占领，成为许多国防军单位的驻地，其中有一个单位是希伯来语缩写被音译为"玛莎"的 7100 维修中心，这里就是"梅卡瓦"坦克组装和维修的地方。

根据"梅卡瓦"坦克研发局局长巴鲁赫·马兹里亚准将的回忆，该单位年轻的工程师经常在战场上迫不及待地等待着完成作战任务的坦克，有时甚至会来到危险的前线。为了更好地改进坦克性能，工程师会仔细检查坦克的每个细节，并询问坦克乘员各种问题。这些工程师并不是坐在开着空调的办公室等着战士们去找他们，从塔里克那里他们明白，同一线部队保持密切关系至关重要。

在马兹里亚的办公室有一个标记了"绝密"字样的棕色文件袋，

里面是 1994 年在黎巴嫩南部一辆坦克被真主党伏击的材料。真主党武装人员一度向该坦克发射了迫击炮炮弹和 10 多种弹药，全部击中目标。任何看到这一幕的人都会认为这辆坦克将被击成碎片，不可能幸存下来。整个区域都被浓烟笼罩，坦克乘员也认为自己的末日到了。

马兹里亚从文件袋中抽出一张布满灰尘的照片，他告诉我们："每一个圈代表一枚导弹的弹着点，这辆坦克每一面都被无情地击中，但最后只有一名战士牺牲。一方面，这个结果很残酷，但另一方面，也证明了'梅卡瓦'坦克的防护能力有多强。"

在马兹里亚等工程师看来，坦克并不是凭想象设计出来的。这些工程师长时间待在一线部队，同在坦克部队服役的官兵建立起紧密的联系，他们甚至经常把自己的孩子送到装甲部队当兵。有一位工程师的儿子就牺牲在一辆被袭击的"梅卡瓦"3 型坦克中。马兹里亚解释道："我们就像一个大家庭一样。这也是每个人都会不遗余力地工作的原因。"

由于建国以来就长期处于各种冲突中，相对于其他西方国家，以色列需要更早地去面对不断变化的新威胁，有时早于世界其他地区很多年。赎罪日战争中以色列坦克被"萨格尔"导弹击中，这是这款苏联先进反坦克导弹第一次真正用于实战。2006 年真主党向以色列坦克发射"短号"反坦克导弹，这是激进组织最早使用常规军队战术的案例之一，标志着激进组织开始具备常规部队的特点。

以色列只能不断适应新的形势，发展诸如"战利品"主动防御系统等能适应新形势的武器。以色列没有时间等待其他国家开发这些武器，它现在就要让坦克参加战斗，现在就要加强坦克的防护能力。

所以，以色列在 2012 年成立了一个负责设计新型坦克的技术团队，这款坦克被称为"拉基亚"，希伯来语中"天堂"的意思。其最显著的变化将体现在机动性、乘员数量和火控系统上。

尽管以色列在技术上不断发展，但 2015 年 1 月发生的事件再次提醒以色列，先进武器正在中东地区大量流通。真主党武装向以军在黎以边界巡逻的车队发射了 5 枚"短号"反坦克导弹，2 名战士阵亡，7 人受伤。很多人认为，这类反坦克小组遍布在黎巴嫩南部将近 200 个村庄中，随时等待着以色列的入侵。这些游击队员穿着便装，住在普通人家中。也就是说，未来以色列将要面对来自任何地方的袭击，包括学校和医院，甚至救护车。

在中东，战争的形式正不断变化。2014 年，在加沙，以色列国防军看到哈马斯成员从边界地道中钻出来发动奇袭，叙利亚的"伊斯兰国"武装分子驾驶商务车对村庄发动进攻，西奈半岛的极端萨拉菲主义团体已成功利用装甲车对埃及军事哨所发动袭击。

以色列的关键词仍然是"适应"。边境的形势不容乐观，对"梅卡瓦"坦克下一场考验的到来只是时间问题。

第四章　侦察卫星

赎罪日战争对以色列造成巨大伤害，战争过去 5 年后，以色列政治家们终于做好准备同一个阿拉伯国家，而且是最大的阿拉伯国家——埃及，实现和平。

让我们回到 1978 年的春天。几个月前，埃及总统安瓦尔·萨达特历史性地访问耶路撒冷，在以色列议会的演讲中，他呼吁两国结束 30 年的战争和流血。为了准备 9 月即将举行的戴维营和平谈判，华盛顿、耶路撒冷和开罗之间频繁传递着秘密外交电报。

这让以色列的哈伊姆·埃塞德坐立不安。他认为其中的风险太大了。一旦同埃及签订和平协议，以色列必须撤出西奈半岛，这是 1967 年六日战争期间以色列占领的埃及的大片领土。

西奈半岛对以色列非常重要。1967 年前，这一区域是以色列和埃及之间的缓冲地带，以色列占领这一区域后，如果埃及地面部队再次入侵以色列，它首先需要占领西奈半岛，这能给以色列充分的准备时间。埃塞德认为，如果以色列不能找到监视地面情况的办法，就不应该从该地区撤退。

作为阿曼（以色列军事情报局）研发部的负责人，埃塞德的工作就是为作战问题提供技术解决方案。

面对即将撤出埃及的现实，他想到了一个解决方案：卫星。不是普通的卫星，而是以色列自主研发的卫星。

埃塞德是军队中的异类。当战士时他有着傲慢无礼和目无纪律的坏名声，但现在的他礼貌而优雅，说着一口无可挑剔的英语。

埃塞德 1939 年出生于伊斯坦布尔，一年后随家人移民到英国控制下的巴勒斯坦。以色列建国时他虽然才 8 岁，但看到同胞们为了国家生存不懈奋斗，他决心成为一名职业军人。

凭借自己在技术上的特长，埃塞德选择了多学科教育。他拿到了以色列理工学院的电气工程学位和加利福尼亚州圣塔克拉拉大学的计算机科学学位。

加入以色列国防军后，他扎实的技术功底很快派上用场，他在军队中也得到迅速晋升。六日战争前几个月，还是一名下士的他就得到一枚荣誉勋章。

时至今日，我们只能通过伊扎克·拉宾（当时的国防军总参谋长，后来成为以色列国防部部长和总理）在证书上的寥寥数语来猜测埃塞德为什么会获得勋章："哈伊姆·埃塞德表现出极强的技术能力，为提高国防军战备能力做出了巨大的贡献。"

但即便拥有如此出众的履历，要想说服政府投资卫星谈何容易。太空被认为是以色列这类小国的禁地，是超级大国的专属地。当时，全世界只有 7 个国家成功发射过卫星。最后一个做到这一点的国家是英国，那也是 1971 年的事儿了①。

之所以说这个想法非常大胆，还有另一层原因。之前，以色列在太空科技领域的经验非常有限。1961 年，以色列发射了一个名为"沙维特"（希伯来语中"彗星"的意思）的气象研究火箭。当然，

① 第七个成功发射卫星的国家是印度，时间为 1980 年 7 月。——译者注

"研究"二字只是幌子，以色列真正的目的是赶在埃及之前成功发射地对地导弹，摩萨德认为埃及在德国科学家的帮助下正在进行相关研发工作。

1965 年，以色列考虑启动一个真正意义上的太空项目，提交给政府的这个方案呼吁投资研发军民两用的卫星和火箭，由于过于超前，方案被否决。[1]

对于这段历史，埃塞德非常清楚，但他仍然下定决心推进这一计划。他首先试图获得自己的上级、以色列军事情报局局长耶霍舒亚·萨吉的支持。萨吉对此很感兴趣，同意了他的方案。他们两人一起来到空军基地探讨这个方案的可行性。但飞行员们对此不以为然，他们对萨吉和埃塞德说："这超出了我们的科技水平。"

他们接下来把这个想法向国防军总参谋长拉斐尔·埃坦做了汇报，但后者认为这是"鲁夫特盖谢夫"（Luftgesheft），这个意第绪语词汇可直接翻译成"空气事务"，意为纯属浪费时间的事情。

埃坦认为，以色列当务之急是将驻扎在西奈半岛的部队移防到国内其他地方，研发卫星既浪费时间又浪费金钱。总参谋长还指出，空军的人告诉他，在撤出西奈半岛后，飞机可以用于国家所需的空中侦察。

埃坦还说，一旦实现了和平，萨吉可以自己开车去西奈半岛，直接看看埃及人是不是在准备发动战争。萨吉回答说："这不可能。要想知道那里的情况，我必须进入每个贝都因人帐篷里查看。"

埃坦对卫星和火箭计划的反对得到最高层的支持。一年多前，以色列总理拉宾到华盛顿同杰拉尔德·福特总统会面。拉宾成为美国 200 周年诞辰之际第一位访问美国的国家元首，不但享受到最高礼遇，还受众议院议长卡尔·阿尔伯特之邀在参众两院联席会议上发表了演讲。

但在同一些美国议员会面时，拉宾突然被问到以色列为什么需要卫星。原来，以色列国防部向美国提交了一个列有以色列购买各种军事平台和武器的"意向清单"，其中包括一颗价值10亿美元的卫星。美国议员们担心这项采购会影响中东和平进程。

拉宾在1979年的自传中谈到这件事时写道："这些就我们交给美国的采购清单的提问让我非常难堪。对于'以色列为什么需要价值10亿美元的卫星'这个问题，我只有一个严肃和明确的回答：'我们不需要这个系统。'"[2]

但问题是，由于情况特殊，替代卫星的侦察飞行行动很难获得高质量的照片。拉宾在赎罪日战争后当选总理，在这场战争中，100多架以色列战斗机被击落，其中大多数是被苏联地对空导弹"萨姆"（SAM）击中。为了避免对埃侦察任务引发新的军事危机，拉宾要求国防军每次执行侦察飞行任务前必须获得他的批准。因此，这样的飞行行动少之又少，无奈之下，以色列空军只能在以色列领空抓拍埃及的地面照片，但这些照片的质量很差，以色列人无法通过这些照片充分掌握边境线那边的情况。

接下来传言四起。以色列军事情报局一些高级军官尝试赶走埃塞德。一位军官甚至直接找到萨吉，要求他将埃塞德调走，并警告说，卫星和火箭计划将会在浪费掉大量经费后以失败告终。

每当有人问起这件事，埃塞德都会解释说，他并不在乎这个计划的成功可能给他带来军衔和职务上的晋升，他在乎的是更为核心的事情：确保以色列的安全。

通过国防军常规渠道的尝试失败后，埃塞德找到埃泽尔·魏茨曼，这位曾经立下许多战功的飞行员当时是以色列国防部部长。

魏茨曼在指挥系统的地位太高，一名普通上校根本没有机会见到他，但他们两人在 20 世纪 60 年代的一次联合作战行动中相识。不管怎样，为了避免麻烦，对此次会面埃塞德非常低调。

一个潮湿的夏日，埃塞德走进特拉维夫的国防部大楼。向安保人员出示自己的证件后，他爬到二楼，然后左拐，沿着走廊来到国防部部长的办公室，从那右拐就是总参谋长的办公室。

以色列许多艰难的决定都是在这层楼做出的。在这里，国防军策划了揭开六日战争序幕的对叙利亚和埃及空军的突袭。1973 年赎罪日，当以色列南北两线被袭击后，以色列国防军高层同样是在这里召开的紧急会议。

等待魏茨曼时，他抬头看了看旁边墙上挂着的历任国防部部长的照片，这些政客中既有以色列国父和国防军创始人本-古里安，也有带领以色列在 1967 年战争中大获全胜、接着又在 1973 年将国家拖入灾难的战斗英雄摩西·达扬。

魏茨曼属于以色列人中的精英。他是以色列第一任总统哈伊姆·魏茨曼的侄子。出生于特拉维夫的埃泽尔·魏茨曼在第二次世界大战期间加入英国皇家空军，成为一名战斗机飞行员。后来他参与了以色列空军的筹建工作，并将其打造成一支相对于邻国具有显著质量优势的部队。

当秘书来叫埃塞德时，他站起身来，再次整理了自己的军容，然后走进了魏茨曼的办公室。魏茨曼坐在一张大木桌后，他喜欢穿白色衬衣，最上面的两粒扣子都解开，露出一点和他胡子一样灰白色的胸毛。

魏茨曼身后的墙上挂着一张巨大的以色列和周边阿拉伯国家的卫星地图，还有几张他当飞行员时的照片。一旁的茶几上放着一台刚刚为国防部部长安装的特殊电话，通过这台直通开罗萨达特办公室的电话，魏茨曼能直接同埃方沟通。

埃塞德开始了他的演讲。

他对魏茨曼说："我们面临一个问题，我有一个解决方案。"

他解释说，在撤出西奈半岛前，如果埃及决定进攻以色列，他们首先要穿越西奈半岛，因此以色列有足够的时间动员部队，将埃军阻挡在以色列实际领土之外。但撤出西奈半岛后，即便埃及部队已经突进到西奈半岛，以色列也不得而知。因此，以色列需要一双能监视地面的眼睛。

118

接着，埃塞德指着国防部部长身后地图上以色列和埃及间长长的边界线说道："撤出西奈半岛后，卫星能帮助我们掌握那里的情况。"

空军曾建议必要时在埃及上空使用侦察机，但埃塞德认为这不可行。

他对国防部部长说："我们不能对刚刚同我们实现和平的国家这样做。那是违反协议的行为。但卫星没关系。"

魏茨曼问了几个技术上的问题，他想知道卫星的造价和研发周期，以及卫星图像的画质能否满足情报需求。

离开国防部部长办公室时，埃塞德并没有达到他之前设定的此行的目的，但他得到了他最需要的东西：机会。正如魏茨曼讽刺地说道的，"一次体验失败的机会"。

几周后，埃塞德坐上以色列航空公司的航班飞到美国，访问了位于马里兰州的美国航空航天局戈达德太空飞行中心，这里是美国很多先进卫星的研发和生产地。接着，他飞到法国，访问了欧洲航天局。

　　埃塞德的最终结论是，以色列具备研发卫星的能力。

　　接下来要解决的是资金问题，并非制造卫星的资金，而是在基础阶段让以色列国防企业进行可行性调查的资金。

　　在通往成功的路上，光靠坚持是不够的，有时还需要一点儿运气。

　　1981 年初，萨吉来到美国弗吉尼亚州的兰利，同中央情报局人员进行会晤。这时以色列已经同埃及签订和平协议，并做好了撤出西奈半岛的准备，萨吉此行的目的同埃及无关，而是为了另一件事。以色列国防军正在计划对萨达姆·侯赛因在伊拉克修建的核反应堆发动军事袭击，希望从美国获得卫星图像。

119

　　作为第一位从以色列军事情报局内部提拔上来的局长，萨吉是一名非常有科技意识的情报大师。在他的任期内，以色列军事情报局在科技方面突飞猛进，发明了跳频发射机，配备给在海外执行秘密任务的特工。跳频技术的使用让敌方难以截获和记录情报发送者传输的信息。

　　萨吉对来自卫星等途径的视觉情报（visual intelligence，缩写为Visint）很感兴趣。电话可能会被追踪，电话信号也可能被干扰，但当时没有任何技术手段能改变摄像机拍下的内容。当然，唯一的缺点在于，单纯依据照片有时难以判断对方的真实动机。比如，如果敌军的装甲师被动员，往往需要更多的情报来确认该部队是在进行演习还是在准备发动战争。

　　萨吉的要求并没有那么容易实现。以色列和美国中央情报局在卫星图像上的合作时好时坏，有时能否达成合作完全取决于谁是中央情报局局长。[3]

　　1973 年 10 月初，以色列武官曾来到五角大楼，请求了解关于叙利亚和埃及军队军力部署的卫星图像，以色列已得到这两个国家准备入侵以色列的情报，希望获得更确切的佐证。然而以色列武官却被告知，美国卫星目前无法使用，因此无法提供照片。

1976 年，乔治·H. W. 布什担任中央情报局局长期间，美方的态度发生转变，同意向以色列提供实际图像。以色列军事情报局赶紧把握住这次机会，派了两名分析员（其中一人曾在国防军担任厨师）来到兰利，他们俩坐在一间独立的房间内，从那儿向中央情报局的卫星图像分析员提出特定申请，得到照片后进行分析，然后将信息发回特拉维夫。

布什的继任者斯坦斯菲尔德·特纳上台后改变了这一政策，他只允许向以色列提供卫星在侦察任务中搜集的信息，而不是实际图像。1981 年，随着威廉·凯西的上任，中情局对以政策再次改变。凯西将提供给以色列的照片范围严格限定为对以色列构成直接威胁的目标。[4]

到达兰利后，萨吉要求的不只是图像，还包括美国侦察卫星的直接使用权。对于这个不情之请，以色列准备好了充分的理由：美国计划卖给沙特阿拉伯一套先进的机载预警指挥系统（AWACS），这相当于一个飞行在空中的雷达站。如果美国致力于维持以色列的质量型军事优势，那么以色列理应获得补偿。以色列给了美国两个选择：向以色列提供现有卫星"完全和平等的使用权限"，或提供一颗全新的卫星和一个地面站。[5]

美国答应考虑这些请求，但直接拒绝了萨吉一个更小的请求：提供伊拉克核反应堆的图片。回到特拉维夫后，沮丧的萨吉做了一件不同寻常的事情：他没有到总参谋部继续游说，而是直接从军事情报局的部门经费中挪出 500 万美元，然后将埃塞德叫了过来。

萨吉对埃塞德说："我允许你开展卫星研究。别让我失望。"

埃塞德马上联系两家重要的以色列顶级国防承包商，要求它们提供方案。一般情况下，方案申请必须通过国防部审批，但作为一个情报机构，军事情报局经常以"国家安全"为由绕过这些官僚程序。

要想实现这个计划，首先需要扫清两个主要障碍。第一，以色列能否研发出安装在卫星上并能从太空拍照的光电相机，其照片分辨率必须足够高才具有价值。以色列军事情报局就相机性能提出的要求是能够精确到 5 英尺距离，这样才足以区分坦克和卡车。[6]

第二，运载火箭的研发。

埃塞德同一位名叫多夫·拉维夫的工程师进行了会面。出生于罗马尼亚的拉维夫是以色列航空工业公司导弹工厂的负责人。据称，正是在这个希伯来语缩写为"玛拉姆"的工厂里研发出了"杰里科"导弹[①]，这是一款三级固体燃料远程导弹，据说能够携带核弹头，攻击中东任何一个阿拉伯国家的首都。

之所以来找拉维夫，是因为埃塞德想知道，以色列航空工业公司是否能够制造可用作卫星发射的运载火箭。埃塞德提出了一些特殊的需求，如卫星发射的方向。在此之前，为了与地球自转保持一致，所有国家都朝东发射卫星，但以色列的东边是约旦和伊拉克，所以不能这样做。如果运载火箭意外落在一个阿拉伯国家，很可能被视为入侵行为，从而引发战争。此外，如果卫星坠毁，以色列的科技成果将落入敌人手中。

因此，以色列必须向西发射卫星，同地球自转方向相反。简单

121

---

①"杰里科"1 为近程导弹，"杰里科"2 为中程导弹，"杰里科"3 为远程导弹。此处其实是指"杰里科"3 远程导弹。——译者注

说，这意味着以色列工程师必须研发动力更强的运载火箭，因为为了将卫星送入太空，火箭不但要克服地心引力，还要逆地球轨道飞行。虽然很有挑战性，但拉维夫认为这是可行的。

1981 年 6 月 7 日，8 架以色列 F-16 战斗机从西奈半岛的一个飞机场起飞前往伊拉克，成功轰炸了奥斯拉克核反应堆。这让全世界都感到非常震惊。虽然大家都知道伊拉克的核计划是以色列的心头大患，但没人料到以色列能够对 1000 英里外的伊拉克发动袭击，然后成功返航。

以色列战斗机在前往伊拉克核反应堆的途中飞越了沙特阿拉伯和约旦领空。在飞越亚喀巴湾时，这些飞机被正在自己游艇上度假的约旦国王侯赛因发现。看到飞机上的以色列标志后，侯赛因赶紧让约旦军队向伊拉克发出警告，但伊拉克没有收到，这时以色列空军的飞机已成功潜入伊拉克。

世界一片哗然，谴责接踵而至，连白宫也不例外。这次行动中使用的 F-16 战斗机是美国刚刚交付以色列的，这些飞机原计划卖给伊朗，但 1979 年伊斯兰革命后，美国转而卖给了以色列。迫于惩罚以色列的压力，罗纳德·里根总统暂停了其他战斗机的交付，中央情报局也将以色列分析员团队赶出了兰利。

以色列如何在美国拒绝提供卫星画面后获得必要的目标信息？美国对此展开了调查，中央情报局副局长博比·英曼下令调出过去 6 个月以色列申请获得的所有图片。

英曼发现，虽然凯西在位时规定以色列只能获得构成直接威胁的目标图像，但实际上这些图像中不但有伊拉克的画面，还包括远离犹太国的利比亚、巴基斯坦等国的图像。

调查结果让英曼感到非常愤怒，于是他制定了新的标准，将为以色列提供的图像照片严格限制在以色列边境线外 250 英里的范围内。以色列可以申请更远距离目标的照片，但需要由中情局局长亲自视具体情况审批。

尽管时任以色列国防部部长阿里埃勒·沙龙向美国国防部部长卡斯帕·温伯格提出抗议，但无济于事，英曼新加的限制性条件被保留下来。

在以色列，埃塞德已经完成了可行性研究。该研究得出的结论是，以色列具备自主制造卫星的科技手段和技术积累。中央情报局对以色列在卫星图像分享方面的限制政策出台后，许多之前反对埃塞德计划的官员改变了自己的立场。他们也意识到，以色列在这方面需要具备自主能力，依赖美国会危及以色列的国家安全。

曾经担任过以色列军事情报局局长和摩萨德局长的梅厄·阿密特解释道："如果靠别人施舍面包屑为生，你会举步维艰；如果拥有自主能力，你将游刃有余。"[7]

在美国，以色列对伊拉克充满争议的袭击，重新引发人们对以色列申请获得美国卫星权限的讨论。有的人支持批准以色列的申请，他们指出，如果以色列拥有美国卫星使用权限，掌握伊拉克核反应堆的真实情况，也许就不会发动对伊拉克的进攻。还有的人反对批准以色列的申请，他们警告说，以色列一旦拥有美国卫星的使用权，将有能力在该地区发动更多的袭击。反对者还担心，如果美国允许以色列使用其卫星，苏联也会对阿拉伯国家做出同样的事情。

成功袭击伊拉克核反应堆几周后，以色列总理梅纳赫姆·贝京举行了一次讨论卫星方案的会议。在这次会议上，贝京要么批准该计划，下拨必要的预算，要么埋葬以色列的卫星之梦。

123

124

这将是最后一搏。萨吉和贝京之前有过会面。作为军事情报局局长，萨吉负责以色列国家情报评估，因此经常需要秘密会见总理。在一次见面时，萨吉提到研发卫星的想法，贝京听完后表达了自己的担忧。首先，他担心如果以色列失败，全世界都会知道这个消息，这将极大地削弱以色列的威慑力。其次，他还担心全世界将以色列卫星视为威胁，因为这与以色列的小国身份不匹配。

贝京当时对萨吉说："充分利用现有资源。"

当萨吉和埃塞德走进会场时，他们知道自己的机会来了。至少他们相信这个项目的命运交到了最明智的人手中。他们都非常敬仰贝京，他们知道，如果以色列只有一位领导人能够明白自主研发卫星的重要性，那就是贝京。

贝京出生于立陶宛，年少时被犹太复国主义①深深吸引，一心梦想建立一个独立的犹太国。反犹主义和对犹太人的迫害贯穿着他对早期生活的记忆：他的父亲曾为阻止一名波兰警察剃一名拉比的胡子而遭痛打。这些画面一直留在贝京的脑海中。

在同吉米·卡特的一次会面中，贝京告诉这位美国总统："关于童年，有两件事我永远不会忘记：对无助的犹太人的迫害和我父亲捍卫自己尊严时表现出的勇气。"[8]

童年时期的贝京身体瘦弱，肤色苍白，但同父亲一样，在学校操场上，面对那些仇恨犹太人的人，他从来都是勇敢地反抗。1930年对于青年贝京来说是一个人生转折点。这一年，发起修正主义运动的俄国作家弗拉基米尔·雅博廷斯基来到布里斯克发表演讲。雅博廷斯基提出了不同于主流犹太复国主义的观点，即修正派犹太复国主义。他认为，必须毫不妥协地在以色列地区建立一个犹太国。

125

----

① 字面翻译为"锡安主义"。——译者注

17 岁的贝京来到雅博廷斯基发表演讲的剧院。在演讲结束时，他明白，只有自己的国家才能保护自己的民族，犹太人在流散地没有未来。

贝京加入了修正主义青年团体贝塔尔，成长为该组织的核心人员。第二次世界大战爆发后，他加入波兰军队，被派到巴勒斯坦。一年后，纳粹来到他的家乡，将 500 名犹太人集合到一起淹死在附近一条河中，其中就包括他的父亲。后来，他的母亲也从病床上被带走，惨遭杀害。

1943 年，30 岁的贝京被任命为伊尔贡①负责人，伊尔贡是从犹太社团主要准军事组织哈加纳中分裂出来的犹太复国主义地下组织。当时，伊尔贡有解体的危险，追随者不足，武器短缺，还缺少明确的发展方向。贝京让这个组织重新开始运作，并对英军开展了一系列定点袭击，其中最著名的是 1946 年的大卫王酒店爆炸事件，大卫王酒店是当时英国委任统治政府的所在地，这次袭击导致 91 人遇难。

这次袭击的影响非常大，但在贝京看来，其中的逻辑很简单：要想成立以色列国，英国人必须离开巴勒斯坦，要想让英国人离开，必须发动伤亡惨重的袭击。

1977 年，作为右翼政党利库德集团领袖的贝京上台，打破了左翼政党在政府长达 30 年的统治地位，国家迎来一个全新的时代。贝京政府执行了许多与之前工党政府截然不同的政策。

不管是作为一名地下组织战士，还是一名政治家，纳粹大屠杀一直是贝京生命中无法逃避的阴影。他常在讲话中说，大屠杀的历史是他参加 1978 年戴维营谈判、签订埃以和平协议的主要原因。1981 年，轰炸伊拉克核反应堆前，面对许多质疑这次行动的声音，

126

---

① 犹太复国主义军事组织，成立于 1931 年，别名为"埃策尔"（Etzel）。——译者注

贝京经常说："我不想再次成为大屠杀的见证者。"[9]

他后来透露说，当 F-16 战斗机在飞往目的地时，他脑海中浮现的全是大屠杀和他父母的画面。

让我们回到那次关键的会议。在会上，埃塞德首先陈述了制造卫星的方案，萨吉对此表示支持，并强调以色列不能继续单纯依靠美国等盟友，应该争取更大的主动权。

接下来进入讨论阶段。包括国防军总参谋长埃坦在内的与会人员提出了对该方案的质疑，他们认为以色列卫星计划是资源和时间的巨大浪费，军队在这两方面都耗不起。有的军官试图说服贝京支持其他方案，指出与其将钱浪费在卫星运载火箭上，不如投资研发巡航导弹。

但贝京对卫星方案很感兴趣。由于技术不是他的强项，总理回避了细节，而是提出几个其他方面的问题。比如，除了商业用途，卫星能否在以色列国防中发挥关键作用？

对这个问题的回答，贝京感到很满意。以色列自主研发的卫星完全符合他的信念：大屠杀过去不到 40 年，以色列不能再次将自己的命运交到别人手里。

正是在这一信念的引领下，贝京不顾美国和欧洲的反对，毅然授权袭击伊拉克核反应堆。如果说贝京从大屠杀那里学到了什么，那就是在生存这个基本问题上，犹太人永远不能依靠任何人，哪怕是最好的朋友。

贝京对埃塞德说："犹太人有能力创造奇迹，实现它的时机到了。赶紧行动起来吧！"[10]

埃塞德离开会场时，贝京还在和与会人员讨论当天的其他议程。他们当时并不知道自己刚刚迈出了多么具有里程碑意义的一步，也不知道这一步对确保以色列未来在中东地区的军事霸权地位将发挥多么重要的作用。

但这一切并不容易。首先面对的困难是，以色列如何能在外界不知情的情况下搜集研发卫星的信息。

贝京明白，如果美国人发现以色列在制造自己的卫星一定不会高兴，他们之前就警告这一行为会引发中东的军备竞赛。

他想到一条妙计：创立以色列航天局这一民事机构，并任命尤瓦尔·内埃曼为局长。

内埃曼曾经是贝京政府的科技部部长，是一位著名的理论物理学家，在军界和学界都具有很大的影响力。他担任过以色列军事情报局的高级情报官，后来在以色列原子能委员会任职。20 世纪 60 年代，当约翰·F. 肯尼迪总统就以色列核计划向本-古里安不断发问时，正是内埃曼在本-古里安旁建言献策。

为了确保这个计划能成功，贝京决定，只有内埃曼能代表以色列航天局在公开场合讲话，他的名字将出现在公开出版物中，一切都掩盖在科学研究的幌子下。埃塞德的名字也将出现在该组织董事会名单中，但仅仅是以教授这一学术身份，他在军队的军衔和职位都严格保密。

埃塞德和内埃曼很快就明白，他们只能研发小型卫星，主要原因是以色列的运载火箭无法运载重量太大的卫星。因此，以色列第一颗卫星"奥菲克"（希伯来语中"地平线"的意思）上连相机都没有安装。主要目的是测试"沙维特"运载火箭能否将这颗卫星送入太空。

这颗卫星不仅要小，而且必须特别小。美国当时的主要卫星

128

KH-11 重达 13 吨，埃塞德和以色列航空工业公司设计的卫星重量将只有 155 千克。

埃塞德回忆说："每一千克都需要慎重考虑。这个项目中所有的东西都要专门设计。"

下一个挑战是寻找资金。虽然贝京批准了项目，但国防军中还有很多质疑的声音，总参谋部也不愿拨出必要的款项，根据估算，启动资金需要将近 2.5 亿美元。

但萨吉有自己的办法。之前担任以色列军事情报局副局长时，他和一些南非军官建立了很好的关系，其中有的人经常带着夫人来以色列旅游。萨吉家住在特拉维夫南边一个田园小镇的大房子里，萨吉和妻子汉娜经常在这里招待这些客人。

20 世纪 70 年代，以色列和南非的关系非常好，因为南非需要武器，以色列需要资金。一天，萨吉向一名与他级别相同的南非军官提到卫星项目需要资金，对方当即同意资助几亿美元。他们间的协议被定为"绝密"，直到 15 年后南非才透露资助了以色列弹道导弹和卫星运载火箭的研发项目。[11]

1983 年，萨吉从国防军退役，离开了军事情报局局长的职位。他的继任者是埃胡德·巴拉克，这位年轻有为的将军后来成为以色列总参谋长、国防部部长和总理。巴拉克认为军事情报局和以色列这个国家都不需要卫星，侦察机从以色列领空倾斜拍摄的航拍图像完全够用。

他的观点很可能让这个项目夭折。军事情报局是卫星的主要使用者，如果巴拉克反对研发卫星，那么卫星即便被研发出来，也没有用武之地。当然，如果未来没有作战需求，卫星也不可能被研发出来。[12]

空军也不看好卫星的前景。空军司令阿维胡·本-努少将建议放弃卫星计划。他担心研发卫星的预算会挤占购买战斗机的预算，认为战斗机对这个国家更为重要。他还指出，以色列完全可以从法国人或美国人那里购买卫星图像。

空军还给出了另一个理由：他们需要的是战术情报。要想做到这一点，以色列在太空需保持大约 20 颗卫星的运行，才能让所有卫星在不改变轨道状态下持续监视地球上的特定区域或作战行动。这显然不在以色列的财力范围之内。

即使萨吉不在身边，埃塞德也坚持自己的立场。后来他对别人说：他的字典里从来没有"不可能"这个词。

发射日期临近，政府又面临一个新的挑战：这个秘密计划即将以极为高调的方式公之于众。以色列决定在特拉维夫以南的帕尔马希姆空军基地进行卫星发射。届时，全国和全世界都将知道以色列的秘密。

此外，由于《关于登记射入外层空间物体的公约》（《登记公约》）于 1976 年生效，联合国成员国有义务向联合国登记卫星发射信息。虽然以色列官方之前一直拒绝承认关于其在制造卫星的报道，但这时也不得不服从该公约。

时任以色列国防部部长的伊扎克·拉宾成立了一个特别委员会，负责监督卫星计划的解密工作。委员会的代表来自政府各部门、各军事单位和以色列航空工业公司。拉宾选任航空工业公司经验丰富的发言人多伦·苏斯里克负责所有的媒体简报和新闻稿。国防部部长将保持沉默。该委员会就媒体可能提出的问题准备了一份手册，苏斯里克将在回答中强调这次发射的科学价值，淡化其军事价值。

在整个过程中军队将保持低调，他们希望通过这种方式让人们

130

觉得这次卫星发射是一个科学项目，没有任何军事目的。

1988 年 9 月 19 日，晚于原计划一天，"奥菲克" 1 型卫星成功发射到太空，以色列成为继苏联、美国、法国、日本、中国、英国和印度之后又一个具备独立发射卫星能力的国家。

这是极具历史意义的一天，正如之前计划的一样，以色列强调了这次发射的科学意义。

131　　　以色列总理伊扎克·沙米尔在卫星成功发射几天后说道："这次技术试验……让以色列成为现代科技时代顶级国家中的一个合作者。我们应当主要考虑这一事件在技术上的重要性，毫无疑问，在这一领域，以色列的国际声誉得到大幅提升。"[13]

2014 年，以色列在特拉维夫以南的一个空军基地发射"奥菲克"卫星（以色列航空工业公司提供）

尽管沙米尔和苏斯里克的工作已做得很到位，但全球媒体的关注重点并不是卫星本身，而是运载火箭。这是一个很简单的物理学推理：如果以色列的运载火箭可以将卫星送入太空，那么以色列就已经拥有能够携带核弹头打击中东任意地点的弹道导弹。

虽然这颗卫星上没有相机，以色列甚至还否认正在制造间谍卫星，但阿拉伯国家非常明白，以色列很快就会具备全天候、全方位监视阿拉伯军队的能力，这只是时间问题。

这次发射也向华盛顿传递了一个信号。虽然以色列一直在公开场合对美国的军事援助表示感谢，但卫星发射表明，以色列对美国的依赖是有限的。正如贝京之前所预料的，自主发射卫星的成功意味着以色列真正意义上的独立。

两年后，以色列成功发射了第二颗卫星，这一次也没有安装相机。确认运载火箭的可靠性后，国防部认为发射侦察卫星的时机已经成熟。

1991年海湾战争期间，伊拉克总统萨达姆·侯赛因向以色列发射了39枚"飞毛腿"导弹，这一事件再次向那些持怀疑态度的人证明了卫星的重要性。没有侦察卫星，以色列国防军根本无法定位伊拉克导弹发射架的位置，也无法为以色列公民就来袭导弹提供预警。

"飞毛腿"导弹在以色列境内爆炸的当晚，以色列国防军高层将领聚集在特拉维夫国防部地下经过加固的"波尔"指挥中心。国防军认为有必要采取行动，并制订了作战计划，其中包括用直升机将特种部队空运到伊拉克沙漠，找到并摧毁"飞毛腿"导弹发射架。但由于美国要求以色列保持克制，伊扎克·沙米尔总理搁置了这些方案，屈服于美国的施压。美国之所以这样做是担心一旦以色列发动报复行动，其在伊拉克艰难组成的阿拉伯联合部队就会土崩瓦解。

后来的一天晚上，当看到更多的导弹落在特拉维夫时，时任国防部总司长的大卫·伊夫里警告说更猛烈的袭击还在后面。

他在"波尔"指挥中心对其他国防军将军说："现在我们看到的仅仅是 40 枚左右的'飞毛腿'导弹，未来这根本不算什么。"

伊夫里很了解伊拉克。1981 年他任以色列空军司令时，指挥了对奥西拉克核反应堆的轰炸任务。正是他让贝京总理相信以色列飞行员有能力完成这次袭击。

时任国防部部长的摩西·阿伦斯本身是一位著名的航空工程师，他同意伊夫里对未来威胁的判断。海湾战争结束后，他立刻召集国防军的研发团队，要求他们拿出一个新的侦察卫星计划。阿伦斯说："我们现在就需要侦察卫星！"

然而，当 1993 年国防军第一次发射侦察卫星时，运载火箭没能成功进入太空，卫星失踪在地中海的某处。在国防界，以色列这颗卫星被戏称为"反潜艇卫星"。

埃塞德的上级、国防部武器和技术基础设施发展局局长乌兹·埃拉姆需向国防部部长汇报这次发射失败的情况，而在上一次大选后，以色列总理拉宾兼任国防部部长。拉宾是前两次卫星发射的总负责人，发射成功后，总理办公室来了许多重要人物和行业高管，但这一次，他的房间空空如也。[14]

从一开始的震惊中缓过神来后，一个由没有参加过卫星计划的导弹专家组成的独立委员会成立，负责评估发射失败的原因。他们找到了五个可能的技术故障，大多与运载火箭有关。

但埃拉姆和埃塞德知道自己面临着一个更大的麻烦，坠毁火箭上运载的是以色列唯一一颗可运行的侦察卫星，他们没有第二颗卫星，也没有资金生产第二颗卫星。

他们不约而同地想到了 QM 卫星，这是那颗坠毁卫星的复制品，之前被用作试验台。也就是说，科学家在真实卫星上安装系统前会在这个平台进行测试。但问题是，QM 卫星在生产时并没有考虑太空环境，也没打算用于发射。

国防体系出现了两个声音。一派持谨慎态度，反对发射 QM 卫星，主张发射一颗同作战卫星一样重达 250 千克的卫星模型，专门测试之前发射失败的运载火箭。

埃拉姆和埃塞德属于另一派。他们主张改装 QM 卫星，使其满足发射要求。他们打算随机应变，而不是按套路出牌。

这样做风险很大，埃拉姆和埃塞德心里很清楚，没人会容忍他们再次失败，如果失败，卫星计划将就此终结。

如果想保守起见，他们当然需要继续等待，直到确保经过调试的新运载火箭能够进入太空，这个选择的确很吸引人。但埃拉姆和埃塞德不愿妥协，他们要求尽快使用 QM 卫星再次尝试发射。他们指出，如果不这样做，以色列将失去为之付出如此之多的自主能力。

他们将这个冒险的方案递给拉宾，经过一番劝说后，他批准了这一方案。

QM 卫星经过两年多的调试和改装，发射日期最终定在 1995 年 4 月 5 日。来到帕尔马希姆空军基地，埃拉姆看到一个装饰有大卫星标志的运载火箭矗立在发射场，在运载火箭的最上方是一颗真正的侦察卫星，而在此之前一直是测试卫星。他们已经没有退路。

埃拉姆坐在发射指挥间的一面玻璃墙后。在玻璃墙的另一边，国防军的军官们在做火箭发射前的最后准备，检查部署在基地附近确保火箭能够正常发射的遥测和雷达系统。

在海上，海军舰船已经在地中海上清理出一条通道，万一再次发射失败，确保民用船只不会和运载火箭相撞。

大厅传来内部通话系统发出的低沉的声音："5 分钟倒计时……3

135

分钟倒计时。"

这一刻，只有一位担任首席安全官的国防军预备役上校可以中止火箭发射。即使国防部部长坚持发射火箭，他也有权取消。埃拉姆看了他一眼，此时这位上校的手就放在红色的中止开关上，他做好了随时按下按钮的准备。

当进入 10 秒倒计时，火箭已启动自动控制状态，支撑梁收起。突然，内部通话系统中有人喊道："停下来！停下来！"

埃拉姆心头一沉，时间只剩下最后几秒，他赶紧转过身面向指挥室，不知道发生了什么。首席安全官也听到了这个声音，但看了一眼各个系统的运行状态后，他的手从开关上移开了。接下来，扣人心弦的一刻来到了，火箭发动机喷发出火焰后运载火箭开始上升，留下一团巨大的白色浓烟。刚才的声音属于误报，大家虚惊一场。

几分钟后，第一级火箭助推器分离，坠落在利比亚海岸附近。又过了几分钟，一个燃料箱坠落在阿尔及利亚附近的地中海海域。

发射已经成功，但埃拉姆知道还有很多不确定性。他在等待最终将卫星送入太空的第三级火箭的情况。和其他重要人物一起，埃拉姆一动不动地待在玻璃墙的另一边。

没过几秒钟，他们终于听到了一直期盼的消息："卫星和火箭成功分离，卫星已进入轨道。"

指挥间爆发出热烈的欢呼声。埃塞德在以色列航空工业公司的总部观看发射，那里也是卫星控制室的所在地。卫星已进入太空，现在他们需要检验卫星能否正常运行以及太阳能电池板能否顺利打开。

埃拉姆打电话到以色列航空工业公司，但他几乎听不清埃塞德在激动地说些什么，于是大声喊道："哈伊姆，你那边情况怎么样？卫星运行正常吗？"[15]

12 小时后，他们才确定卫星的具体状况，截至那时，"奥菲克"3 型卫星已环绕地球 8 圈，并发回了卫星图片，画面质量远远高于人们的预期，连本-古里安机场飞机上的以色列标志都可以清晰地看到。

这次发射成功迅速让以色列获得了很高的国际认可，更为重要的是，它打消了国防军内部很多反对人士的疑虑。现在，每个人都开始支持以色列的卫星计划。

1988 年，"奥菲克"1 型卫星的成功发射开启了以色列航天事业的新纪元，自那以后，以色列逐渐成长为卫星大国。和它擅长的其他制造平台一样，以色列独辟蹊径，没有像美国那样制造 25 吨重的"巨型卫星"，而是专注于设计 300 千克的"迷你卫星"。

2014 年，以色列成功发射了"奥菲克"10 型卫星，至此，以色列已拥有 7 颗间谍卫星，其中大部分使用光电传感器相机，能够拍摄出高分辨率的照片。例如，2010 年发射的"奥菲克"9 型卫星搭载的是以色列制造的"朱庇特"多光谱相机，该相机能够在几百英里外分辨出 50 厘米大小的物体。

除了成像卫星，以色列还有两颗卫星装有合成孔径雷达，这种雷达系统可以提供高分辨率的画面，相对于照相机具有巨大优势。相机无法穿过云层或雾霾进行拍摄，但雷达可以在任何天气下工作，甚至可以看到伪装网下面的东西。

有了 7 颗卫星在太空，以色列有能力实现集群操作。在超出直接传输范围时，卫星可以将其拍摄的图像传给另一颗卫星，最终由距以色列最近的卫星将图像实时发回地面总部。

以色列在研发先进卫星和相关载荷上取得的成功引起了全世界的关注。2005 年，法国人决定充分利用以色列在这方面的专长，同以色列航空工业公司达成战略合作，一起研发一款新型卫星。这颗被称为"维纳斯"的卫星主要用于研究包括植被、农业和水质在内的陆地资源。2012 年，意大利支付 1.82 亿美元从以色列航空工业公司订购了一颗侦察卫星。据报道，这些年来新加坡和印度也购买了以色列卫星。

考虑到以色列卫星计划起步和发展的艰难历程，这些成就的确来之不易。

以色列成功的秘诀是什么？

埃塞德和萨吉表现出来的不仅仅有开拓创新的精神，还有坚韧不拔的意志，这些品质也是"虎刺怕"精神的表现。他们拥有崇高的梦想，那就是将以色列的力量边界拓展到太空，他们相信这个梦想可以实现，不管遇到多大的阻碍也不放弃。

埃塞德的所作所为和许多被保守机构束缚的梦想家们一样：他们选择改变规则。

138 在他位于特拉维夫的海景公寓中，埃塞德对我们说："贝京当时同意这个计划让我非常惊讶，直到今天我都感到这让人难以置信。军队高层反对的人很多，我当时觉得我们根本无法说服总理。"

打破层级结构有时似乎会危及一个组织制定长远战略的能力，但另一方面它也有积极的意义，能够创造一种兼容并包的氛围，让人们自由地交流思想，毫无畏惧地发表自己的观点。

埃塞德指出，创新者要想实现自己的梦想，有两个关键的因素。第一，他们必须确定自己的提议是人类可以实现的，用埃塞德的原话，即"不违背基本物理学"。

第二，就是坚持，说白了，就是要"脸皮厚，腰杆直，不怕羞辱，哪怕有时别人会往你脸上扔烂番茄"。

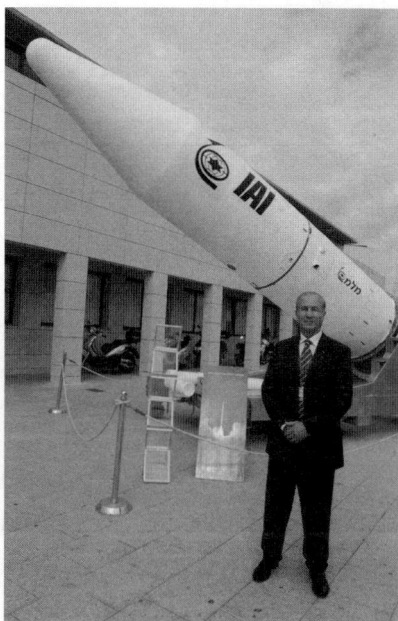

哈伊姆·埃塞德在特拉维夫附近展出的"沙维特"
运载火箭模型旁留影（哈伊姆·埃塞德提供）

　　操控以色列卫星的是位于国家中部的一个秘密指挥中心，人们
称这个单位为9900部队。在这支部队一个满墙都是等离子屏幕的房
间里，战士们密切跟踪卫星的运行情况，操控卫星执行各种任务，
等待着卫星"产出"各种图像。

　　自成立以来，9900部队一直利用卫星监视各个战略目标以及遥
远地区的敌人，特别是伊拉克、伊朗、利比亚等侦察机和无人机难
以到达的地方。2000—2006年，以色列卫星的主要关注地区是伊朗，
主要任务是跟踪阿亚图拉核计划的进展。

　　这一关注重点在2006年夏天发生了改变。这一年，以色列同黎
巴嫩真主党爆发了为期1个月的战争。以色列士兵在缺少准确情报的

情况下被派到黎巴嫩，他们手上的地图很陈旧，也完全不知道真主党游击队员藏在哪里。

战争过后，9900 部队进行了改组，关注重点发生改变，这一变化取得了成效。在打击哈马斯的"防务之柱"行动前，该部队搜集了大量相关情报。2012 年 12 月，行动结束才几周，该部队就由于在情报上的突出贡献受到表彰。

改变关注重点并非易事。以前，9900 部队需要关注叙利亚军队的动态，并监视伊拉克的情况。但加沙的哈马斯和黎巴嫩的真主党同正规军队截然不同，这类敌人常常混杂在民房当中，为了发现他们，卫星操作员不得不付出更多努力。毕竟，发现躲藏在学校操场地下的火箭弹发射器远比跟踪叙利亚装甲部队要困难。

在指挥中心，9900 部队针对黎巴嫩、叙利亚、加沙等各条前线建立起被国防军称为"目标银行"的数据库。该部队一名初级军官解释说："基于这些数据，我能精确地告诉飞行员瞄准和射击的具体位置。"[16]以色列在加沙地带的最新行动中，将卫星操作员和分析员配属到国防军各地面师的前沿指挥中心，这样做是为了打通情报搜集和分析单位与情报使用者（即深入敌后作战的地面部队）之间的情报通道，实现多兵种协同作战。

搜集情报只是这支部队工作的一部分，另一部分是对图像进行分析。为了完成这项工作，国防军在 9900 部队中设立了一个新的军事单位。这个单位的人员都是具有非凡视觉和分析能力的战士，而且他们还有一个很特殊的共同点：都是自闭症患者。

招募自闭症患者入伍的想法来自塔米尔·帕尔多。2016 年之前他曾担任以色列情报机构摩萨德的局长。他主动找到一个专门帮助自闭症青年融入劳动力队伍的以色列非政府组织。他当时说："一定有办法让他们的才华在以色列情报界发挥作用。"

以色列国防军卫星图像部队（9900 部队）中患有自闭症的战士正在电脑前工作（以色列航空工业公司提供）

这些"特殊"的战士被送去参加为自闭症患者特殊设计的新兵培训课程。刚开始国防军还有些犹豫，这些自闭症患者虽然能力很强，但参军入伍还是存在一定风险。但几个月后，这个项目的成功远远超出人们的预料。这些战士能够发现地形微妙的改变，一片灌木丛位置移动了几英尺，或一座建筑被小规模扩建，他们都能很快察觉，一般人也许很容易错过这些地形变化。在 9900 部队看来，这些变化至关重要，很可能因此发现一个火箭弹发射点或秘密的武器藏匿点。

这种操作方式很特别。大多数国家都会不假思索地对自闭症患者免除兵役，更不会为他们设计专门的培训计划。但在以色列这一点也不奇怪。患有自闭症的战士拥有特殊的能力，以色列资源有限，所有的资源都必须发挥到极致。

141

卫星让现代战场发生了革命性变化，让以色列拥有了前所未有的情报搜集能力，远远超过中东乃至世界上绝大多数国家。

然而，尽管以色列在不断加强其太空存在，2009 年以色列还是清醒地看到自己已不再是中东地区该领域的垄断者。这一年，伊朗伊斯兰共和国成功将第一颗自行研制的"希望号"卫星发射到太空。和 1988 年以色列发射的第一颗卫星一样，"希望号"卫星也没有携带相机，并且伊朗也声称发射卫星完全出于科学目的。但到了 2015 年，伊朗就发射了一颗侦察卫星。

2009 年伊朗卫星发射的影响非常大。它证明了伊朗政权在弹道导弹研制上取得了长足进展。如果伊朗可以自主将卫星送入太空，它就有能力将携带核弹头（一旦拥有的话）的导弹发射到中东地区的任意地点，甚至发射到欧洲部分地区。

伊朗并不是唯一一个试图在太空立足的中东国家。2007 年，埃及成功发射第一颗间谍卫星，这颗卫星由埃及和俄罗斯共同研制，发射地点也在俄罗斯（确切说是俄罗斯在哈萨克斯坦南部租赁的发射基地）。但 3 年后，这颗卫星出现故障，无法使用。埃及继续雄心勃勃地推进太空计划，2014 年，埃及在俄罗斯发射了第二颗间谍卫星。但不到一年后，这颗卫星再次出现故障，同地面站失联。

142　　伊朗和埃及的活动表明，1988 年以色列加入的卫星俱乐部不再像以前那样封闭。能够自主发射卫星的国家越来越多，以色列面临的安全威胁也越来越大。以色列不再是该地区唯一一个可以监视邻国的国家，现在，周边国家也可以监视以色列。

第五章　反导科技

　　本来只是以色列南部最大城市贝尔谢巴的一场普通婚礼，美丽的鲜花，动听的音乐，丰盛的酒食，新人邀请了大约 300 名客人。婚礼筹备人员一大早就在布置户外婚礼的现场。

　　下午 4 点，以色列空军发射的一枚导弹击中了一辆行驶在加沙居民区街道的银色起亚轿车。攻击目标是神出鬼没的哈马斯军事指挥官艾哈迈德·贾巴里。当时是 2012 年 11 月 14 日，旨在终止加沙地带火箭弹袭击的"防务之柱"行动由此拉开帷幕。

　　贾巴里可能都没听到导弹飞向他汽车的声音。一架盘旋在（加沙）上空的以色列无人机已经跟踪他好几个小时，等待最合适的进攻时机。贾巴里的座驾行驶在街道上时，经过一辆坐满人的巴士，当他的车远离这辆巴士时，导弹被发射出去，成功命中其座驾，爆炸产生的碎片四处飞散，车内人员当场死亡。

　　暗杀完成后，负责民防工作的国防军后方司令部立即下达指示，要求所有在哈马斯火箭弹射程范围内的学校停课，100 人以上的户外聚会活动全部取消。但这对新人决定按原计划举行婚礼。虽然，根据犹太传统，举办婚礼仪式的华盖（Chuppa）被设在户外，但婚礼现场旁边就是大厅，一旦听到防空警报，所有人都可以迅速跑到室内。所以，尽管收到加沙地带报复性火箭弹袭击的警告，但这对情侣还是决定如期举行婚礼。

夏伊·马鲁尔是这次婚礼的摄像师，下午2点时他同新郎新娘碰面，开始了当天的拍摄。工作了2小时后，他在广播中听到贾巴里被暗杀的新闻。他回忆说："我当时就知道，很快会出现'巴拉干'。"以色列人经常用"巴拉干"这个希伯来语词汇形容"极度混乱的局面"。他拨通妻子的电话，要她接完孩子后直接回家。他自己则打算把手头的工作做完。他解释说，他当时刚刚拍摄了一部分，总不能就这样走人。

晚上7点半，大多数客人都到场了。婚礼现场准备有丰盛的自助餐，装满酒水饮料的杯子被层层叠起。一切都有条不紊地进行着。但8点15分时，防空警报突然响起，客人们大多朝婚礼现场的大厅走去。为了保险起见，马鲁尔也决定和他们一块儿进去。当他将摄像机固定在三脚架上时，镜头不小心对到天空，这时他看到几道光芒像烟花一样升向天空，当又有几道光束升起时，他赶紧到大厅躲避。

后来马鲁尔将视频上传到 Youtube 网站，从视频中可以清楚地看到15个小光点朝天空中不同方向飞去，看上去就像是爆炸前的烟花。但实际上，这些快速移动的光点是以色列"铁穹"防御系统发射的拦截导弹，用于拦截几秒钟前从加沙地带发射的10多枚"喀秋莎"火箭弹。在视频中，这些光点接连爆炸，从加沙袭来的火箭弹被成功拦截。

"铁穹"防御系统的研发负责人丹尼·戈尔德准将这时已经退休，在 Youtube 网站上看到这个视频后，给他留下深刻印象的并不是火箭弹被成功拦截的画面，而是现场的奇特氛围。警报响起后，虽然部分参加婚礼的客人赶紧跑到室内，但还有一些人留在户外，继续伴着美国摇滚乐队魔力红翻唱的《星期天早晨》尽情起舞。

这是一场"铁穹婚礼"。

"铁穹"防御系统的研发过程是一个很有意思的故事，从中我们可以看到以色列人的许多特质："虎刺怕"、坚韧不拔、随机应变和开拓创新。

加沙的哈马斯和黎巴嫩的真主党最主要的武器是近程火箭弹，"铁穹"防御系统对这种武器有很高的拦截率。在 2012 年为期 8 天的"防御之柱"行动中，"铁穹"防御系统击落了 85％ 射向以色列城市的火箭弹。在 2014 年夏天针对哈马斯的"护刃"行动中，"铁穹"防御系统的拦截率高达 90％。

如此之高的成功率，全世界任何地方都无法比拟，没有任何国家拥有"铁穹"这样的系统。

以色列是在非常偶然的情况下开始发展导弹防御能力的。20 世纪 80 年代中期，美国总统罗纳德·里根邀请美国盟友参加"星球大战"计划，该计划是指美国正在研发的反弹道导弹防御系统，旨在防御来自苏联携带核弹头的洲际弹道导弹。时任以色列国防部部长的伊扎克·拉宾建议以色列也参与该计划。的确，以色列做不了太大贡献，但拉宾的想法很简单：以色列必须强化和美国的关系，在导弹防御系统上的合作说不定可以带来新的机会，况且这一合作近期并不需要任何财政投入。

为了表达以色列的诚意，拉宾命令国防部武器和技术基础设施发展局（希伯来语缩写为"马法特"，等同于美国国防部高级研究计划局）将一些想法落实为文字，当时机成熟时可以交给美国人。对

146

以色列国防企业来说，这并非难事。如果能做出一些有前景的项目，美国人很可能会投入很多资金进行资助，哪怕对美国人来说是很小的投资，在以色列人看来也是一笔巨款。

但以色列国防军中很多人对拉宾的决定持怀疑态度。一个由情报专家组成的小组刚刚对以色列面临的导弹威胁进行了评估，他们得出的结论是，这一威胁很小，不值得在导弹防御上投入巨资。叙利亚的确拥有大量"飞毛腿"导弹，但并没有超出常规威胁的范围；叙利亚的化学武器库也确实构成严重威胁，但以色列可以通过向公众发放防毒面具将这一威胁降到最低程度。

由于美国的这个计划明显针对苏联，许多以色列人担心加入该计划会加剧同苏联的对立。莫斯科是以色列敌对国的主要武器提供者。一旦以色列加入"星球大战"计划，苏联就有借口对以色列采取更苛刻的立场，向阿拉伯国家提供更多先进武器，并减少苏联到以色列的犹太移民数量。

但拉宾让武器和技术基础设施发展局继续推进这项工作。发展局任命乌兹·鲁宾来负责这个项目。这名年轻的航天工程师很有才华，已经在许多机密国防项目中证明了自己，在世人眼中他是一位非常务实的管理者。

鲁宾马上行动起来。不到几个月的时间，以色列国防企业就拿出了三个很有吸引力的方案。第一个方案是一名"特比昂"项目毕业生提出的能以超高射速发射60毫米炮弹的化学加农炮。另一个方案提出研发导弹防御测试台，也就是能够在电脑上模拟导弹防御系统的实验室。

最后一个方案最为宏伟，称为"箭"式反导系统。该计划试图研发一种能在大气层外击落来袭弹道导弹的拦截弹，简言之是一种能够击落导弹的导弹。

这是一个具有革命性的想法。提出该方案的多夫·拉维夫认为，这项技术对以色列国防至关重要。他说，由于以色列领土狭小，缺少战略纵深，部署在中东地区的弹道导弹可以打到以色列的任意地点，因此以色列需要一个用于高空拦截导弹的防御系统，能够在邻国领空击落敌方来袭导弹，为以色列提供全方位的保护。

时机成熟后，鲁宾带领一个以色列国防代表团来到华盛顿宣传这三个方案。"箭"式反导系统的方案让美国人感到非常惊讶，更让他们难以置信的是拉维夫声称该武器系统的研发费用只需 1.58 亿美元，而根据美国人自己的估算至少需要 5 亿美元，而且很可能需要追加投资。出乎意料的是，美国决定资助以色列带来的所有方案。

以色列国防军高层并没有因为华盛顿对这些方案表现出热情而感到高兴。总参谋长埃胡德·巴拉克甚至给国防部部长写了一封信，反对投资"箭"式反导系统。他的理由很简单：以色列国防军需要的是坦克、战斗机和海军攻击舰。正如空军司令当时在总参谋部会议发言中所说的：依靠导弹防御系统无法赢得战争，只有进攻才能取胜。

在另一次会议上，巴拉克提出，将预算用到导弹防御计划上会降低国家赢得未来战争的可能。他敦促国防部部长拉宾把所有可用的钱用于购买进攻性武器系统，他说只有这样我们才能迅速结束战斗。

巴拉克还说，如果拉宾坚持要拥有导弹防御系统，完全可以购买美国正在研发的"萨德"反导系统（THAAD，末段高空区域防御系统），其价格远远低于"箭"式反导系统的研发费用。

在这个问题上，鲁宾和大卫·伊夫里形成统一战线。伊夫里之

148

前担任空军司令时指挥了轰炸伊拉克核反应堆的行动，此时他任国防部总司令。在同国防军官员举行的一次会议上，"箭"式反导系统的反对者们引用了大卫·本-古里安的名言：以色列要想生存下来，必须把战争推到敌方领土。他们声称，投资在本国领土使用的防御系统违背了国家这一战略原则。

针对这一论调，伊夫里说："本-古里安说得没错。但你们忘了，在建国之前，为了保卫犹太社团，他也非常重视防御。他知道，防御和进攻同样重要。"

1987年底，以色列得到新的情报，叙利亚正在研发能够安装在"飞毛腿"导弹上的生化弹头，而且该国拥有大量"飞毛腿"导弹。这是一个非常重要的变化。以色列一直知道叙利亚拥有大量生化武器，但在此之前，叙利亚只能使用飞机在以色列上空投掷生化炸弹，以色列空军有充分的把握将叙利亚飞机拦截。但现在，叙利亚可以向以色列境内直接发射载有生化弹头的弹道导弹。

149　　几乎在获得这份情报的同时，在两伊战争的战场上，伊拉克的"飞毛腿"导弹打到了德黑兰，导致大量民众从城市撤离。以色列亲眼看到弹道导弹对民众心理产生毁灭性影响。

以色列国防军并没有因为这种形势而采取相应行动。但伊夫里不愿再等下去，1988年3月，他写了一封密信发给国防部部长、总参谋长、军事情报局局长和空军司令。

伊夫里在信中警告："地对地导弹是以色列面临的最严峻的战略威胁，我们必须采取行动。"他直接批评了空军和军事情报局的高级军官们，指责他们对这一威胁视而不见，严重低估了其影响范围。"他们的言论根本不能表明现实的严峻性。"

这封信和其中严厉的批评在国防军引起轩然大波。空军和军事情报局的负责人立刻向拉宾抱怨。几天后，伊夫里写了另一封信，声称如果上封信言辞过于尖锐，他愿意道歉。但他坚持认为以色列应该把钱投到"箭"式反导系统上。

虽然国防军提出反对，但拉宾最终站在了伊夫里和鲁宾一边，批准了一个用于研发"箭"式反导系统的多年预算计划，但金额很小。拉宾在另一次会议上说："这个计划的预算就这么多了，不会再有其他投资。"

这项计划的命运非常坎坷，1990 年险些被永久终止。然而，1991 年，第一次海湾战争爆发，萨达姆·侯赛因向以色列发射了 39 枚"飞毛腿"导弹，整个国家几乎陷入瘫痪，数百万以色列人不得不戴着防毒面具躲进封闭的房间，整个以色列都陷入恐慌。战争结束后，"箭"式反导系统计划被重新提上议事日程，而且政府决定增加研发预算。美国也增加了对该项目的财政资助，但拉维夫之前的估算有误，这个项目的支出比他预想的还要少。

以色列又经过了几年才完成"箭"式反导系统的研发，2000 年，以色列空军终于建立起第一个可投入实战的"箭"式导弹连，以色列因此成为世界上第一个拥有弹道导弹防御系统的国家。此时，巴拉克的观点也发生了转变。1999 年当选总理后，他造访了制造"箭"式反导系统的以色列航空工业公司的工厂。他向"箭"式反导系统计划负责人乌兹·鲁宾承认道："你当时的判断是对的……我从没想到我们能打败美国人，早于他们部署全国导弹防御系统。"[1]

以色列第一次拥有防御伊拉克和叙利亚导弹的能力。但胜利的喜悦并没有持续太久，以色列当时还不知道，新的火箭弹威胁即将从一个意想不到的方向袭来。

2016 年在以色列举行的美国—以色列联合导弹防御演习期间展示的"箭"式反导系统拦截弹发射器（以色列国防军提供）

151　　　在以色列南部城市斯德洛特，市长艾利·穆瓦亚尔当时正坐在自家门廊前。逾越节两天前刚结束，穆瓦亚尔这会儿正在享受着这座沙漠小城宜人的暖风。突然，远处传来巨大的爆炸声，他家的窗户被震得砰砰直响。没过多久，爆炸声再次响起。他本来没多想，直到他看到城市远处升起浓烟。他从椅子上唰地站了起来，朝浓烟的方向赶去。到达现场后，他看到地上被炸出一个洞，洞里还插着一根像金属管一样的东西。

　　　一位赶到现场的国防军高级军官对市长说："先别对任何人说，

初步判断，两枚从加沙发射的火箭弹落在了斯德洛特。"

当时是 2001 年 4 月。穆瓦亚尔简直不敢相信这名军官的话，他问道："什么？他们能打到斯德洛特？"[2]

哈马斯称这种武器为"卡桑"火箭弹，这个名字来自该组织下属武装部队卡桑烈士旅，这支部队臭名昭著，对以色列人实施过无数次自杀式爆炸袭击和枪击。最初，这种火箭弹的射程有限，勉强能达到 1 英里的距离，但 2005 年哈马斯已成功将"卡桑"火箭弹的射程提高到 10 英里，2006 年射程达到 13 英里，2008 年达到 26 英里。2012 年，哈马斯已获得能够攻击 40 英里外特拉维夫的伊朗火箭弹。[3] 截至 2014 年，哈马斯从加沙地带向以色列发射了 1.2 万枚火箭弹，其中超过 1000 枚落在斯德洛特，这座小城在以色列建国后曾是土耳其和伊朗犹太人的避难所，现在这里深受火箭弹袭击之苦，常常因为袭击而陷入瘫痪。

这个变化在人们意料之外，但其实也有一定的必然性。20 世纪 90 年代，哈马斯的标志性手段是在以色列全境实施自杀式爆炸袭击，有时也会进行驾车袭击。一开始人们认为火箭弹制造不在哈马斯能力范围内。事后看来，哈马斯使用火箭弹是有原因的。几十年前，意识到自己无法对抗以色列空军和步兵，叙利亚和黎巴嫩真主党在袭击方式上进行了类似的改变。火箭弹能够避开以色列空军和步兵的优势，而叙利亚和黎巴嫩真主党恰恰是哈马斯最主要的学习对象。

2000 年第二次因提法达爆发后，以色列加强了对加沙地带巴勒斯坦区域的管控，并严控加沙地带海上通道和陆地口岸，这里的巴勒斯坦人基本被封锁在这个狭窄区域。如果哈马斯想攻击以色列，就必须找到新的办法，火箭弹是最佳选择。

以 2001 年袭击以色列的火箭弹为例，其最大的优势在于生产火

以色列海军在一艘开往加沙地带的船上发现据称来自伊朗的火箭弹，并将其没收（以色列国防军提供）

箭弹所需的原材料极易获得。这些火箭弹重量小，便于运输，也不需要复杂的发射系统。简单的金属支架就可以当作发射器，有时路灯杆都可以改装成火箭弹。更为重要的是，在发动袭击时，哈马斯武装分子不需要经过以色列检查站，也不需要躲避国防军巡逻队，火箭弹可以从这些障碍的上空飞过去。

2005 年以前，哈马斯的火箭弹主要有两个来源。近程"卡桑"和"喀秋莎"火箭弹在加沙地带就地设计与生产。射程更远的火箭弹则通过地道走私到加沙。该组织在同埃及交界的一段只有 9 英里长、被称为"费城走廊"的地区修建和维护着一个复杂的地道网络。有时，由于火箭弹体积太大，无法进入地道，他们就将其拆分后走私到加沙，然后再由哈马斯工程师进行组装。

穆瓦亚尔那天看到的并非以色列第一次遭火箭弹袭击的事件。之前，真主党就从其位于黎巴嫩的基地向以色列北部发射过火箭弹。但那两枚"卡桑"火箭弹传达了一个非常危险的信息：以色列将在更大范围内遭受火箭弹的威胁，而对此这个国家竟无能为力。

以色列经过一段时间才充分感受到这一新威胁有多么可怕。2001 年，以色列在加沙地带还建有定居点，这些定居点虽然经常遭到袭击，但大多是迫击炮弹袭击，偶尔有个别哈马斯持枪者渗透到定居点，从来没有遭到火箭弹袭击。火箭弹袭击经历了一个逐渐发展的过程，2001 年只有 4 枚火箭弹打到以色列，这一数字在 2002 年上升到 34，在 2003 年上升到 155，增长趋势非常明显。[4]

面对这一趋势，以色列自以为已经找到解决方案。1996 年，以色列总理西蒙·佩雷斯和美国总统比尔·克林顿签署了一项关于联合研发"鹦鹉螺"激光反导系统的协议。这项研究主要是为了应对来自黎巴嫩的"喀秋莎"火箭弹，但以色列政府认为该武器系统也可应用在其他地方。没想到的是，激光武器的研发时间远远超出预期，甚至无法确定最终能否用于实战。

154

2004 年，丹尼·戈尔德准将被任命为国防部武器和技术基础设施发展局局长，这成为一个重要的转折点。戈尔德进入空军时是一名无线电工程师，但他对武器研发有着敏锐的嗅觉。20 世纪 90 年代，已是上校的他负责空军的武器研发，在这期间他利用休假时间参加了特拉维夫大学两个博士课程计划，一个是企业管理，另一个是电气工程，不到两年时间他就学完了所有课程。

来到新岗位后，他立即投入工作中。戈尔德决定将消除来自加沙日益加剧的火箭弹威胁列为武器和技术基础设施发展局的工作重点。他这样决定完全出于直觉。的确，这一威胁刚出现不久，但戈尔德认为它很可能成为全国性的战略挑战。

一开始，戈尔德按规章制度办事，通过标准政府流程提交了用于技术调研的预算申请。但不管在哪个部门，他都听到同样的回答：

"别想了，没钱。"当他继续追问，同他见面的将军们不外乎会给出以下四个理由：第一，这个想法注定失败；第二，解决这个问题需要 20 年时间；第三，这要花几十亿美元；第四，当火箭弹拦截系统研发出来的时候，它已经落伍了。在这些将军看来，以色列应将投资用于提高进攻能力，而不是建立更强大的防御能力，这和他们之前反对"箭"式反导系统的论调如出一辙。

戈尔德没有放弃。他提出，这个火箭弹拦截系统可以增强以色列在战场上的攻击性。如果以色列民众得到有效保护，以色列就不会迫于火箭弹袭击的压力去平息冲突。他还警告说，大规模火箭弹袭击很可能会影响到国家的经济。他说："如果我们成功了，这个系统不仅能保护以色列民众，还能在遭到袭击时为政府争取更多的时间思考反制措施。"

155

尽管遭到大多数人反对，戈尔德还是决定继续推进这一计划。虽然所在部门的经费有限，他还是拨出一小笔预算用作启动资金，成立了一支研发团队。

在团队正式运作前，戈尔德专程到军事情报局听取专家对火箭弹威胁的预判。情报分析员告诉他，哈马斯提高火箭弹制造技术，以至于能对以色列国土构成战略性威胁还需要几年时间。因此，他们说，没必要急于研发新的系统。

戈尔德反问道："这是什么逻辑？即使需要几年时间，哈马斯终究会具备这一能力，而我们研发系统也需要时间，所以现在就应该启动研发计划。"戈尔德听说过"鹦鹉螺"激光项目，也知道该武器的研发已经耗费了很多钱。但他的判断是，这个武器现在根本无法使用，未来也很可能失败。

所以，2004 年 8 月，戈尔德向以色列国防企业征求信息，让它们提出关于研发火箭弹拦截系统的想法。几周后，他的研发团队收到 24 个方案，其中包括和"箭"式反导系统相似的动能拦截导弹、对"鹦鹉螺"激光反导系统的各种改进和高射速火炮。但军队高层对这些方案持严重怀疑态度，他们认为不可能击落来自加沙地带的火箭弹，特别是那些发射几秒钟后就落在斯德洛特的火箭弹。

但戈尔德的团队对所有方案进行了详细评估。

其中一个系统是基于"密集阵"的近程防御武器系统，这是美国通用动力公司设计的帮助海军舰船防御反舰导弹的高射速火炮。美国人当时试图将该武器系统用于陆军，帮助其部署在伊拉克的前沿作战基地防御火箭弹和火炮袭击。但该武器用于以色列存在一个问题：火炮每分钟朝来袭火箭弹发射 4000 枚炮弹，而火箭弹从加沙发射而来，这意味着这些拦截炮弹都将落到加沙。以色列因为几枚迫击炮弹和火箭弹就向加沙地带发射这么多炮弹，这在道义上实在说不过去。

另一个是"鹦鹉螺"激光反导系统的改进版，该系统被称为"天空卫士"。经过评估，戈尔德团队认为这个方案也不合适，主要有三个原因：激光无法在多云天气下使用；系统体积太大，难以快速移动；无法有效拦截弹幕。此外，这个系统要想用于实战还需要好几年的时间。

戈尔德团队专程到美国、法国和德国参观了一些已经列装的武器系统，但都和他们想要的相距甚远。对于这个武器系统，戈尔德列出一些明确的原则，其中一个重要的原则就是成本必须低。几个月后，2005 年年中，戈尔德和他的团队认为他们终于找到了想要的武器系统。以研制空对空导弹闻名的政府企业拉斐尔公司提出了一个依托新型火箭弹拦截导弹的拦截系统方案。

这个被称为"铁穹"防御系统的方案极具创新性，该系统主要由三部分组成：第一部分是拦截器，也就是拦截敌方来袭火箭弹的导弹；第二部分是一个功能强大的雷达，能够探测到敌方领土火箭弹的发射；第三部分是一个基于先进算法的战场管理系统，能够在火箭弹发射后几秒钟内计算出火箭弹的轨迹和落点。这样一来，以色列国防军既能向特定目标区域的民众发出警报，又可以减少拦截弹的使用，不去拦截那些将落在空旷地区的火箭弹。只有落在人口稠密地区的火箭弹才会成为拦截目标。

此外，由于从火箭弹发射到拦截只有短短几秒钟时间，该系统必须能够自动运行，不需要人为干预。最后，也许更为重要的是，拦截弹的造价必须足够低，戈尔德说："如果一颗拦截弹的造价要100万美元，就算拦截率很高，军队也不会采购。"他还指出："如果造价很高，敌人可以通过发射大量火箭弹让我们破产。"

为了推进这项计划，戈尔德做了一些比一般以色列"虎刺怕"精神还要夸张的事情：他打破了规则的限制。2005年，他批准拉斐尔公司启动该系统的研发工作，还命令拉斐尔公司一旦研发完毕就直接开始生产，置各项规章制度于不顾。在以色列，只有国防军总参谋长或国防部部长才有权这样做。他还制定了该系统最终交付的时间表，并对自己的团队说："我们要尽快将这项能力投入实战。"

这是非常冒险的行为。一般情况下，新武器系统的研发必须经过以下流程：以色列国防军制定新武器的标准，接着戈尔德这样的研发人员构建概念，然后武器和技术基础设施发展局进行招标，最后，国防企业在规定时间内提交方案。但戈尔德没有按照国防军的规则行事。他的这些行为并非无人知晓。2009年，以色列国家审计长发布了一份批评"铁穹"项目的报告，在其中严厉指责了戈尔德

违反军事规定的行为。审计长在文中总结道，戈尔德"早在该项目 158
得到相关机构批准之前就赋予自己总参谋长、国防部部长和内阁成
员所特有的权力"。但这已经不重要，因为当这份报告发布时，"铁
穹"防御系统已经获得成功。

2005年，戈尔德在和拉斐尔公司董事长伊兰·比然共同参加的
一次会议中，承认了自己面临着严重的困难，他说："政府根本没有
资助这个计划。我自己有五六百万美元的研究预算，如果你能暂时
补足资金缺口，我可以把这些钱全部投到这个项目上。"

比然说愿意尝试一下。为了让他放心，戈尔德告诉他，不管发
生什么，他都会找到全面开发和生产所需的预算。为了表明自己的
诚意，戈尔德还做了一件很不符合军队风格的事情：他联系了一位
在美国的以色列风险投资家，让他准备好5000万美元投资款。戈尔
德在几年前和这位商人共同投资过一家国防初创公司，当时戈尔德
代表的是以色列空军。他对这位投资家说："我没法告诉你我为什么
需要这笔钱，但把钱准备好，我随时可能打电话来要。"

比然要求戈尔德给他几天时间咨询一下公司的工程师和导弹专
家。在他主持的一次会议上，他要高级导弹研发人员给他一个简单
的答复：这到底是否可行？

所有的目光都集中在约西·德鲁克尔身上。这位经验丰富的导
弹研发人员从20世纪70年代末就开始在拉斐尔公司工作，是该公司
导弹部的主管。德鲁克尔和他的团队已经完成了7个不同的导弹项
目，他们就是拉斐尔公司的导弹研发核心团队。

拉斐尔公司早在20世纪50年代就研发出第一代空对空导弹
（AAM），但直到1973年赎罪日战争，空对空导弹才取得战绩。在这
场战争中，"蜻蜓"空对空导弹击落了近100架敌机。5年后，拉斐 159

尔公司在技术上取得新进展，推出了"怪蛇"3空对空导弹。

"蜻蜓"空对空导弹只能从敌机正后方击中目标，列装"怪蛇"3空对空导弹以后，以色列空军可以从不同角度和方位击落敌机。在第一次黎巴嫩战争中，"怪蛇"3空对空导弹击落了将近40架敌机。这款导弹不断被改进，2006年以色列空军使用的主要是"怪蛇"5空对空导弹，这种导弹能在发射后锁定目标，飞行员闭着眼都能击落敌机。

一天，德鲁克尔向团队解释道："我的想法是这样的，如果我们可以用导弹干掉一架飞机，那我们也可以用我们的导弹拦截其他导弹。"

不是每个人都认为事情有这么简单。瞄准飞机时，导弹锁定的目标很大，但如果要击落一枚直径170毫米的火箭弹，拦截弹锁定的目标非常小，哪怕在距离几英尺处的地方爆炸都无法引爆敌方火箭弹，必须靠得更近才行。战争期间向天空发射导弹之所以是一个很复杂的问题，还有另一个原因。空军必须确保天空安全才能让飞机起飞或着陆，但现在，空军需要担心在天空中朝不同方向飞行的拦截弹，以色列的领空将变得非常拥挤。但德鲁克尔说："这是有点麻烦，但我们可以解决。"比然授权德鲁克尔组建一支工程师和科学家团队，开始研发工作。

由于经费很少，拉斐尔公司和戈尔德的团队必须降低成本，用尽可能低的价格购买所需材料和部件。比如，在研发过程中，他们碰到的一个难题是，如何给发射器上的导弹发射筒装弹，每个发射筒要装8枚导弹。戈尔德团队的一名成员，有一天在上班路上看到一辆垃圾车利用叉式起重机抬起街边巨大的垃圾箱后，他立刻联系生产厂商，几周后，一台类似的叉式起重机被交付到拉斐尔公司总部。

研发工作在不断推进，但由于缺少政府支持，最后期限不断往后推延。这一情况在 2006 年发生了根本性改变。2006 年 7 月 12 日，黎巴嫩真主党游击队员非法入境以色列，袭击了一支以色列国防军边境巡逻队，两名预备役人员被绑架。为了切断渗透者的撤退路线，正在附近的一辆"梅卡瓦"坦克冲过边境，但压上一枚重型炸弹，这辆象征着以色列国防工业骄傲的机器被瞬间炸成碎片。

人员被绑架，坦克上 4 名战士牺牲，这两条消息震惊全国。埃胡德·奥尔默特总理决定采取报复行动，时隔 25 年后以色列再次进入战争状态。

第二次黎巴嫩战争最终为以色列北部边界赢得了 10 年的平静，但也让以色列真正见识到火箭弹威胁有多么可怕。在短短 34 天内，真主党向以色列发射了惊人的 4300 枚火箭弹，平均每天超过 120 枚。以色列公众遭受巨大的创伤，成千上万人逃离家园，以色列北部几乎成为无人区。

战争结束几天后，国防部部长阿米尔·佩雷茨在他位于特拉维夫的办公室举行了一次会议，重新讨论火箭弹防御方案。战争对佩雷茨产生了极大的负面影响，他的政治生涯岌岌可危。佩雷茨曾在以色列总工会工作，是一名立场鲜明的社会改革家，也是以色列工党这一具有社会主义倾向的政党的领袖。几个月前的大选结束后，佩雷茨请求担任财政部部长，但奥尔默特担心这会导致国家经济发生剧烈动荡。虽然奥尔默特的顾问们反对他任命佩雷茨为国防部部长，但奥尔默特坚持了这个决定，并对他们说，作为总理，他可以监督和指导佩雷茨的工作。

之前的国防部部长大多是以色列国防军将领，但佩雷茨除了义

161

2006年第二次黎巴嫩战争期间，在被以色列空军轰炸前拍摄的真主党火箭弹发射器（以色列国防军提供）

务兵役外几乎没有任何国防工作的经历，军队内外对他的能力都表示质疑。尽管如此，他对火箭弹还是有些了解，他之前长期生活在斯德洛特，还担任过该市市长。在过去的6年中，他的家人一直生活在对火箭弹袭击的恐惧之中，成为国防部部长后，他终于有机会改变这一切。

佩雷茨在那次会议上说："'铁穹'防御系统是目前最重要的项目，尽管开支很高，我们还是应该考虑加快项目进程。"

并非所有人都同意他的观点。战争前本来很有希望成为下一任总参谋长的副总参谋长摩西·卡普林斯基少将认为这样做操之过急，这位在国防军打拼多年的将军说道："现在许多人刚在防空洞躲了一个月的时间，人们当然容易做出支持研发该系统的决定，但这一决定很可能带来消极的后果。"佩雷茨则毫不在乎这些警告，在会议快结束时，他命令戈尔德加快火箭弹防御系统的研发工作。

几周后，奥尔默特也第一次参加了关于"铁穹"防御系统的情况简介会议，但接下来的讨论让戈尔德很失望，几乎所有的国防军高层将领都反对该项目。迫于压力，奥尔默特拒绝将其他项目上的政府资金转移到该项目上。

战争对拉斐尔公司也产生了很大的影响。公司的导弹工厂就位于以色列北部，许多工程师和工人都住在附近城市。在战争期间，他们有的人逃到南部，有的人则在防空洞中躲了整整 34 天。虽然没有政府资助，"铁穹"防御系统却突然成为拉斐尔公司的重点攻坚项目。

作为导弹部负责人，德鲁克尔知道乌兹是项目经理的最佳人选，但他刚出发前往智利，准备进行一场徒步旅行，为了这个假期他计划了好几个月。一两天后，德鲁克尔通过电话联系上乌兹，对他说："回家吧，我们需要你。"得知具体任务后，乌兹要求给他几天时间考虑，他得说服妻子提前结束他们的梦想假期。妻子同意了这个要求。一周之内，乌兹回到拉斐尔公司。

乌兹没花几天时间就熟悉了情况，并非常支持有关这个项目的想法。他很快对手下的人说："在这个项目里没有'不可能'一词。"与此同时，戈尔德继续在国防军的反对者当中周旋。2006 年 11 月，他再次违反规定，单方面和拉斐尔公司签订合同，开始全面生产。戈尔德跳过了许多关键程序，因为国防军还没有完成内部报告，以确定操作该系统的军事单位和该单位的具体职能。

163

2007 年初，佩雷茨来到拉斐尔公司导弹工厂和工程师们见面，并参观了装配线。他准备将自己作为国防部部长的全部影响力都押在"铁穹"防御系统上。考虑到已在该项目上拨款数百万美元，他想亲眼看看这里的情况。

拉斐尔公司导弹工厂坐落在以色列北部风景如画的加利利山区，在电子围栏和武装保安的守护下，这里是以色列安防级别最高的设施之一。军队一些最为敏感的导弹和炸弹都是在此研发与生产的。在行政主楼的大厅展示着多年来拉斐尔公司研发的各种导弹，证明着公司显赫的科技研发能力。

访问导弹工厂时，佩雷茨的民众支持率正处于历史最低点。许多从黎巴嫩回来的预备役人员对政府处理战争的方式极为不满，他们在耶路撒冷搭起帐篷进行抗议，呼吁国防部部长辞职，要求国家对战争中暴露的问题展开正式调查。

雪上加霜的是，几周前，佩雷茨来到戈兰高地视察一场军事演习。第二天，媒体到处刊登他视察时的一张照片。在照片中，他拿着望远镜观看演习情况，但望远镜的镜头盖居然都没有打开。这很快成为一个国际笑柄。

不同于很多其他高科技公司，拉斐尔的特别之处在于，在这里绝不会按照年龄论资排辈。走在工厂的厂房中，佩雷茨看到许多70多岁的老工程师同刚刚从以色列理工学院毕业的学生一起工作。年长的工程师用铅笔在黄色工作簿上做着记录，年轻的工程师则在电脑前敲个不停。

工作人员带佩雷茨参观了不同型号的导弹，并进行了简要的介绍，接着德鲁克尔带佩雷茨来到装配线进行参观。

佩雷茨说："我希望你们能分成三个班次不间断工作。"

但德鲁克尔的回答让国防部部长非常惊讶，他说："不用，我们只有一班，每班工作时间是 24 小时。"

佩雷茨还不知道，公司在周六也正常工作，这一天是犹太教的安息日。为了让装配线不间断运行，公司从拉比那儿获得了特殊的允许。以色列人的生命受到威胁，生产"铁穹"防御系统就是为了拯救人的生命。

戈尔德、佩雷茨和拉斐尔公司都在全力推进"铁穹"防御系统的研发，但在国防界仍可以听到很多批评的声音。一名曾在拉斐尔公司高层工作过的人仍在为"天空卫士"积极游说，这是之前"鹦鹉螺"激光系统的改进版。这其中的斗争非常激烈。几乎每天都可以在报纸上看到批评"铁穹"防御系统的文章，声称该系统无法应对弹幕，就算可以，国家经济也会被拖垮，因为一颗拦截弹的价格在 5 万—10 万美元之间。

2007 年 6 月，之前担任过总理和国防军总参谋长的埃胡德·巴拉克取代佩雷茨成为国防部部长。上任几周后，巴拉克要求戈尔德及其研发团队再次评估"天空卫士"系统，讨论是否可以研发出和"铁穹"同样效果的激光系统。戈尔德虽然反对这样做，但不得不配合。拉斐尔公司高层很紧张，他们担心最终的评估结果会支持"天空卫士"系统，这样他们之前付出的工作和经费就全都白费了。但戈尔德告诉他们："别担心。我们的系统是唯一可行的方案。"

虽然戈尔德和拉斐尔公司都坚持研发"铁穹"防御系统，但政府面临着一个新的挑战：就算该系统研发成功，以色列哪来资金购买足够的导弹发射单元和拦截弹来保卫国土安全？

大家一致认为，答案在 6000 英里外的华盛顿。接下来的问题是如何向美国人提出申请资助的要求。以色列国防部在一次会议后决定向美国提出技术合作初始申请。这份申请书最终被放到玛丽·贝思·隆恩桌上，她是美国国防部部长罗伯特·盖茨手下负责国际合作的助理国防部部长。

为了对这一申请进行评估，五角大楼派出一个专家团队来到以色列与"铁穹"防御系统的研发者进行会晤，但回美国时，他们对"铁穹"防御系统并没有留下很好的印象。美国团队认为，以色列低估了"铁穹"防御系统的成本，一旦陷入长期冲突，大规模火箭弹袭击可以让国家经济陷入崩溃。美国工程师还认为以色列对拦截率的判断也很离谱，"铁穹"防御系统拦截火箭弹的实际成功率最多只有 15%。

团队成员对隆恩说："这个方案不可行。"

几周后，以色列国防部代表团来到五角大楼会见隆恩及其团队。代表团为首的是国防部政治军事局局长阿摩司·吉拉德，他曾经是一名国防军情报官。

隆恩开门见山，尖锐地问道："你们为什么在这个时候来我这儿提出这样的要求？我们刚刚达成了一个计划，你们已得到有史以来最多的军事援助。"隆恩指的是几个月前以色列和美国达成的新的谅解备忘录，这项备忘录规定未来 10 年以色列每年能得到 30 亿美元的军事援助，这的确是有史以来数额最大的国外军事援助计划。

新的援助计划是以色列和美国多年谈判的结果，黎巴嫩战争对计划的达成起到了关键作用。以色列面临的威胁越来越多，乔治·W. 布什政府明白，要想让以色列为同巴勒斯坦人实现和平而冒险，必须使这个国家有足够的安全感。

隆恩认为，以色列如果执意研发"铁穹"防御系统，应该从每年的 30 亿美元中获得经费。但问题是，国防部早就安排好了美国军事援助的用途，主要用于购买战斗机和补充在战争中消耗的导弹。

对于这个理由，隆恩很不满意，她敦促吉拉德及其代表团重新考虑他们的申请，"在让我们做出艰难的预算决定前，我至少要看到你们已经做出艰难的预算决定"。她说道："不要在我看不到任何你们已经做过同样的努力的迹象之前，就跑来让我在我的组织内找钱。"

此外，以色列还面临着政府程序上的障碍。在美国国防部，隆恩所在的部门只能资助已经通过实践检验的武器计划，而不是仍处在研发过程中的系统。这意味着"铁穹"防御系统还需要通过五角大楼另一个部门的评估。对以色列而言，这意味着需要更长的时间。隆恩本可以公然拒绝这个方案，但她没有，而是决定再给以色列一次机会，虽然成功的可能性很小。她委任国防部中东政策负责人罗宾·兰德准将成立一个近程火箭弹防御工作组，同以色列国防部一起消除双方的分歧。在以色列北部的拉斐尔公司导弹中心，工程师们将"铁穹"发射器装上一辆卡车，长途运输到公司位于南部埃以边界附近的导弹靶场。他们准备进行一次"试射"，测试被称为"塔米尔"的拦截弹，确保其能正常发射。在此之前，所有的测试都只是电脑上的模拟，这一次才是实弹测试。

实弹测试即将开始，操作员开始倒计时："5，4，3，2，1。"此时，包括拉斐尔公司研发团队、国防军军官和国防部官员在内，所有人的目光都注视着指挥间中央的两块屏幕：一块屏幕上显示的是发射器的现场彩色画面；另一块上显示的是模糊的红外图像，通过这个图像，研发人员能够在拦截弹穿越云层时继续对其进行追踪。

然而，当操作员按下发射按钮后，什么也没发生。他用更大的力气又按了一次，发射器还是没有任何反应。

德鲁克尔和他的团队最担心的就是出现这样的新闻：他们的研发系统以失败告终。由于媒体一直密切关注着"铁穹"防御系统的研发进度，这样的新闻极可能让这个项目在一枚导弹都没有发射的情况下就被终止。

德鲁克尔没有太多选择，只能将发射器装上卡车，拖回到拉斐尔公司。几天后，工程师发现了问题的根源，原来由于一根电线意外脱落，导致整个系统无法正常运行。两周后，他们重新回到靶场进行测试时，操作员按下发射按钮后，"塔米尔"拦截弹顺利射向天空。

虽然测试成功，但"铁穹"防御系统仍然前途未卜。2009年，就在一次现场拦截测试的前一天，工程师们发现了该系统在软件上的一个错误。

有的团队成员对戈尔德说："我们应该推迟测试时间。到时候所有的军队高层都会到现场，如果失败，我们会非常难堪。"思考了几分钟后，戈尔德决定按原计划进行测试，他对手下的人说："就算没有成功拦截，我们也能通过测试来总结经验。"

第二天早上，团队又驾车来到测试靶场。快到上午11点时，模拟的"喀秋莎"火箭弹被发射出来，每个人都盯着"铁穹"防御系统操作员前的屏幕，果然，雷达立刻侦测到火箭弹的发射，几秒钟后，"塔米尔"拦截弹成功发射。大家都紧张得屏住了呼吸，直到听见一声让整栋建筑都颤动的巨响。"铁穹"防御系统第一次成功击落"喀秋莎"火箭弹，在场的人爆发出热烈的掌声，有的人高兴得又蹦又跳，房子都快让他们给震塌了。

以兰德为首的美国团队饶有兴趣地关注着这些进展。接下来的多次测试证明，该系统的拦截率远远高于美国之前的估算。"铁穹"防御系统至少可以击落80％的来袭火箭弹。然而，美国国防部还不愿意资助该项目，以色列人需要继续等待。

2008 年 7 月，来自伊利诺伊州的美国年轻参议员巴拉克·奥巴马来到以色列。这是他第二次来到这里，也是他成为总统竞选人后第一次到访。他在以色列只停留了两天，在这次旋风之旅期间，他还访问了科威特、约旦、德国和法国。相对于他的竞争对手、资深参议员约翰·麦凯恩，奥巴马在外交政策上几乎没什么经验。这次出访的目的就是弥补他在这方面的不足。

奥巴马在以色列的行程包括必去的耶路撒冷大屠杀纪念馆和西墙，此外，他还来到深受哈马斯火箭弹之苦的南部城市斯德洛特。在当地警察局，他参观了一个被称为"火箭弹停尸房"的大院子，里面堆满了落在这座城市的火箭弹残骸。之所以安排这个参观点是因为奥巴马在接下来的演讲中准备强调终止伊朗核计划的必要性。

随后，一名记者问奥巴马能否接受一座美国城市像斯德洛特一样不断受到火箭弹袭击。

奥巴马回答说："我认为没有任何国家会接受自己民众被火箭弹袭击的现实。如果有人朝我两个女儿正在安睡的家中发射火箭弹，我会尽我最大的能力阻止这一行为。我希望以色列人也这样做。"

斯德洛特之行让这位未来的总统感慨良多。此后，奥巴马对他的助理说，如果能赢得大选，他的政府将设法帮助以色列提高防御加沙地带火箭弹袭击的能力。

但美国大选还有几个月，以色列向美国申请资助的文件仍然摆在五角大楼，已经落满了灰尘。现任总统还有几个月就要离任，没人指望他会在这时启动新的资助计划。以色列明白，即便在大选之后也不能立即向奥巴马政府提这件事，新一届政府的工作全面展开还需要一段时间。

169

2009 年 4 月，事态出现转折，乔治城大学外交政策专家科林·卡尔教授被任命为负责中东事务的国防部副部长助理，他的任务就是负责监督美国对这一动乱地区的军事政策的执行，寻找促进地区稳定的方法。由于和平进程已陷入僵局，奥巴马决心让以色列和巴勒斯坦重新回到谈判桌前，因此不断向内塔尼亚胡总理施压，要求他冻结定居点的修建。要想达到这一目的，美国需要更多的筹码。

在此期间，以色列国防部部长埃胡德·巴拉克来到华盛顿，向五角大楼提交了一份列有以色列基本安全需求的文件。只有满足这些需求，以色列才会考虑撤出约旦河西岸，同意巴勒斯坦建国。以色列最担心的是，一旦从约旦河西岸撤离，以色列中部也会受到火箭弹袭击，这正是几年前以色列从加沙地带撤离的后果。这时卡尔才在桌上看到以色列"铁穹"防御系统的资助申请文件，后来他回忆说，他经历了一个"灯泡时刻"，想出了个好主意。

卡尔带着这个想法找到当时负责中东北非事务的美国国家安全委员会主任丹·夏皮罗（后来被任命为美国驻以色列大使）。卡尔对夏皮罗说："'铁穹'防御系统看上去很有希望，如果成功，我认为它能促使以色列承受更大的风险，同意两国方案。"①

卡尔和夏皮罗一致同意派一个新的导弹防御专家团队前往以色列评估该系统。这是一个很有争议的举动，因为当时美国还在试图让以色列人购买基于"密集阵"的近程防御武器系统，虽然戈尔德及其团队早就抛弃了使用这种高射速火炮的方案。但没想到，卡尔派出的新团队回来后对"铁穹"防御系统评价非常高。

2009 年 6 月，卡尔第一次正式访问以色列。国防军用直升机搭载他参观了以黎边界，在这里向他汇报了 2006 年黎巴嫩战争以来真

---

① 两国方案即以色列和巴勒斯坦国并存的解决方案。——译者注

主党的情况及其军事实力的发展近况。接着他乘飞机来到南部加沙边界，听取了关于哈马斯日益强大的火箭弹发射能力的情况汇报。

他第一次切身感受到以色列战略纵深如此狭小，不管在北部还是南部，许多城镇时刻都处在敌方威胁下。回到华盛顿后，卡尔起草了一份备忘录，建议白宫立即授权 2 亿美元的资金用于资助"铁穹"项目。他给出的理由很简单：以色列需要安全上的保证，这正是"铁穹"防御系统可以提供的。有了"铁穹"防御系统，总统可以重启和平谈判，以色列也可以多一层安全保障。

2011 年 3 月，以色列国防军在贝尔谢巴部署了第一个"铁穹"防御系统导弹连，标志着该系统正式投入使用。"铁穹"很快就被运用到实战当中。4 月 7 日，"铁穹"防御系统击落了第一枚火箭弹，在接下来的几天中，它又拦截了 8 枚火箭弹。

事实证明，"铁穹"防御系统不但拯救了以色列人的生命，还改变了战争的形式。在以色列国防军最近的加沙军事行动中，"铁穹"防御系统的拦截成功率大约为 90%。所以，在 2012 年的军事行动中，以色列根本没有派出地面部队。在 2014 年的军事行动中，以色列地面部队只针对地道发动了小规模作战行动。由于"铁穹"防御系统能够击落大部分飞向以色列城市的火箭弹，政府拥有了更多的"外交机动性"，在做出反应前能够进行更为充分的思考。在危机时刻，这是一种非常宝贵的能力。

类似"铁穹"这种规模的系统一般需要 7 年时间才能完成设计和生产，但该系统实际只用了 3 年时间。以色列为何能在如此短的时间内研发出"铁穹"这样具有革命性的武器系统？

很重要的一个原因在于像戈尔德这样的以色列军官和商人不像

171

其他西方国家的军官和商人那样害怕风险。以色列教育部部长纳夫塔利·贝内特曾同我们分享过一段他作为高科技行业创业者的经历。贝内特曾在国防军两支精锐部队担任过军官，一支是总参谋部侦察部队（希伯来语缩写的音译为"萨耶雷特-马特卡尔"），一支是"朱鹭"侦察部队。这两支部队都擅长深入敌后发动秘密行动。21岁时，贝内特就带领100名士兵在黎巴嫩执行秘密行动。

离开部队几年后，他创立了一家高科技初创公司。有一次，贝内特和合伙人一起站在纽约一家银行的门口，准备为自己的公司做第一次商业宣传。他们研发了一款新的反诈骗软件，几年后这款产品以1.45亿美元的价格被卖给了另一家公司。贝内特回忆说："当时每个人都很紧张。于是我对合伙人说：'最糟糕的结果是什么？大不了就是被拒绝，对不对？没人会死，也没人会踩到炸弹。'"实际上，贝内特的处事方法与戈尔德对待"铁穹"项目的做法非常相似。他能看到事情的最终回报，所以愿意承担更大的风险。

但这还不足以解释为什么戈尔德会违反军事规定：他为什么不走一条安全性更高的路径？当我们在特拉维夫见面时，戈尔德告诉我们，为了生存下去，以色列根本没有等待的资本。他说："我们当时都知道，加沙有数千枚火箭弹，黎巴嫩有数万枚。我们应该做什么？静观其变？"

以色列研发的导弹防御系统同样改变了现代战争的形态，使以色列成为全世界唯一一个在战争中使用导弹防御系统的国家。

对以色列而言，"铁穹"防御系统和"箭"式反导系统的意义不仅在于拯救生命，更在于为国家领导人在决定是否对火箭弹和导弹袭击发动报复行动时争取更多的思考时间。凭借这些武器系统，以色列国防军能有效保护军事基地的安全，确保作战的连贯性，即便飞机跑道成为火箭弹的攻击目标，以色列飞机也可以正常起飞和着陆。

以色列目前正在研发第三套系统，这套被称为"大卫投石索"的反导系统，主要用于拦截对"铁穹"防御系统而言太大、对"箭"式反导系统来说太小的目标。

世界上其他国家也在投资导弹防御系统，包括美国、日本和韩国。但没有任何一个国家像以色列一样建立起由多个不同防御系统组成的多层次防御体系。

虽然以色列已经研发和部署了这些系统，但以色列人并没有实现自己的愿望。"铁穹"防御系统刚刚部署时，一些国防部官员预言，如果奏效，哈马斯将放弃火箭弹袭击。该组织将意识到这已经没有效果，于是停止在火箭弹武器库上的投入。

然而，这并没有成为现实。以色列的敌人们还在继续以惊人的速度囤积火箭弹和导弹。根据最近的以色列情报评估，黎巴嫩真主党的武器库已非常惊人。在过去的 10 年当中，主要依靠叙利亚和伊朗的援助，该组织成功将火箭弹数量从 1.5 万枚提升到 10 万枚，还拥有大约 1 万枚能够发射到以色列任意地点的导弹。

以色列面临的威胁不仅来自导弹和火箭弹的数量，还来自其不断改进的质量。国防军军事情报局将真主党武器库过去 10 年发生的六大变化称为"火力 6"。

现在，真主党越来越多的导弹射程更远，携带弹头更大，精度更高，发射地点也不局限于边界，还可以从内陆的防御工事和地下发射井进行发射。

比如，叙利亚生产的 M600 导弹有 200 英里的射程，可携带 500千克炸药的弹头，并配备先进制导系统。这种导弹让真主党拥有空

173

前的精确制导能力。据以色列判断，真主党在散布于黎巴嫩南部和中部的地下发射井与仓库中存有数百枚 M600 导弹。

正是这些不断出现并扩大的威胁迫使以色列不断创新。为了生存下去，以色列人不得不思考对策。以色列导弹防御机构前负责人阿里耶·赫尔佐格解释道："我们要么创新，要么消失。"赫尔佐格1941 年出生于波兰，当时正是纳粹入侵波兰的第二年。父亲被纳粹分子杀害后，赫尔佐格的母亲将自己化装成基督徒农民，带着儿子逃到匈牙利，躲过了战争的劫难。

每次美国导弹防御局的官员访问以色列，作为以方的接待者，赫尔佐格都会在谈正事前带他们参观耶路撒冷大屠杀纪念馆。他说："只有看到我们民族承受过的苦难，你才能明白，我们必须确保这样的悲剧不会再次发生。这不是虚拟的威胁，而是我们每天都要面对的现实。"

第六章　情报系统

很少有人知道这个秘密。经过多年的追踪，以色列负责国内安全的情报机构辛贝特终于锁定了加沙地带一名行踪诡异的头号通缉犯：穆罕默德·戴夫。对于情报官员来说，这可是职业生涯难得的成就。在特拉维夫郊区，辛贝特总部的特别指挥中心灯火通明，官员们围坐在一张椭圆形的大桌子旁，他们前方有一个巨大的等离子屏幕，来自线人、无人机和卫星的情报不断被送到这个房间。

在空军指挥部，人们对戴夫疑似藏匿点的建筑结构进行了分析，专家们正在仔细考虑轰炸该建筑应使用的炸弹类型。为了减小附带毁伤，炸弹当量不能太大；但为了完成任务，击毙这名多次死里逃生的通缉犯，炸弹的当量又不能太小。时间非常紧迫，因为戴夫从来不会在一个地方停留太久。但是，情报必须反复验证。在经过一段看似无比漫长的时间后，行动终于被批准，两架战斗机起飞后向 目标所在的加沙城谢赫拉德万地区一座小型公寓楼飞去。当时是 2014 年 8 月 19 日，以色列针对哈马斯的"护刃"行动已进入第五周。

戴夫可不是一般的通缉犯。他是哈马斯最高领导人之一，20 年来他总能神奇地逃避追捕。这不是以色列第一次试图暗杀他。上一次是在 2006 年，在那次袭击中，戴夫受了重伤，但活了下来。他总能鬼使神差般地逃掉。

当时，经过几个月的战斗，伤亡人数不断攀升，全国各地仍在遭受火箭弹袭击。在这时清除戴夫可提升以色列低落的士气。获得关于戴夫精确位置的情报本身就是件了不起的事情。除了身边几个与外界完全隔绝的保镖之外，没人知道他到底在哪儿，而以色列竟然能够确定他的具体位置，这是情报战线取得的重要成果。

炸弹在公寓楼爆炸后不久，戴夫被暗杀的消息很快传开。被确认死亡的是戴夫的一个妻子和她 8 个月大的儿子。现场还发现另一具尸体，但无法确定是否为戴夫。不管怎样，哈马斯武装卡桑旅因此受到重创，因为戴夫是该部队最高指挥官和精神领袖，也是几十年来巴勒斯坦反抗以色列的杰出代表。如果戴夫死亡，他将留下巨大的权力真空。

以为自己的上级已经丧命，之前一直躲藏在暗处的两位哈马斯重要人物露面，准备参加一次特别会议。他们分别是哈马斯南部地区负责人穆罕默德·阿布·沙马拉和哈马斯高级指挥官拉伊德·阿塔尔。他们在这时"现身"，究竟是听到戴夫被暗杀的消息后在惊恐之下做出的鲁莽决定，还是为了赶在对方之前接替指挥官的位置，直到今天人们也不得而知。

暗杀戴夫行动两天后，以色列就得到了关于这次会议的消息。辛贝特在加沙地带南部小城拉法发现了阿布·沙马拉和阿塔尔的行踪，这座城市靠近埃及边境，是哈马斯一个重要据点。以色列人开始同时间赛跑，每一分钟都至关重要。在这一地区，任何一个疏忽都可能导致这两名哈马斯指挥官逃跑，使以色列错过再次重挫哈马斯权力高层的机会。

以色列无人机开始在该区域上空盘旋，试图掌握地面的情况。所有的信息都被汇集到辛贝特的指挥中心。以色列最终确认两名哈马斯高层人士所在的建筑后，不到 1 分钟时间，导弹就发射出去了。后来，清理完废墟后，巴勒斯坦承认这两人遇害。这样一来，以色列又消灭了两名重要的激进分子，哈马斯再次受到致命一击。

阿布·沙马拉和阿塔尔都出生于 1974 年，年龄上只相差几个月。他们两人都来自拉法难民营，这是全世界人口最稠密的地区之一，在当时，即便是以色列国防军战士都不敢轻易进入该地区。他们两人从小就被作为激进组织成员培养，每天在当地清真寺接受反以教育。17 岁时，他们进入哈马斯武装部队，成为哈马斯敏感设施的守卫人员。很快，他们得到上级的信任，接受了激进组织的武装训练。20 世纪 90 年代，他们参加了多次枪击行动，建立起自己的名声。在 1994 年的一次行动中，他们枪杀了国防军纳哈尔旅的盖伊·奥瓦迪亚上尉。后来，在基苏费姆检查站（以色列进入加沙的主要通道）附近的一次袭击中，他们又杀害了一名 17 岁的以色列空军飞行员。

当辛贝特查明他们参与过这些袭击事件后，他们就神秘地消失得无影无踪了。他们遵循巴勒斯坦逃犯的"逃亡准则"，定期更换住所和身份，避免联系亲人朋友。他们只有经过伪装才会上街，很少向哈马斯其他成员寻求帮助。他们只相信自己。

1995 年，他们因涉嫌谋杀加沙地带的巴勒斯坦民族权力机构安全部队军官而被巴勒斯坦安全部队逮捕，这两人的激进分子的职业生涯似乎走到了尽头。这时亚西尔·阿拉法特已经回到加沙，他的安全部队也开始加强对这一地区的控制。但不久后，阿布·沙马拉和阿塔尔被释放，这是巴勒斯坦"旋转门"的典型表现，激进分子经常被搜捕、囚禁，最终又被释放。出狱后，阿布·沙马拉进入巴

177

勒斯坦民族权力机构安全部队，但几个月后，由于想念儿时的伙伴，他居然脱下了军装，重新回到哈马斯。为了表明他对哈马斯的忠诚，他再次谋杀了一名巴勒斯坦民族权力机构安全部队军官。不久后，他们两人再次被安全部队逮捕，被判处终身监禁。然而，2000 年第二次因提法达爆发后，两人再次被释放，同其他危险囚犯一起加入武装反抗以色列的运动中。

得知他们被释放的消息后，辛贝特重新对他们进行追捕。10 年后，阿布·沙马拉成为哈马斯南部地区指挥官，负责指挥之前由他的好友拉伊德·阿塔尔指挥的拉法旅。辛贝特多次发现两人的藏匿点，但每次他们都得以逃脱。

178　　多年来，阿布·沙马拉和阿塔尔策划与执行了数十次针对以色列的武装袭击，行动中多次利用地道穿过边界入境以色列。2002 年，阿塔尔帮助策划了对雷姆沙洛姆过境口岸附近一个以色列军事哨所的袭击，造成 4 名国防军战士阵亡。2004 年，阿塔尔的手下将一条地道挖到另一个国防军哨所的下方，在地道里装满爆炸物，然后将哨所炸毁，造成 6 名士兵死亡。2006 年夏天，哈马斯成员利用隧道潜入以色列，劫持了国防军士兵吉拉德·沙利特，阿布·沙马拉和阿塔尔都参与了这次行动。沙利特在哈马斯被囚禁了 5 年，最终于 2011 年被释放，作为交换，以色列释放了 1000 多名巴勒斯坦囚犯。

除了挖地道，阿塔尔还成立了一支被称为"努克巴"（阿拉伯语中"被选中者"之意）的哈马斯精锐部队。通过训练，该部队成员能够徒步或开摩托车在地道中进行快速机动作战。2014 年夏天，"护刃"行动开始后不久，在阿塔尔的亲自指挥下，13 名哈马斯成员通过一条地道进入以色列。后来，阿塔尔所指挥的旅的一支下属部队参与了对拉法的袭击，在这次行动中哈马斯带走了一具以色列国防军军官的遗体。

阿布·沙马拉和阿塔尔被定点清除后，哈马斯似乎再次出现权力真空。但混乱局势并没有持续太久，几个月后，当"护刃"行动结束后，以色列国防军透露穆罕默德·戴夫并没有死。显然，当晚投掷的炸弹有很多没有爆炸，戴夫虽然受伤，但再次活了下来。对他的追杀还将继续。

在建国将近 70 年后，以色列成为第一个精通定点清除"艺术"的国家，并将这种手段有机融入常规军事条令和军事作战行动中。以色列在战场上成功利用这种战术的历史有 20 年之久，这一成功离不开以色列先进的科技、高质量的情报和优秀的人才。

179

根据 2010 年的联合国报告，定点清除是一种有预谋的致命武力行为，各国使用这种方式清除不在控制范围内的特定个人。具体使用武力的方式很多，包括无人机袭击、巡航导弹攻击和特种部队突袭等。[1]

定点清除并非以色列首创。在圣经时代、罗马统治以色列地①时期、奥斯曼帝国时期和犹太复国主义者在巴勒斯坦地区定居早期，这种手段都被广泛运用。哈加纳、伊尔贡和莱希等犹太地下武装组织也对敌人使用过定点清除战术。

建国后，以色列继续执行定点清除和暗杀。20 世纪 50 年代，以色列暗杀了两名埃及情报军官，因为他们曾帮助"费达因"② 分子对以色列城镇和定居点发动了一系列袭击。20 世纪 60 年代，以色列向

---

① 以色列地的英文为 the land of Israel，主要指古代以色列王国所在地，区别于现代以色列。——译者注

② fedayeen，阿拉伯语中"自我牺牲者"或"敢死队"之意。一般指 20 世纪 50 年代攻击以色列的阿拉伯敢死队员。——译者注

帮助埃及研发导弹的几位德国科学家寄出邮件炸弹。1972年，11名以色列运动员在慕尼黑奥运会被谋杀后，经果尔达·梅厄总理授权，所有参与谋杀的嫌疑人都成为以色列的目标。慕尼黑惨案发生后的报复行动是以色列最后一次出于复仇而谋杀他人。后来政策发生了改变，以色列定点清除的目标仅局限于未来可能对以色列发动袭击的人。

一位辛贝特前任局长在分析新政策时说："这并不是以牙还牙、以眼还眼，而是在别人约你吃晚饭前，先约他吃个午饭。"[2]

1988年，对以色列发动过多次袭击的巴勒斯坦激进分子阿布·杰哈德在突尼斯被以色列一个精锐暗杀小组谋杀。1992年，以色列空军一架武装直升机在黎巴嫩南部向真主党领导人阿巴斯·穆萨维发射了一枚"海尔法"导弹，导致穆萨维当场死亡。在这两个案例中，两个被定点清除的目标都是激进组织高层领导人，他们对多次针对以色列的袭击负责，并在策划更多的袭击。

1993年，以色列和巴勒斯坦解放组织签订《奥斯陆协议》，之后定点清除的频率大幅降低，双方都在尝试实现和平。当然，在这期间，杀戮行为也没有完全停止。1995年，伊斯兰"圣战"组织领导人法特希·沙贾奇在马耳他街头被枪杀；一年后，绰号为"工程师"的哈马斯炸弹制造专家叶海亚·阿亚什在使用手机时，安装在手机中的爆炸物在他头部附近引爆，导致他当场死亡。除了这些成功的案例，以色列也有一些行动以失败告终，其中比较有名的一次发生在1997年。当时，几名摩萨德特工尝试将致命毒药喷射到哈马斯领导人的耳朵里，结果在约旦被逮捕。

这些行动几乎都被认为是以色列发动的，虽然以色列很少宣称对这些行动负责。这样做是为了通过暗杀少数激进分子来威慑更多人，让他们明白，不管躲到哪里，以色列都可以找到他们。

2000 年底，这一政策再次发生改变。第二次因提法达爆发后，在亚西尔·阿拉法特领导的巴勒斯坦民族权力机构的支持下，暴力浪潮一浪高过一浪，以色列的对手不再是普通民众，而是武装精良的巴勒斯坦武装部队，其发动自杀式爆炸袭击的频率和效率可以同工厂的流水线媲美。

在一次行动中，身着便装的国防军战士朝塔齐姆军事组织①的一名资深激进分子射击，导致他在位于杰宁的家门口当场死亡。几周后，另一名激进分子在手机被引爆后死亡。巴勒斯坦各个激进组织的领导人明白，以色列很可能又回到了慕尼黑惨案后的暗杀政策时期。这一判断在 2000 年 11 月得以证实，当月，以色列第一次公开承认其在伯利恒附近发动了定点清除行动。一架以色列阿帕奇直升机向一辆汽车发射了一枚激光制导导弹，塔齐姆高级领导人侯赛因·阿巴亚特被杀。几个月后，阿拉法特手下的第十七突击部队军官马苏德·伊亚德在另一次直升机袭击中被杀，以色列声称他正筹划在加沙地带建立真主党武装的秘密基地。

武装直升机的使用（特别是在约旦河西岸）标志着以色列将冲突强度升级。每当利用飞机执行暗杀，以色列都会宣布负责。

随着辛贝特和以色列国防军暗杀人数的上升，以色列境内自杀式袭击的数量也越来越多。在之前的第一次因提法达中，巴勒斯坦人和犹太人死亡人数比为 25：1，但现在，死亡人数比达到 3：1。[3]

截至 2001 年年中，巴勒斯坦人在以色列的公交车、熙熙攘攘的咖啡店和人潮拥挤的舞厅实施了几十次自杀式袭击，因提法达完全没有结束的迹象，许多人都要求以色列领导人采取更加强势的行动。

---

① 法塔赫下属军事组织。——译者注

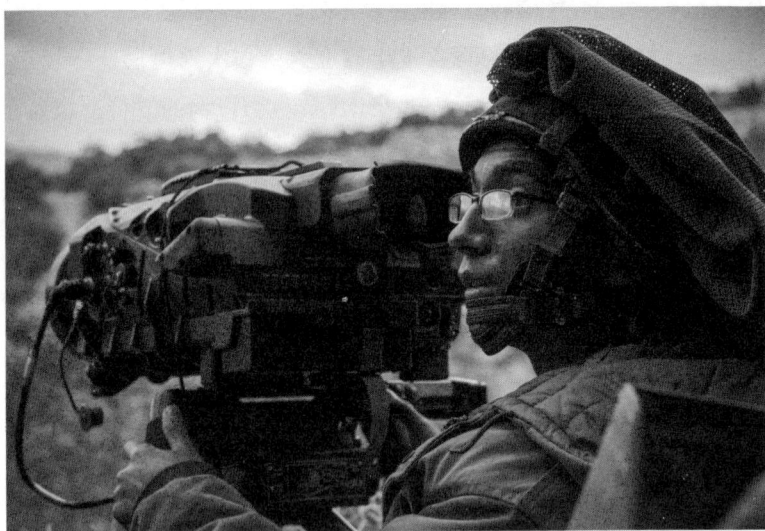

一名来自以色列国防军精锐侦察部队的战士正在约旦河西岸执行任务（以色列国防军提供）

不管怎样，要想阻止恐怖袭击潮的蔓延，他们必须做些什么。

以色列无法逮捕每一名激进分子，特别是那些活动在加沙地带腹地的激进分子。所以，国防军指挥官决定精简定点清除的目标，专门暗杀激进组织的领导头目，从而摧毁敌方指挥链。时间很紧迫，以色列很快起草了司法准则，批准了大体上的战术标准。民众的支持也加快了这一措施推进的速度，根据 2001 年 7 月一份报刊的民意调查结果，90％的以色列人支持这一战术。

国防军总参谋长随身携带存有数百名通缉人员的信息簿。有时，名单上的人数超过 1000 人。所有的定点清除目标都来自这个名单，哈马斯、伊斯兰"圣战"组织和塔齐姆等不同激进组织都在名单中被以不同的颜色进行了标记。一旦一个目标被清除，他的名字上就会被打上叉。

但 2002 年 7 月，民众对这一战术的支持率开始下降。哈马斯军事组织负责人萨拉赫·谢哈德在以色列通缉人员名单中排在第一位，他是哈马斯运动的推动者之一，也是该组织意识形态工作和武装行动方案的制定者。他直接策划和实施了多次造成以色列重大人员伤亡的武装袭击，但由于他身处加沙，并不断更换住所，以色列根本无法实施逮捕。

空袭行动被批准，7 月 22 日，一架 F-16 战斗机向谢哈德在加沙城的住地投掷了一枚 1 吨重的炸弹，除了谢哈德和他的助手，还有 13 名平民丧生，其中包括妇女和儿童。

国际社会立即提出强烈抗议，指责以色列违反国际法，过度使用武力，造成大量平民伤亡。以色列的一个非政府人权组织甚至向国家最高法院提出请愿。迫于压力，政府不得不成立一个特别委员会，专门调查这次空袭的合法性。

虽然最高法院在 2006 年最终做出具有里程碑意义的决定，判定定点清除合法，但国防军明白，他们再也不能为了消灭躲在平民中的激进分子而投掷 1 吨重的炸弹或发射"海尔法"导弹。为了最大限度减少附带毁伤，国防军不得不研发精度更高的武器，制定更严格而明确的战术程序。

这一时期以色列研制出了一种炸药当量仅为 200 克的弹头，这种导弹可以炸毁高楼中的一套公寓房，或行驶在拥挤道路上的一辆汽车或摩托车，却不会对旁边的人造成致命伤害。

情报搜集方法也得到调整，同时以色列加强了对实施定点清除前决策过程的控制。无人机的使用频率则大幅上升，在无人机没有事先对目标进行侦察的情况下，以色列很少会发动定点清除行动。

武器和情报还远远不够。许多激进分子藏在医院、清真寺甚至

183

私人住宅等民用设施中，这让国防军感到非常棘手。定点清除行动的一个关键点在于权衡袭击造成的整体结果和单个激进分子死亡的利弊。换句话说，如果被通缉的激进分子躲在医院里，那么消灭他带来的价值同对整个建筑物的轰炸所造成的损失显然不成正比。如果他躲在家里，身边只有一两个平民，那情况就完全不同了，以色列很可能会做出袭击的决策。

184

为了应对这个挑战，2009 年 1 月，以色列国防军为适应战场的变化，制定了一个被称为"敲屋顶"的新战术。当时"铸铅"行动已经开展几天，这是三年半之前以色列从加沙单边撤离后针对哈马斯开展的第一次大规模行动。前一年辛苦搜集而来的情报显示，加沙地带大量房屋被用作武器储藏点。但国防军明白，虽然这些房屋已成为合法军事目标，但不能直接轰炸。于是，在行动前，国防军和辛贝特会搜集相关的电话号码，然后通过电话向居民发出警告，让他们在轰炸前撤离。这个办法在前 54 次都被证明非常有效，但第 55 次使用时却失败了。

那天，在接完电话后，居民爬到房屋的屋顶，并站在那儿向国防军的无人机挥手。在国防军总部，人们就如何应对这一局面展开了激烈的辩论，空袭行动被迫取消。

第二天，国防军给另一户人家打电话，没想到，同样的一幕再次发生。当天在作战室的一名国防军军官回忆说："当时我们明白，我们已经失去了战术上的主动权。"

这让国防军陷入一个两难境地。如果不轰炸这些房子，藏在地下室的火箭弹第二天就可能落在以色列。但由于房屋内有妇女和儿童，以色列无法进行轰炸。

这时，来自南部战区司令部的几名军官想到一个新办法：先打电话，等居民爬到房顶后，命令附近的武装直升机向房顶的角落发射小型导弹。他们考虑使用弹头很小、弹片散布面有限的导弹，只要把控得好就不会造成人员伤亡。

在最早使用这一新战术的一个案例中，国防军先按照常规程序，给一栋三层楼建筑中所有住户打电话。根据以色列情报，该建筑地下有一个大规模哈马斯武器储藏点。电话这头的国防军军官用阿拉伯语敦促居民在这栋楼被轰炸前立即离开，这些居民并没有被吓到，他们爬到屋顶，朝着天上他们看不见的无人机挥手。很明显，他们并不打算离开。

185

这时一架武装直升机接到命令，朝建筑旁的空地发射机枪弹。站在楼顶的部分居民明白了国防军的意思，匆忙离开了那栋建筑。但意识到自己的房子可能会被摧毁，很多年轻人坚定地留在屋顶。

这时，飞行员得到命令使用导弹攻击屋顶的一个角落。当导弹击中建筑后，留在屋顶的人明白自己的存在并不能阻止以色列摧毁这栋建筑，于是也选择了逃跑。最后，空军可以从容地轰炸这栋无人建筑。记录轰炸过程的视频显示，建筑的倒塌导致藏在地下的武器库发生一系列二次爆炸。这一次，以色列彻底"敲破"了巴勒斯坦人的屋顶。

使用新战术后，以色列国防军发现平民伤亡人数不断下降。2002 年，平民和战斗人员的死亡比例为 1∶1，也就是说，国防军每消灭 1 名战斗人员，就会有 1 名平民丧生。截至 2009 年初，这一比例下降到 1∶30。

这一比例的下降一方面是由于国防军独特的战术，另一方面，空袭中使用的大量精确武器和智能炸弹也发挥了重要作用。在"铸铅"行动中，国防军在加沙地带发射了超过 5000 枚导弹，其中 81%

为智能炸弹，这一比例在现代战争中是史无前例的。相比之下，在 2003 年伊拉克战争爆发初期，多国部队所使用导弹中只有 68％为智能炸弹；在 1999 年的科索沃战争中，这一比例只有 35％。[4]

186

随着平民伤亡的减少，以色列政府对国防军作战能力的信心得以提升。由于国防军在成功清除激进分子目标的同时将平民伤亡降到最低，国际社会对以色列的施压也小多了。

发生在美国的"9·11"袭击事件是定点清除战术的重要转折点。在这次事件后，美国发现自己的敌人根本不是常规军队，而是穿着平民衣服、藏在妇女儿童当中的武装分子。为此，美国派出一个高级军事代表团访问以色列，到南部战区司令部学习以色列在加沙地带追捕激进分子的经验。他们感兴趣的不仅是以色列国防军运用的战术，还包括国防军将线人、辛贝特特工、高科技侦察手段、军事情报分析员和空军等因素进行充分整合的能力。

随后，布什政府也决定在阿富汗和伊拉克使用定点清除战术。2009 年后，新任总统巴拉克·奥巴马扩大了这种战术的适用范围，针对许多恐怖组织和国家发动了定点清除行动。2016 年，美军透露他们在空袭伊拉克"伊斯兰国"目标时也使用了"敲屋顶"战术。

起源于以色列的定点清除战术成为反恐战争的全球标准。

但为什么是以色列？这样一个小国，如何能制定打击恐怖主义的世界标准？

我们认为，对于这个问题，可以在特拉维夫两座普通大楼里的

187 工作人员身上找到答案。这两座大楼位于城市的不同方向，一座是辛贝特总部，这里聚集着以色列最优秀的一线特工，另一座是以色列军事情报局总部，许多原始情报都汇聚到这里由年轻的国防军战

士和军官进行分析。在这两栋大楼里，以色列的创新战术、高科技武器与情报特工和分析员构成的人才库被有机整合在一起。

在声望上，拉卡兹课程之于辛贝特就像以色列空军飞行学院之于国防军一样重要。每年，数千名 25—30 岁的以色列公民都为加入这个课程展开激烈的竞争，但入选者很少，能完成培训的就更少了。

参加该课程的人员首先需要在被称为"乌尔潘"① 的辛贝特语言学校上课。在建国初期，大多数拉卡兹学员都出生在阿拉伯语国家，他们在一次次移民潮中来到以色列。而最近 20 年，许多报考者都不会阿拉伯语，但经过为期 42 周的强化训练后，他们都能说一口流利的阿拉伯语，能同巴勒斯坦商人、政客和农民自由交流，还能在网上用阿拉伯语通信。他们不仅精通语言，还能熟背《古兰经》，熟知希伯伦地区巴勒斯坦人的习俗和文化，了解他们和杰宁、加沙等地巴勒斯坦人的区别。

从乌尔潘毕业后，拉卡兹学员将被送到辛贝特情报学校进行为期 10 个月的培训。在这期间，培训者将放弃之前的身份，成为以色列反恐无形战线上的一员。与此同时，培训者还会得到一个化名，不管是在雇佣线人时，还是在特定地理范围的责任区内从事其他活动，他们都使用化名。

经过培训，拉卡兹学员会尊重敌人的伊斯兰教信仰和伊斯兰文化。当握手时，对方能感受到他的真诚。当他和线人通过电话交谈时，他会记住对方提供的信息，还会注意线人的情绪和语调，甚至线人身边的声音。拉卡兹学员对线人的情况掌握得非常全面，包括他们的儿子数学考试是否及格、他们配偶的生日是哪天以及当地社

188

---

① 由于建国以来以色列需要接受来自世界各地的移民，以色列有许多希伯来语速成学校，这些学校统称为"乌尔潘"。——译者注

区这周的新鲜事。

一名优秀的拉卡兹学员要不断深化自己对责任区在人口结构、社会经济、政治和文化上的了解。他要不断熟悉不同部族、非政府组织的成员，掌握当地富人所居住街道的地形，甚至得知道昨天谁结婚了，谁在父亲病逝后能得到一大笔遗产。

经过训练的拉卡兹学员对一切保持怀疑。当他看到一名妇女披着头巾走在街上，他必须仔细排查，确保她不是一名以色列追捕多年的恐怖分子；当希伯伦舒哈达街的商店罢工停业，他必须思考，这里是否有人准备发动恐怖袭击；当纳布卢斯附近的巴拉塔难民营有几个居民突然购买大量罐装食品，他必须想到，他们是不是藏匿了通缉犯或被绑架的以色列士兵。每一名辛贝特特工都坚持这样的原则："并非每件事都像你表面看到的那样。"

拉卡兹学员必须不断保持思考状态。他们通过个人关系和相互信任获得情报，这种工作方式已成为他们的传统。但实际上要做到这一点并不容易。他应该和线人建立非常亲近的关系，还是应该保持一定距离，从而维持自己的威信？拉卡兹学员可以让线人冒生命危险去获取情报吗？如果激进分子小组的负责人对一名线人起了疑心，命令他射杀一名国防军士兵以表忠诚，该怎么办？

辛贝特前任局长雅科夫·佩里以前就是约旦河西岸的一名拉卡兹学员。他将自己的工作描述为"说服的艺术"，因为他要说服巴勒斯坦人背叛他们的家庭和朋友，同以色列合作。他解释说，辛贝特最得力的线人并不是通过提供金钱、医疗和出国等利益获得的，也不是通过威胁，而是通过拉卡兹学员的个人魅力。

拉卡兹学员的工作内容也在不断变化。以前，激进分子小组的结构非常明晰，每个小组的负责人都有一个助手，手下还有一批固定的成员。现在,激进分子小组可由海外总部进行指挥,成员虽然都来自约旦河西岸,但互不相识。2015 年,辛贝特就在约旦河西岸发现了指挥部门设在加沙、卡塔尔甚至土耳其的激进分子小组。

在这类激进分子小组中,虽然成员相互不认识,但每一名成员都构成暴力袭击的重要一环。比如,第一名成员负责购车,将车停在第二名成员租好的房屋旁,第三名成员在汽车内安装炸弹,第四名成员将车开到目标附近,最后,第五名成员通过电话引爆汽车炸弹。

2014 年夏天以色列打击加沙地带哈马斯的"护刃"行动中,拉卡兹学员和国防军纳哈尔旅的战士们一同进入加沙北部的贝特哈农。拉卡兹学员对当地的了解让纳哈尔旅的步兵军官非常惊讶:他们熟知街道和部分居民的名字,甚至知道哈马斯激进分子家中厨房暗门后藏着什么。战士们进入加沙前就知道了这一切。

为了获取这些信息,除了线人提供,对加沙地形的研究也很重要。以色列空军在训练中使用了一种特殊的模拟器,飞行员可以在执行任务前通过模拟器操作虚拟飞机演练轰炸操作,模拟器中的地形和未来目标附近的一模一样。

以前,来自约旦河西岸和加沙地带的威胁主要是枪击、石块、燃烧瓶,有时威胁也来自组装管状炸弹和路边炸弹的炸药实验室。但近几年,辛贝特的拉卡兹学员还需要关注地道、导弹的研发和生产、伊朗导弹的走私以及哈马斯对无人机的使用。拉卡兹学员这会儿可能同一名巴勒斯坦商人在聊税收和加沙烦琐的进出口手续,几分钟后又会和一名挖地道的人聊天,了解最近走私到加沙的一款新型火箭弹的尺寸和型号。

这项工作是头脑的竞争,必须不断尝试领先敌人一步。

190

在特拉维夫另一边也有一座很不起眼的建筑，这里是军事情报局总部。以色列搜集到的所有情报都被汇集到位于总部的情报研究处。该处的工作就是将从间谍、卫星、无人机、媒体等信息源获取的海量数据进行筛选和分析，并对未来形势进行预判。伊朗会违反2015年同美国为首的西方大国（被称为P5＋1）签订的协定吗？马哈茂德·阿巴斯会无条件答应同以色列重启和平谈判吗？约旦阿卜杜拉国王的政权究竟是否稳定？

对于这些问题，情报研究处需为以色列军队和政治领导人提供最合理的预判。这是一项非常复杂的工作，牵涉许多不断变化的因素。

191

2014年8月中旬，许多情报分析员聚到一起开了一次非常重要的会议。这时，"护刃"行动已开展40多天，以色列迫切希望缩短行动时间，尽早结束战斗。但最终，这场行动又持续了一周时间，成为1948年以来耗时最长的一场战争。情报军官在进入会场前将手机放在场外一个棕色的特殊盒子里。伊朗、真主党和哈马斯正在对以色列进行窃听，即使关机，手机仍然可能通过远程控制被用作窃听设备。

战士们将这个办公室简称为"沙特兹"，只有拥有最高安全权限的官员才能进入。房间的入口是一扇厚钢板做成的门，通过旁边的电子键盘控制。闭路摄像头对这里保持全程监控。房间内的一面墙上挂着一面真主党旗帜，上面写着对不久前一位退役军官的祝福语，这面旗帜时刻提醒着人们敌人的存在。房间里另一扇通过密码键盘控制的门通往一个小型作战室，室内有很多电视屏幕、电脑和能直接接通相关国防军和辛贝特办公室的加密电话。在这里，不间断值班的战士们紧盯着屏幕，分析各种画面，为无人机操作员提供寻找目标的线索。这些工作看似徒劳，一旦成功，收获巨大。

"沙特兹"是以色列军事情报局的一个精锐单位。每次在加沙开展行动前，该小组的成员都会负责拟定暗杀名单，寻找那些以色列试图消灭的目标。为了做到这一点，"沙特兹"小组需要掌握关于目标的所有信息，包括他们的生活习惯、住所、经常去的地方，有时还包括他们的幽会之处。这些信息需要不断更新，以便在袭击命令下达后他们能知道在哪儿可以找到目标。

让我们回到 2014 年 8 月的会议。在会上，情报军官们提出了几个重创哈马斯从而使其放弃火箭弹袭击的方案。他们很快达成一个共识：必须清除哈马斯高级别激进分子。国防军知道他们当中很多人的位置，但问题是，他们大多隐藏在医院、清真寺等地，或故意让很多平民生活在他们的住家周围。考虑到附带毁伤，特别是对平民造成的伤亡，大多数袭击行动都无法顺利开展。

但这次会议明确地提出一个新的方针：全天候搜集高价值目标的信息，增加可行的袭击目标。与此同时，安全内阁随时可能授权这些分析员消灭某个哈马斯高级别激进分子，他们必须做好充分准备。

几天时间已经过去，"沙特兹"办公室中，人们一如既往地忙碌着。星期五，连续 11 个周末都在值班的 S 中尉（根据以色列国防军的规定，任何出版物不得公布情报军官的全名）难得有机会休息一会。但没想到，几小时后，他的"山玫瑰"手机（Mountain Rose，军队配发的一款由摩托罗拉公司生产的加密手机）突然响了起来，电话里，他的指挥官说："行动被批准了，我们现在去找古勒。"

原来，安全内阁刚刚批准了对哈马斯的资金募集者穆罕默德·古勒进行定点清除。古勒之前将数百万美元调拨到该组织的武装部

192

193　队，并资助了多条通往以色列的地道的修建。但相对于他手头一沓沓的美元和谢克尔，他头脑里的信息更有价值。他知道银行账号，熟悉开罗和安曼可靠的货币兑换人，也知道在埃及边界通过哪些走私地道能将钱运到加沙。

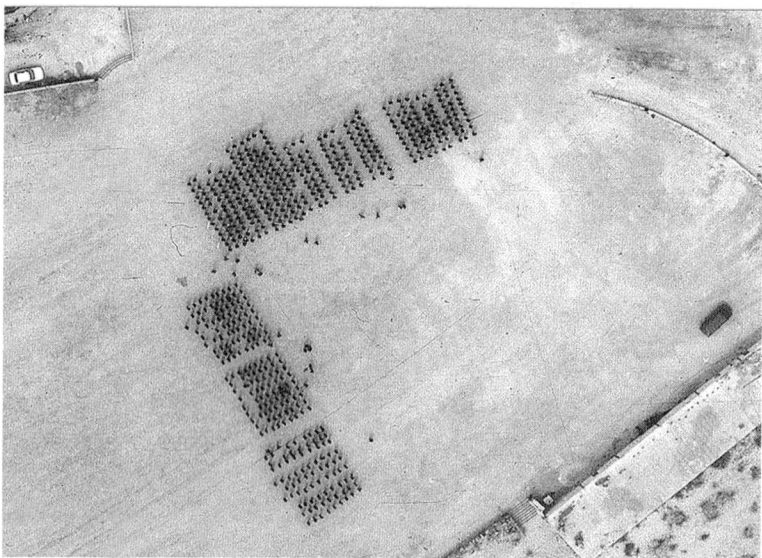

以色列 2008 年公布的一张显示哈马斯在加沙地带的军事训练营的照片（以色列国防军提供）

　　"沙特兹"的电脑屏幕显示着无人机从古勒家上空发回的画面。他一直和妻子以及 3 个孩子躲在家里，但根据最新情报，他妻子准备带孩子回一趟娘家，古勒将有一段独处的时间，这正是以色列苦苦

194　等待的时机。不久后，一辆汽车停在他家门前，古勒的妻儿上了车。但不到 1 分钟，古勒也走出了房子，来到车上，驾车离开。无人机确认了车上没有其他人。

　　从家里出来时，远处以色列空军轰炸该地区的爆炸声并没有让他感到害怕。"沙特兹"军官已经对他可能经过的道路进行了分析，并确定了一些理想的袭击地点，最终选择了一个既能杀死古勒又不会伤及他人的地点。在这一过程中，国防部部长和国防军总参谋长还打来电话，询问行动进展。负责指挥这次行动的是一名正在值班的空军高级军官，只有他能下达最终袭击命令。

无人机跟踪了古勒一段时间，他将车开到另一户人家，从车上拖出一大袋东西，可能是交给一组哈马斯人员的现金。虽然已经得到授权，但这位空军指挥官还在等待时机，他希望不造成任何平民的伤亡。当导弹最终发射后，每个人都屏住了呼吸。强烈的爆炸炸碎了古勒的那辆银色小轿车，他当场死亡。许多美钞被炸到半空中，然后飘落在街道上。

S中尉刚服兵役时在空军管理新兵，后来被提拔为排长。由于人格魅力和领导能力都很出众，很快被空军高层看中，当时高层正在发掘一批聪明的创新型军官从事空军情报工作。具体而言，这项工作包括研究袭击选项、创建目标库、思考追捕通缉人员的创新方法。

经过3年的训练（其中包括极为苛刻的安全和人格测试），S被任命为一个情报单位中追踪加沙地带高级别激进分子的负责人。他掌握了情报工作的窍门，知道如何拼凑各种零散的信息，准确地预测那些同以色列斗智斗勇的目标人物未来的行为。几个月后，他又负责指挥两个研究小组。才20多岁的S和同事们一起，已经开发出一种用于军事情报工作的特殊研究工具。

许多年轻的国防军战士像S一样在关键岗位工作，他们认为相对于世界其他情报部门，年轻人担当重任的做法是以色列的一大特色。

他说："我们迫切希望改变现状。我们经常谈论如何进行创新，

195

提出颠覆规则的方式和想法。这绝对是一个优势。"

在以色列，像 S 这样的年轻情报分析员能够直接同军队和政界高层见面。他们在工作中逐渐成长，不断随机应变，处理突发情况。对 S 和他的同事而言，战场从来就是近在咫尺的。

他说："我的工作归根结底是为了自己，因为我在保护自己的家人、朋友和祖国。我每天都能看到自己工作的结果，就算当天看不到，也可以在下一场战争中看到。"

许多国防军情报分析员都要做出事关生死的决定，S 只是他们中的一员。他每天都要追踪激进分子，观察看上去再寻常不过但疑似藏匿有哈马斯或真主党火箭弹和其他武器的公寓楼。如果他掌握的一个目标在移动，监视系统的操作人员会马上通知他。如果他监视的一栋建筑开始装修，他会立马将其标记下来。总之，每一个细节都不能放过，一切都要用怀疑的眼光审视。

S 和他的同事每天都会收到目标人物的日常行动情报，他们能猜到，目标出门是去见情妇还是探望母亲，是去超市还是自助洗衣房。一旦这些分析员发现情况异常，他们有权发出预警，让军队高层召开紧急会议。这些年轻人承担的责任是其他西方军队无法想象的，但在以色列，这样的军官有数百名。

据报道，以色列的定点清除战术多年来被运用在国家各条战线和相关"利益地区"。由于目标每天都在变化，以色列在这方面也面临着巨大的挑战。中东正处于历史性动荡当中，传统边界也在变化，这一点在叙利亚表现得尤为明显。2011 年叙利亚内战爆发前，以色列情报机构监控的是一个主权国家和一支等级明晰的军队。但到2016 年，叙利亚的局势变得非常复杂，这里有真主党武装分子、伊朗革命卫队成员、基地组织小组和数千名"伊斯兰国"武装分子。一座叙利亚城市可能被巴沙尔·阿萨德控制，但几英里之外另一座城市却被"伊斯兰国"控制。

　　国际社会并不支持以色列的定点清除行动。在联合国等国际组织内，以色列经常因为发起定点清除行动而被指控犯有战争罪和反人类罪，以及违反国际法。国际社会的持续施压迫使以色列加强对行动开展和目标确定的法律监督。

　　由于周边和整个中东地区的民族国家与常规军队的控制力在不断下降，以色列虽然仍需袭击对手的关键基地，但实现这一点变得极为复杂。哈马斯、真主党或"伊斯兰国"等组织没有明晰的权力来源，它们通常没有领土，更不要说明确的基地。但另一方面，它们始终拥有领导者，其关键指挥官或武装人员的死亡能给这些组织带来致命打击，迫使其终止军事行动。而这正是"沙特兹"的使命所在。

第七章　网络病毒

位于伊朗首都德黑兰以南 200 英里左右的纳坦兹是一座历史悠久的小城，这里以凉爽的气候、优质的水果、陶砖建筑和附近一些苏菲教团圣地而闻名。

2002 年 8 月 14 日，这座小城竟然登上了世界各大报刊的头版。原来，一个名为伊朗全国抵抗委员会（NCRI）的伊朗反政府组织，在华盛顿特区的威拉德酒店召开了一场记者招待会。在会上，该组织揭露了伊朗在纳坦兹附近的地下修建有一处戒备森严的铀浓缩设施。

这立刻成为一个爆炸性新闻。全世界都知道伊朗在布什尔建有核反应堆，这项工程最早由德国人启动，后来又得到俄罗斯人的支持，但德黑兰一直声称核计划属于和平性质。多年来虽然一直存在关于秘密场所的传言，但从未被证实。在伊朗广阔的沙漠地区要找到这些核设施谈何容易。

当天在华盛顿，伊朗全国抵抗委员会不但揭露了纳坦兹的核秘密，还公布了阿拉克附近正在建设中的一个重水反应堆。要不了几年时间，阿拉克反应堆就可以生产武器级钚。

但相对而言，人们更关注纳坦兹，因为那里的设施不是一般的设施。该设施戒备森严，并修建在地下。每一个地下室都有 70 英尺深，为了阻止空对地导弹穿透，地下室上面不但有很厚的混凝土层，还有钢板层，一般空袭对它根本不起作用。显然，伊朗人吸取了1981 年伊拉克核反应堆被以色列空袭炸毁的教训。

许多分析人士马上怀疑伊朗全国抵抗委员会公布的信息实际上是摩萨德提供的。但不管信息源自哪里，后果都一样。伊朗秘密修建核设施被抓了个现行，全世界再也无法忽视发生在伊朗的事情，毫无疑问，阿亚图拉正在制造核武器。

以色列借此大肆宣传伊朗对世界构成的威胁，对伊朗施加压力，这一措施很快产生效果，联合国核监管组织国际原子能机构最终被允许检查纳坦兹。国际原子能机构检查员确认，纳坦兹设施中安装有先进的离心机，这些离心机是根据来自巴基斯坦的图纸的参数建造的。

出于对伊朗核计划和伊朗追求地区霸权的担心，海湾国家不遗余力地让这个问题出现在国际会议议程当中。以色列也一样，反复声称所有的选项都摆在桌面上，包括军事选项。伊朗革命卫队并不认为这些威胁属于虚张声势，他们加强了在核设施附近高射炮和地对空导弹的部署。

纳坦兹核设施的目的非常明确。该设施有两个地下室，每个地下室的面积约 10 万平方英尺，能够容纳数万台离心机。这种大型钢铁机器专门用来提纯浓缩铀。如果伊朗想拥有核武器，首先要在这时进行浓缩铀的提纯。

然而，2009 年，纳坦兹核设施发生了一件非常离奇的事情，许多离心机莫名其妙地停止工作。一天，地下室一边的一排离心机坏了，第二天，另一边又坏了几排。看上去这些故障之间并没有联系，

199

控制离心机级联的电脑显示，一切工作正常，伊朗人百思不得其解。

不久后的 2010 年 11 月，国际原子能机构确认，伊朗已经暂停了纳坦兹核设施的作业。几天后，意识到这个消息已经泄露，伊朗总统马哈茂德·艾哈迈迪-内贾德轻描淡写地承认伊朗的敌人对很多核设施的电脑造成了有限的破坏。他还说，问题的根源已经发现并得到控制。

他在撒谎。在纳坦兹将近 9000 台离心机当中，有 1000 台因故障报废。也就是说，某个敌人在不开一枪的情况下就干掉了伊朗超过10％的离心机。

问题是，这到底是如何做到的？

这一切起源于"奥运会"。此"奥运会"并非体育比赛，而是一个密级很高的网络武器研发计划，是以色列和美国在 2006 年启动的一次秘密行动。主要目的是阻止伊朗核计划。[1]

200 　　不管对以色列还是美国，这都是一个全新的想法，谁也不知道能否成功。但这个想法很有吸引力。网络武器不会留下任何指纹，让敌方无迹可寻。更重要的是，以色列或美国不需要派战斗机对伊朗核设施进行轰炸，但其毁灭性并不亚于导弹袭击。

这次美以合作是在两国防务关系空前紧密的背景下展开的。当时的以色列还没有完全从第二次黎巴嫩战争的创伤中走出来，美国则在试图缓解以色列对伊朗的担忧。如果网络武器联合研发项目能延缓以色列对伊朗的空袭行动，那么在白宫看来就是值得的。

这次行动的目标选取为纳坦兹，说得更具体些，是那里控制着一排排离心机的西门子工业计算机系统。

这种后来被称为"震网"的蠕虫病毒针对的是控制离心机马达

转速的设备，离心机只有通过马达的高速运转才能实现浓缩铀的提纯。"震网"病毒修改控制电机的变频器的频率，首先将电机加速到1400赫兹，接着又降到2赫兹，让电机慢得快要停下来，然后又升高到1000多赫兹。

总之，"震网"病毒不断加快和减慢伊朗离心机电机的转速，直到电机烧坏。

一开始，伊朗人不相信纳坦兹的问题是由电脑病毒引起的，因为核设施的电脑并没有连接国际互联网。后来他们发现，唯一的可能就是一名隐蔽特工利用移动存储介质将病毒拷贝到核设施的一台电脑上。

为了确保行动成功，将蠕虫病毒复制到纳坦兹的计算机系统还不够，攻击者还需知道伊朗计算机系统的具体布局，甚至要精确到每一条传输数据的线路。这样一来，蠕虫病毒才能确定感染路径，从一个系统跳到另一个系统。换句话说，以色列和美国必须获得计算机网络系统布局图。

接下来，他们还要弄清谁的电脑能被感染，从而将其当作进入纳坦兹网络的跳板。在这方面，美国中央情报局完全依赖以色列，他们相信，以色列的线人已经打入到伊朗核设施内部。[2]

这种方法并非以色列和美国的首创。2008年，一名美国士兵在中东地区美军基地附近发现了几个U盘，有人已经在U盘中植入了计算机蠕虫病毒，许多人在这种情况下都会本能地捡起U盘，插入电脑看看里面有什么内容，该士兵也不例外。策划这次行动的外国情报机构就等着美军士兵上钩，最终他的行为给美军带来巨大的损失。该蠕虫病毒入侵到美军中央司令部的计算机系统，美国花了14个月时间才将其彻底清除。[3]

201

据报道，"震网"病毒由以色列和美国的团队共同开发。在以色列，这项工作由 8200 部队（其在国防军的职能相当于美国国家安全局）主导，摩萨德辅助。[4] 在美国，该项目主要由国家安全局负责。8200 部队和美国国家安全局在这个项目上合作了很多年。

"震网"病毒在伊朗爆发后，德国信息技术专家拉尔夫·兰纳是最早分析病毒代码的独立专家。当看到病毒的 15000 行代码时，他目瞪口呆。根据他的分析，该"蠕虫"病毒使伊朗核计划推迟了两年的时间。[5]

他说："从军事角度看，这是一个巨大的成功。"

兰纳和其他专家发现这种病毒已经在伊朗电脑中潜藏了好几年，并成功扩散到 10 多个国家，大概有 10 万台电脑发现被感染，其中 8 万台在伊朗。

艾哈迈迪-内贾德提到的"破坏"活动远比人们想象的严重，"震网"病毒不仅是一种电脑病毒，还是一种引发新规则、改变现代战争形式的武器。

电脑专家很快断定以色列是这种蠕虫病毒的制造者，因为以色列阻止伊朗核计划的动机最强，其在伊朗核问题上发声也最强烈。此外，人们还在代码中发现了其他线索：代码中有一个日期和"番石榴"一词，前者显然指的是一位伊朗犹太慈善家被刺杀的日期，后者可能暗指以斯帖①，她是古代波斯王国的犹太裔王后，犹太传统节日普林节正是为纪念她的英雄事迹。[6]

对于是否参与了这次网络作战行动，以色列既没有承认也没有否认，但我们还有一条线索。2011 年，一位国防军总参谋长退役时，根据传统，军队为他举行了一场告别会，总理、总统、国防部部长

---

① 根据圣经记载，以斯帖的原名为哈大沙，即番石榴树的意思。——译者注

和军队高层等国家领导人都来到现场。告别会上播放了一部展现这位国防军指挥官军旅生涯的短片，其中提到他亲自参加过的 1982 年第一次黎巴嫩战争以及他在加沙地带和约旦河西岸指挥过的许多次作战行动。在视频最后出现了代表他指挥过的行动的另一幅画面，"震网"两字在屏幕上快速闪过。

表面上看，以色列和伊朗的敌对关系有点令人匪夷所思。两个国家没有共同边界，是中东地区仅有的两个非阿拉伯国家。1948 年以色列建国后，两国很快就建立了正式外交关系。然而，1979 年发生在伊朗的伊斯兰革命改变了一切。在那之前，有传言说以色列考虑卖给伊朗先进的弹道导弹，但在那之后，它们从好友变为宿敌。

一开始，双方的冲突主要是由于伊朗对反以激进组织的支持，这些组织包括黎巴嫩的真主党、加沙地带的哈马斯以及伊斯兰"圣战"组织。但到 20 世纪 90 年代晚期，以色列情报机构确定伊朗正在全力研制核武器，因此核问题成为以色列和伊朗之间的矛盾焦点。

其实，早在几十年前，伊朗就在美国的支持下启动了核计划。伊斯兰革命结束后，毛拉们一度暂停了这项工作，但他们很快意识到核计划的另一个潜在作用：核武器能让伊朗成为一个世界大国。

2002 年，以色列加强了对伊朗核计划的遏制。那一年，阿里埃勒·沙龙总理任命国防军退役将军梅厄·达甘为摩萨德局长，摩萨德是以色列一个神秘的间谍机构。

在国防军服役的几十年中，达甘声名远扬。他是一名勇敢的战士，也是一位极具创新精神的战术大师。他以勇敢著称，曾从敌人手里夺过一枚手榴弹，并因此获得英勇勋章。

1970 年，时任南方司令部司令的沙龙任命达甘指挥一支被称为

"萨耶雷特·里蒙"① 的部队，这支部队的战士常常化装成巴勒斯坦人，在加沙地带发动突袭，抓捕巴解组织的激进分子。

达甘担任摩萨德局长期间的工作基调可以从他办公室的装饰中看出来。他的房间很简朴，墙上挂着一张黑白照片，照片上有一位留着长胡子的犹太老人，他身披塔利特（犹太祈祷披巾）跪在地上，面前站着两名纳粹战士，一人手里拿着棍子，另一人拿着枪。

达甘经常会对客人说："看这张照片。跪在纳粹分子面前的人就是我的爷爷，这就是他被杀害前的场景。我每天都会注视这张照片，我绝不会让大屠杀再次发生。"

据说，在达甘的领导下，摩萨德的工作取得了很好的效果。伊朗科学家的人数开始减少。有的人投向西方怀抱，还有的人则在德黑兰街头被蒙面枪手刺杀。

2007年1月，伊朗资深科学家阿尔达希尔·侯赛因普尔被发现死在伊斯法罕转换站的办公室里，很多人认为他是被"毒气"杀死的。2010年1月，伊朗另一名关键的核科学家马苏德·阿里·穆罕默迪被杀，一辆装有炸药的摩托车在他位于德黑兰的家门口被引爆。同年11月，一颗炸弹在德黑兰市中心爆炸，另一名高级核科学家马吉德·沙哈里阿里被炸死。

为了阻止伊朗核计划，暗杀并不是唯一的手段，关于破坏行动的报道也从未停止过。2007年，纳坦兹用于调节电压的电力组件神秘地发生了爆炸，几十台离心机被摧毁。此外，以色列间谍机构还同世界各地的公司达成合作，当伊朗为其核计划和导弹计划购买设备时，这些公司会故意卖给伊朗有问题的硬件。

虽然摩萨德延缓了伊朗的核进程，但阿亚图拉们并没有放弃。

---

① 希伯来语中"手雷侦察队"的意思。——译者注

他们从福利项目、医疗系统和大学挪用大量资金，给科学家配备保镖，并禁止其出国。各地的安保也变得极为严格。

2005 年前后，以色列情报部门得出结论，伊朗已经掌握了制造核武器所需的所有技术，一旦做出决定，很快就能具备这一能力。如果以色列不能很快想出阻止这种情况发生的办法，军事打击将成为唯一选项。但军事打击很可能引发大规模战争，许多人认为这将给两国带来悲剧性后果。

"震网"病毒事件并不是世界上第一次网络攻击，但其产生的效果让世人感到非常恐惧。在此之前，针对国际互联网网站的攻击所产生的损害比较有限。比如，2007 年，针对爱沙尼亚的一次网络攻击导致银行、政府各部门和当地媒体的网站短时间崩溃。"震网"病毒则不一样，它可以让一个国家的铁路系统停止运行，或关闭一座城市的电网。正如时任俄罗斯驻北约大使德米特里·罗戈津所言："震网"病毒可以引发"又一次切尔诺贝利事件"。

伊朗决定发起反击。"震网"病毒被发现后不到一年，伊朗就成立了自己的网络部队，斥资 10 亿美元发展起强大的网络攻防能力。

伊朗计算机专家明白，"震网"病毒只是冰山一角，接下来很可能会有技术上更先进、破坏性更强的网络病毒攻击。的确，2012 年，伊朗发现全国很多电脑都感染了另一种被称为"火焰"的病毒。据说，这种由以色列和美国联合研发的病毒主要用于掌握对方计算机网络的架构，并从被感染的计算机上窃取数据。[7]

作为回应，伊朗获得了在暗网上操作的新工具。暗网是国际互联网的阴暗面，有很多敌对势力和网络罪犯都活跃于此。有人认为，伊朗还在暗网上与其在黎巴嫩的代理人真主党分享了知识和技术。

一旦同以色列爆发战争，这个平台将让伊朗力量倍增。

同年，美国情报机构透露，伊朗的网络能力在"深度和复杂性"上大幅提高。"震网"病毒出现两年后，伊朗也加强了网络攻击活动，攻击对象包括沙特阿拉伯国家石油公司、卡塔尔一个天然气公司和多家美国银行。[8]

为了应对伊朗日益发展的网络能力，本雅明·内塔尼亚胡总理召见他的军事秘书举行了一次特殊会议，讨论以色列的下一步对策。虽然以色列拥有强大的网络防御系统，但考虑到伊朗网络能力的发展，内塔尼亚胡担心其会突破这些防线。军事秘书建议内塔尼亚胡咨询自己以前在空军的战友艾萨克·本-伊斯雷尔，现在他是国家安全和安全技术方面的国际知名专家，在网络战研究上有很深的造诣。

几天后两人安排了一次见面，从内塔尼亚胡的话中，本-伊斯雷尔体会到时间非常紧迫。为了阻止和防御伊朗可能发动的网络攻击，以色列必须采取行动。来自前苏联加盟共和国的黑客愿意为最高出价者提供网络武器，这让以色列如坐针毡。

本-伊斯雷尔的经历是一个典型的以色列成功者的故事。他1949年出生，父母都是以色列建国前犹太地下武装组织莱希的成员，所以，本-伊斯雷尔从小就知道安全对以色列的重要性。

高中毕业后，他以学术兵的身份加入了国防军，继续学习物理和数学，很快成为一名极具创新性的思想者，参与了多次重要的军事行动，在空军情报系统多个岗位都工作过。1972年，本-伊斯雷尔研制了一种新型战斗机轰炸系统，大大提升了"鬼怪"式战斗机的攻击力，并因此获得著名的"以色列国防奖"。一年后，在赎罪日战争最艰难的时刻，以色列100多架战斗机被击落，他和空军高层一起出谋划策，并同其他工程师和技术专家一起开展恢复以色列空军战斗力的工作，重新确保了空军的技术优势。

1992 年冬天，本-伊斯雷尔在柏林参加了同德国军方的一次会议。在这次会议上，德国同事们谈到互联网及其在军事方面的应用前景。本-伊斯雷尔不太明白他们所谈论的内容，德国军官答应把一些相关学术论文发到他的邮箱。其实，德国军官也没有太在意这件事，因为 1992 年底，最初由美军作为军事项目研发出来的互联网刚进入民用市场，以色列也才开始接触互联网。

回到特拉维夫后，本-伊斯雷尔阅读了大量美国作家和未来学家阿尔文·托夫勒的作品，包括《未来的冲击》《第三次浪潮》《财富的革命》等著作。托夫勒谈到在互联网控制下的世界景象，本-伊斯雷尔对此很感兴趣，他的脑海里不断思考着这对以色列国防军和未来战争意味着什么。

1995 年，本-伊斯雷尔认为以色列国防军应该成立一个从事计算机作战的单位，当时人们甚至还没有使用"赛博"（Cyber，电脑网络的意思）一词。他找到国防军总参谋长，出乎他的意料，总参谋长居然同意他的想法，并拨出一大笔预算。但空军得知这个消息后，许多军官希望能保持空军在科技上的既有优势，因此马上站出来反对说："现在投资这项技术为时过早。"

尽管遭到反对，但本-伊斯雷尔还是找到了一位志同道合者，他就是来自以色列军事情报局的年轻军官平哈斯·布克里斯。布克里斯曾在总参谋部侦察部队担任指挥官，立下许多战功，因参加过多次重大行动而在军界闻名，包括 1976 年在乌干达恩培德机场解救法航班机人质的行动，正是通过这次英勇的突击行动，以色列国防军向全世界证明了它的远距离作战能力。

布克里斯后来成为 8200 部队的指挥官和国防部总司长，当时作为一名年轻上校，他就决定在军事情报局下成立一个负责监督网络作战的单位。本-伊斯雷尔和布克里斯一致认为，这个单位将致力于基于计算机的攻防行动。很多人当时甚至都不明白他们在做什么，但不久以后，包括利用计算机攻击敌人的各种想法都开始产生。

1998 年，本-伊斯雷尔晋升为少将军衔，被任命为国防部武器和技术基础设施发展局局长。他的任务很多，一方面，国防部武器和技术基础设施发展局要持续为当下军事行动提供支持，另一方面，它还需保持对未来趋势的关注，发明能够让以色列赢得未来战争的武器。很快，网络战研究就成为本-伊斯雷尔的重点工作之一。

2000 年，本-伊斯雷尔致信埃胡德·巴拉克总理，提醒他以色列极易受到计算机攻击。他告诉巴拉克，一旦敌军发现国防军成立了计算机部队，很可能提前发动网络攻击，让整个国家陷入停滞。这可能对以色列各个行业造成严重破坏。

当时，巴拉克正忙于和亚西尔·阿拉法特达成和平协议，以避免巴勒斯坦再次发动起义，但他非常重视本-伊斯雷尔信中提到的问题，于是下令国家安全委员会对以色列水、电、气等关键基础设施上的脆弱性进行评估。这项工作持续了一段时间，两年后，政府正式成立了一个被称为"雷埃姆"（"国家信息安全局"的希伯来语缩写）的新部门，专门负责保护国家的基础设施。

2011 年，内塔尼亚胡会见本-伊斯雷尔，批准成立几个研讨以色列如何备战未来战争的工作组，而网络攻击无疑是未来战争的重要组成部分。本-伊斯雷尔召集了 80 位来自不同领域的专家，既有学者，也有政府高官。他们被分到不同的委员会，每个委员会都要就经济、高科技产业、军队以及以色列高校等方面提出一个建议清单。其中第八委员会是国防体系委员会，由布克里斯负责。不到几个月，本-伊斯雷尔就交给总理一份 250 页的报告和长长的建议清单。

即便在当时，人们也可以明显看到，以色列网络空间已经很拥挤，包括摩萨德、军事情报局和辛贝特在内的多个组织都在从事网络活动，但它们之间没有任何协调，因此，以色列急需为不同部门建立一个共同的机制。为了实现这一目标，本-伊斯雷尔建议成立一个直属总理办公室的国家网络局作为监控网络活动的最高权威部门，负责不同机构的协调工作，并在出现威胁和问题时迅速提出解决方案。其他委员会则建议加强以色列高校对网络空间的研究，为私营部门提供更多政府预算，以及成立新的网络研究中心。截至 2016 年，以色列已经拥有 5 个网络研究中心，其中，特拉维夫大学的布拉瓦尼克跨学科网络研究中心就由本-伊斯雷尔担任主任。

布克里斯领导的秘密委员会建议在 8200 部队内部成立一个军事网络司令部。8200 部队是以色列国防军编制最大的一支部队，主要负责信号情报的搜集和处理，信号情报几乎包括所有在电话和互联网上传输的信息。

8200 部队与过去 20 年以色列高科技的飞速发展有着千丝万缕的联系。从 8200 部队退役的老兵成立了许多非常成功的以色列科技公司，这支部队也因此成为国防军中人们最想去的单位。在这里服役后，战士们不但能够掌握先进的科技技能，还能具备强烈的创业精神和创新精神。该部队的官兵和以色列快速发展的网络公司合作，开发了很多内部技术。他们的工作听起来容易，做起来却非常难，他们要监听整个阿拉伯世界的通话，截获重要邮件，跟踪最新事态的进展。

虽然以色列官方从不提及国家的网络能力，但毫无疑问，以色列在全球网络安全领域处于领先地位，网络产品的年出口额达到 60

亿美元，可以和以色列国防产品相媲美。作为一个人口仅 800 多万的小国，以色列在全球网络市场的份额居然占到 10%（仅以色列军事情报局的退役人员就成立了数百家网络高科技公司），同美国、中国和俄罗斯等大国不相上下。[9]

以色列如何取得网络领域的巨大优势？本-伊斯雷尔认为，以色列之所以可以成为网络强国，可以追溯到 1948 年以色列建国之前总理大卫·本-古里安的三点决策。

正如我们在第一章中提到的，本-古里安很清楚，以色列单凭人数无法战胜阿拉伯敌人。要想存活下来，这个国家必须做到以下三点：第一是以色列需要建立一支"人民军队"，提高男女公民的参军比例。这就是为什么以色列建国后国防军人数一直占到全国总人口的 5%，在其他西方国家这一比例仅在 0.2%—0.4% 之间。

第二是在征兵时强调人员的质量，而不是数量。他推崇建立一支教育程度很高的军队，由聪明而富有创新精神的战士组成。建国以来许多犹太人从欧洲和北非地区移民到这个新成立的国家，带来崇尚教育和学术的犹太传统。战士们懂得如何充分利用这些资源。

我们在特拉维夫大学与本-伊斯雷尔见面时，当谈到全世界有超过 20% 的诺贝尔奖得主是犹太人，其中很多是以色列人时，他对我们说："这不是因为基因，而是因为文化。"

第三是在军队内部强调科技的重要性。以色列国防军正式成立后，不但拥有传统的海陆空部队，还设有科学部队，成为最早设立该兵种的军队。

但是，以色列人 18 岁就服兵役，从哪儿去招军队需要的工程师、数学家和物理学家？为此，以色列国防军成立了"阿图达"项目，这是一条为以色列年轻人设计的学术发展道路。进入该项目后，战士首先要在大学学习，然后在军队服役 6 年，比常规服役年限多出 3 年，但很多以色列年轻人都欣然接受了这个要求。

以色列军队视"阿图达"项目为高素质人才培养基地，该项目毕业生被称为"神奇小子"，在军队各个技术部门服役，负责研发和操作最先进的系统。有的毕业生会签订 6 年以上的服役合同，服完兵役时，他们的年龄在 28—30 岁之间，这时已拥有丰富的工作经验。离开部队，有的人会选择回到大学，成为学者，但大多数人会加入以色列蓬勃发展的科技产业。

1973 年赎罪日战争后，"阿图达"项目变得更为重要。当时，法 212 国在 1967 年六日战争后实施的武器禁运政策仍未废止，而以色列的飞机、坦克和其他武器系统急需进口配件。以色列意识到，尽管财政困难，但必须发展自己的国防工业。

在接下来的 30 年里，以色列的军事工业突飞猛进，雇佣人数从之前的几千人上升到 4 万人。但国家发展军事工业的成本也很高。这些企业研发和生产最先进的科技与武器系统，但因为担心失去科技优势，他们又不能将这些产品卖给外国军队。因此在军工企业的发展过程中，历届政府不得不承担这些企业每年的亏损。

虽然明白军售存在安全上的隐患，但最终以色列还是决定让国防企业逐渐走向国际市场。截至 20 世纪 90 年代中期，以色列每年的国防出口额都超过 10 亿美元。10 年后，这一数字达到 40 亿美元。考虑到其中的风险，以色列国防企业走向世界的脚步很慢，但毫无疑问，以色列在逐渐成长为一个军事强国。

雅尼夫·哈雷尔就是毕业于"阿图达"项目的一名"神奇小

子"，2015 年之前他担任国防部网络局局长。哈雷尔的父母是大屠杀幸存者，他是父母最小的孩子。他在以色列北部城市海法的郊区长大，1992 年加入"阿图达"项目，在以色列理工学院学习电子工程专业。学业快结束时，他申请加入以色列军事情报局下属的一个机密情报单位，由于成绩优异，他成功进入该单位，并很快成为一名优秀的工程师。他从不循规蹈矩，也不怕打破不同情报机构之间的官僚壁垒。在哈雷尔看来，合作就是力量，但这和情报界的文化背道而驰，许多情报指挥官都不愿分享自己掌握的敏感信息。哈雷尔曾因主持的一个保密项目而荣获"以色列国防奖"。

2007 年，服役了 15 年的哈雷尔脱下军装，回到院校，继续攻读特拉维夫大学战略管理学的博士学位。他当时心情很复杂，毕竟，他告别了自己工作多年的军事单位，军队见证了他作为一名军官的成长历程。

拿到学位后，哈雷尔拒绝了以色列军事情报局的一个高级职位，选择加入国防部，成为国防部武器和技术基础设施发展局网络部负责人。他当时发现，对于军队到底需要多大规模的网络部队这个问题存在激烈争论。一些人主张扩大 8200 部队的编制，加入几百名战士和军官，同时研发新的系统和武器。但哈雷尔不同意。他主张8200 部队向民用市场开放，同那些科技上突飞猛进的公司建立更密切的合作关系。

他对其他军官说："我们不需要更多人来重复我们已经做到的事情。我们要和地方公司建立更好的关系，开创一片新天地。"

哈雷尔的这个建议极具开创性。在此之前，以色列的网络能力是被严格保守的秘密，所有的技术都由 8200 等军事单位内部研发，并在内部使用。

哈雷尔明白，全球网络列车已经发车，并在全速前进，如果以色列国防军跟不上时代的节奏，无法扩大网络技术及其产品的研发和生产，就会被敌人反超。上任一年后，他同 15 家以色列初创公司达成合作项目，截至 2014 年，合作项目多达 80 个。

哈雷尔认为，以色列之所以能成为网络超级大国，是因为这个国家具有接受失败的文化。我们采访他时，他正担任易安信公司网络解决方案事业部负责人，他在公司总部办公室里对我们说："在很多文化中，个人一旦失败就被淘汰，因此，他不得不谨小慎微，担心自己的行为危及自己的职位。但大多数以色列人不怕失败，敢于冒险。"

哈雷尔指出以色列的另一个优势：在以色列国防军中，当讨论到关键问题时，人们鼓励低级军官提出异议，甚至公开反对他们的上级指挥官。在这种文化中，军官绝不会因为军队等级制度而私自隐瞒某些关键信息。

哈雷尔办公室的一面墙上挂着莱特兄弟站在一架飞机旁的照片。在哈雷尔看来，这张照片代表的不是过去，而是未来。当莱特兄弟第一次试飞时，他们并不知道自己打开了一扇通往新的战争形式的大门，不知道未来将出现空军、隐形战斗机和攻击型无人机。同样，现在通往网络空间的大门也被打开，这条路将通向哪里，人们还看不清。

一场极具传奇色彩的行动充分诠释了这种新型作战方式的特点，直到今天人们也只敢小声讨论这次融合了谍战、网络战、电子战和核武器的军事行动。[10]

2007 年 9 月 6 日，叙利亚官方媒体叙利亚阿拉伯通讯社

（SANA）最早报道了这一事件。该通讯社称，叙利亚防空部队前一天晚上在叙境内发现了以色列空军的战斗机，防空部队发射导弹后，以色列飞机被迫离开。报道还说，飞机在沙漠中投掷了炸弹，但没有击中任何目标。

215　　这则空袭的新闻很特别，但这并不是以色列战斗机第一次袭击叙利亚。2003年，一名以色列男孩被黎巴嫩真主党火箭弹炸死，为了报复，4架F-16以色列战斗机轰炸了叙利亚总统巴沙尔·阿萨德位于拉塔基亚的夏宫，当时他正在那儿度假。以色列想通过这种方式羞辱阿萨德，要他控制好他在黎巴嫩支持的恐怖组织。由于飞机的飞行高度很低，当时夏宫很多玻璃都被震碎。几个月后，19名以色列人在一次自杀式爆炸事件中死亡，为了报复，以色列空军轰炸了伊斯兰"圣战"组织在叙利亚的一个训练基地。2006年，由于阿萨德在大马士革为哈马斯领导人提供庇护，以色列空军再次来到他在拉塔基亚的住所进行低空飞行。

　　但2007年的行动和以往行动有所不同，这一次，以色列一直保持沉默，媒体提问也得不到任何答复。几天后，美国国务院承认他们通过第三方报道听说了这一事件，但否认掌握更多情况。第一个能够证明这一事件的是土耳其《自由报》，该报刊登了在土耳其与叙利亚交界处发现的两个以色列飞机燃料箱的照片，显然，这个地点就在战斗机的飞行路线上。又过了几天才有报道称，此次袭击的目标实际上是叙利亚东北部位于幼发拉底河畔的核反应堆。

　　这则新闻让世人非常惊讶。人们都知道阿萨德支持真主党，也知道他拥有大量化学武器，但没人知道他在非法制造核武器。消息出来后，国际原子能机构开始向叙利亚施压，要求叙利亚允许该机构向其核反应堆派出检查人员，但遭到阿萨德拒绝，他声称被袭地点是一个空仓库。

据报道，完成这次袭击任务的是 10 架以色列空军 F-15 战斗机。起飞几分钟后，编队机组接到进攻命令，7 架飞机离开编队，加速进入叙利亚领空，几秒钟后它们首先向雷达设施投掷炸弹。又过了两分钟后，飞机到达核反应堆上空后发射了每枚重达半吨的 AGM-65 "小牛"空对地导弹。

飞行员返航准备飞离敌方领空时，叙利亚军队才发现遭到袭击，于是盲目地向天空齐射防空导弹，但这时飞机早已离开射程范围。

当晚飞到叙利亚的以色列飞行员在几个小时前才得知目标的真实性质。在那之前，他们一直在进行叙利亚轰炸任务的训练，但对轰炸目标一无所知。如果消息属实，这将是以色列第二次成功摧毁核反应堆，只是不同于 1981 年轰炸伊拉克奥西拉克核反应堆，这一次飞行员即便对自己的朋友和家人也无法透露任何与任务相关的信息。

很多人不知道，以色列在轰炸叙利亚核反应堆时还创造性地运用了电子/网络攻击手段，成功骗过了叙利亚的防空系统。该方法一开始让雷达显示天空没有飞机，过一会儿又使雷达显示有数百架飞机。[11]

这是一项具有革命性意义的技术。国际上都知道网络攻击和电子战，但从未见过这两种手段在战术上融为一体。

显然，以色列已经掌握了在美国被称为"舒特"系统的技术，该系统专门用来欺骗雷达系统，导致雷达识别出根本不存在的物体。这项技术几年前由美国国防部研制，很多人并不知道以色列已经掌握。以色列是如何掌握这项技术的？直到今天这还是一个秘密，但可以初步确定，这是以色列工程师内部研发的结果。[12]

不管何种原因，结果都是一样的。虽然世界上大多数国家只关注核反应堆被摧毁的消息本身，但更为重要的是，在袭击当晚，以色列在实战中运用了网络技术，开创了战争史上的一个新时代。

2000 年夏天，巴沙尔·阿萨德取代他的父亲成为叙利亚总统。在西方，很多人都认为这位在英国接受过教育的眼科医生将带领国家走向开放，在多个领域进行改革，甚至有可能同以色列达成和平协议。但没想到阿萨德早已有了自己的计划。他加强了同黎巴嫩真主党和伊朗的联系，并同朝鲜建立了战略合作关系。

2004 年，美国国家安全局发现朝鲜和叙利亚之间的通话越来越多。在叙利亚这边，电话似乎都来自幼发拉底河畔小城代尔祖尔附近的沙漠地区。据说，美国国家安全局马上把这个消息发给业务上对口的以色列 8200 部队，后者随即成立了一个由分析员组成的团队，调查以色列以北到底发生了什么事情。

刚开始，他们并没有怀疑叙利亚和朝鲜在核计划上存在合作。毕竟，修建核反应堆会留下一系列能被以色列发现的线索。所以，比较合理的假设是两国在合作研发弹道导弹。两个国家都拥有大量弹道导弹，他们很可能想继续提高这方面的能力。总之，阿萨德让叙利亚再次发展核武器的可能性不大，他的父亲曾考虑过这件事，但在 20 世纪 90 年代错过了向巴基斯坦科学家阿卜杜勒·卡迪尔·汗购买核技术的机会后，他最终放弃了这个想法。

据报道，2006 年底，摩萨德派了几名特工到伦敦向英国从事海外间谍活动的军事六处（MI6）进行咨询，讨论如何瓦解叙利亚和朝鲜的同盟关系。[13]

到达伦敦后，摩萨德特工大吃一惊。据德国《明镜周刊》报道，当时，一名叙利亚政府高官也在访问伦敦，下榻在肯辛顿一家高档酒店。这位叙利亚人在伦敦期间不管去哪都随身携带一个装有电脑的手提包。但有一次，他离开酒店参加一场会议，将电脑留在了房间。摩萨德特工接到命令闯入房间，入侵了这台电脑。整个行动只持续了几秒钟时间，这几名特工进入房间后在电脑里植入木马程序，然后离开。

几分钟后，木马程序将大量信息从这台电脑发回摩萨德在特拉维夫的总部。这台电脑的硬盘是一座情报宝库，里面的内容包括叙利亚核反应堆的施工计划和已修建部分的照片。在一张照片上可以看到两名 50 多岁的男子，一人有着亚洲面孔，穿着一身蓝色运动服，另一位是阿拉伯人。那个亚洲人就是朝鲜著名核科学家千智富，那个阿拉伯人是叙利亚原子能委员会负责人易卜拉欣·奥斯曼。照片改变了一切。以色列关于朝鲜在叙利亚所作所为的所有假设都是错误的。[14]

接下来以色列需要查明核反应堆的具体地点，这项任务就交给了以色列军事情报局负责图像情报的 9900 部队，该部队的职责就是搜集和处理以色列侦察卫星搜集的所有图像资料。研究人员很快就锁定了一个疑似地点：叙利亚东北部一片树林中的几栋低层建筑。为了保持低调和隐蔽，不被侦察卫星发现，叙利亚工程师在选址上可谓处心积虑。疑似核反应堆建筑的外墙面被修建得和叙利亚乡村到处都有的拜占庭城堡一样，而且该建筑建在山沟里，只有从高处才能看到。为了不引起怀疑，建筑物周围没有任何安全防护设施，包括防空系统和高射炮。但有一些设施他们怎么也无法隐藏，那就是重水反应堆所需的水泵站及其通往 1 英里外幼发拉底河的水管。

据说，这些情况第一时间被汇报给以色列总理埃胡德·奥尔默

219

特。他召集了两个特别讨论会。第一个讨论会的成员包括国防部部长阿米尔·佩雷茨、摩萨德局长梅厄·达甘、国防军总参谋长加比·阿什肯纳兹中将、军事情报局局长和空军司令。第二个讨论会的成员包括西蒙·佩雷斯、本雅明·内塔尼亚胡和埃胡德·巴拉克。[15]

安全讨论会提出三个不同的袭击方案：第一个方案为动用少量飞机实施隐蔽的空袭行动，这个方案能给以色列一定的推卸责任的空间；第二个方案是调动大量军事力量的空中作战，目的是公开羞辱阿萨德；第三个方案是派以色列特种部队深入叙利亚目标所在地安装炸弹，摧毁核反应堆，这个方案风险最大。[16]

奥尔默特和佩雷茨命令国防军同时准备这三个方案，但很多人从一开始就明白，第一个方案是最优方案，因为不会留下任何痕迹。[17]

时间在一分一秒地流逝，以色列情报分析员警告说，袭击必须在核反应堆被激活前进行，否则将导致活化反应堆污染幼发拉底河，这可能会对叙利亚和土耳其民众造成伤害。

虽然已经有了在伦敦搜集到的核反应堆照片和施工计划，但为了确保情报准确无误，以色列情报机构还在尽可能获取更多信息。据报道，2007 年 3 月，他们又抓住一次机会。这一次，叙利亚原子能委员会负责人易卜拉欣·奥斯曼来到维也纳参加国际原子能机构举行的一次会议。摩萨德特工闯入他的房间，在其电脑上安装木马程序后离开，没有留下任何痕迹。从这次行动得到的信息再次证明叙利亚正在制造核武器。[18]

220　　奥尔默特决心阻止叙利亚的勾当，但他并不想让以色列使用武力，而是希望美国人执行这一行动。4 月，美国国防部部长罗伯特·

盖茨计划访问以色列，这是过去将近 10 年来美国国防部部长首次访以。盖茨到达以色列后，他的随行人员马上得到通知，几个小时后，佩雷茨将来酒店同盖茨进行秘密会谈。这是一个很奇怪的请求，但以色列国防部官员坚持这一行程安排，并对美国人说："他要传达一个非常重要的消息。"

与此同时，摩萨德局长达甘也在前往华盛顿的路上，计划同美国副总统迪克·切尼和国家安全顾问斯蒂芬·哈德利会面。他的目的就是呈送刚刚得到的关于叙利亚核反应堆的情报。

得知这一真相，美国人非常惊讶，但这并不是奥尔默特的目的，据说，他直接请求乔治·W. 布什总统命令美军袭击核反应堆。据在场美国官员的回忆，布什仔细思考了一下这个方案，但最终拒绝了以色列的请求。已深陷两场中东战争的布什不愿在另一个阿拉伯国家开辟新战场。如果一定要发动袭击，只能靠以色列自己。

最终，对叙利亚核反应堆的轰炸行动表明以色列正在探索新的作战形式，一种结合了谍战、突击部队、侦察卫星和网络战并以空袭结束的新型战法。

未来会如何？我们不得而知。网络空间的战争目前还没有任何手册可供参考。类似"震网"病毒那样的网络攻击或在外国政府人员的电脑上安装木马程序，可以像空袭和地面入侵一样被视为战争行为吗？毕竟，虽然"震网"病毒延缓了伊朗的核计划，但德黑兰并没有发动报复行动。叙利亚的核反应堆被摧毁，大马士革也同样保持了沉默。

如果被网络攻击的是以色列，这个国家会怎么办？是做出回应，还是像伊朗和叙利亚一样保持沉默？

221

这些问题都没有答案。但有一点已经很明晰：未来战争将与以往完全不同。现在，包括以色列国防军在内的许多军队已经拥有"网军"这一兵种，他们的武器就是键盘，随便敲几个键，他们就可能让一个国家陷入瘫痪。整个世界都在密切关注以色列在这方面的发展。

第八章　军火外交

一架没有任何标志的波音707客机从本-古里安机场起飞，1小时后降落在以色列南部度假城市埃拉特。当时已是深夜，对于那些在海滩木板路上散步的游客看来，这架飞机没有任何特别之处。1小时后，飞机再次起飞，这次朝东飞去。经过10小时的航程，飞机在印度加尔各答的机场停留了几小时，补充燃料后再次起飞。这架飞机正飞往中国南部一个省会城市：广州。顺利到达广州后，几名能说德语的中国领航员登上飞机，接着飞机开始第四段航程，飞往最终目的地，位于中国首都北京郊区的一个封闭军事基地。

降落在北京后，这群"老外"（中国人都这样称呼他们）终于能够离开飞机，被带到附近一个曾被用作比利时大使馆的院子。他们被告知不得离开这个院子。

这群"老外"相互间几乎不说话，他们怀疑这个院子里每个房间都装有窃听器，他们的对话会被录音。如果有重要事情需要商量，他们会来到户外，虽然北京的夜晚非常寒冷，空气污染也很严重。

中国人并不清楚这20多个"老外"的确切身份，他们只被告知，这群人是商人，同几家重要的国际军工企业有着密切的联系，这其中包括以色列企业。殊不知，这只是他们的掩护身份。事实上，这个代表团的组织方是以色列政府控股的国防企业以色列航空工业公司，代表团成员中还包括来自以色列外交部和国防部的高级官员。

当时是 1979 年 2 月，这是以色列国防官员第一次来到中国。

这次出访策划了很长时间。由于以色列和中国还没有建立外交关系，这次出访属于需严格保守的秘密，除了代表团成员、总理、国防部部长等人，没有任何人知情。以色列知道，一旦走漏风声，美国人会非常生气。但另一方面，在策划期间以色列得知美国即将和中国建交，如果要冒一次险的话，现在是最好的机会。

这是一次双赢之行。中国在"文化大革命"后开始对西方开放；在伊朗，阿亚图拉霍梅尼刚刚结束在法国的流亡生活回到国内，巴列维王朝被推翻，以色列将失去一个非常重要的军火客户，而中国正好可以填补这个空白。

为以色列打开中国军火市场的是犹太富商索尔·艾森伯格，在第二次世界大战期间，他和其他两万名大屠杀难民逃到上海。战后，他在远东建立起一个商业帝国，成为最早同中国、日本和韩国做生意的西方人之一。他利用个人关系让中国对以色列武器产生兴趣，还在 1979 年用自己的波音 707 客机将以色列代表团送到北京，这也成为中以关系中的"首航"。[1]

但中国人有很多顾虑。他们不想因为突然向以色列开放而影响同苏联和阿拉伯国家长期以来维持的盟友关系。以色列和中国都得谨慎行事。

作为中间人，艾森伯格同不少其他亚洲国家达成过军火协议，所以他对以色列国防产品非常熟悉。同中国人举行了一系列初步会谈后，他带着一份包括导弹、雷达、火炮和装甲车在内的采购清单回到以色列，并敦促政府派出代表团前往中国。

在以色列，前往中国的决定并非一蹴而就。梅纳赫姆·贝京总理一开始就知道这件事，但他没有马上同意，而是让国防部部长埃泽尔·魏茨曼亲自审查采购清单，确定以色列公司哪些东西能卖，哪些不能。[2]

中国人被告知，代表团成员都是艾森伯格的朋友，他们在以色列有关系，能够获得中国需要的武器。而以色列人对于中方人员的身份则是一头雾水。

一名代表团成员回忆道："他们是工程师、情报人员还是军官？他们都穿着中山装，我们根本无法知道同我们说话的到底是谁。"

从到北京那周起，代表团成员就被要求不得同国内联系。其中一位成员的母亲在他出访期间去世，但以色列的家人无法通知他。登机返回时他才得知这一消息。

在中国期间，这些"老外"发给中国人各种武器的宣传册，并声称他们能从以色列弄到这些武器。中国人非常感兴趣，但没有做出任何承诺。之后，以色列又多次派出代表团同中方秘密会晤，有的会议就在以色列空军的飞机里举行，飞机上的蓝色大卫星标志已被去除。这时，中国人已经明白他们在直接同以色列政府合作。每当双方确认了新的采购清单，就会交由贝京和魏茨曼审批。

双方的谈判体现了不同文化的碰撞。以色列人希望就整体框架签订一个合同，能长期适用于未来的交易，换句话说，他们想建立一个销售平台。但中国人不习惯过于复杂的合同。有一次，在谈判过程中，以色列人坚持在合同中增加一条不可抗力条款，中国人问道："什么是不可抗力条款？"当以色列人解释说，如果出现无法预测的上帝的行为，该条款可解除违约一方的责任。听到这里中方人员回答说："这样的话，那没必要，因为我们不信上帝。"

225

经过为期 1 年的漫长谈判，双方终于达成框架协议。第一批以色列坦克于 1981 年被运到中国。

以中双边关系继续发展，但即便在联系十分紧密时，这些交易仍然完全保密。中国人拒绝前往以色列，仅仅通过看几张武器照片（偶尔会有一段录像）就签下数亿美元的合同，连生产线都没有看到过，这种信任程度在军火交易领域实属罕见。

1985 年，中以之间的关系才开始逐渐公开化，变得不那么神秘。这一年，为了学习以色列创新农业技术，中国第一次向 9 名以色列农业管理人员发放签证，其中一人是农业部官员。同年，以色列重新开放 10 年前关闭的驻香港领事馆。³以色列希望同北京正式建交，但这个想法直到苏联解体和 1991 年马德里和会后才能实现，因为只有当阿拉伯人公开和以色列人坐下来谈判时中国人才愿意建交。

1992 年，以色列和中国正式建立外交关系。此后，两国民间贸易迅速发展，贸易额从 1992 年的 1 亿美元增长到 20 年后的 80 亿美元，中国也成为以色列在亚洲最大的贸易伙伴，而这一切都开始于 1979 年那次军火交易之行。

以色列建国以来，发展对外防务关系特别是军火贸易，为这个国家赚取了许多美元，具有明显的经济效益，但以色列发展防务关系的目的远不止此。由于被阿拉伯敌国环绕，以色列不得不利用先进的科技和军事能力，同包括俄罗斯、中国、新加坡和印度在内的国家建立外交关系，否则这些国家根本不会同犹太国建交。

在发展同以色列关系方面，各国有着不同的利益诉求。有的国家非常钦佩以色列的快速发展，希望复制以色列的成功。还有的国家像以色列一样面临许多苏制武器的威胁，希望学习以色列在多年冲突和战争中积累下来的经验。

武器贸易虽然帮助以色列同包括中国在内的国家建立起外交关系，但以色列也为此付出过代价，导致以色列和最重要的盟国美国之间的关系出现紧张。

最典型的例子是"费尔康"事件，这大概是以色列进入国际军火市场以来最惨痛的一次经历。"费尔康"预警机是安装有空中预警、指挥和控制系统（AEWC&C）的飞机，中国计划购买多架"费尔康"预警机，总价可能达到 20 亿美元，成为以色列有史以来最大的一笔军火订单。中国对以色列敌对国具有一定影响力，以色列希望这笔交易不但能够巩固以色列作为中国第一武器供应国的地位，还能增强以色列对北京外交思维的影响。

关于"费尔康"交易的谈判从 20 世纪 80 年代末就已启动，虽然当时两国还未正式建立外交关系。1993 年，就在以色列设立驻中国大使馆的第二年，伊扎克·拉宾成为第一位访问中国的以色列总理，这次出访也极大地推进了此项军售谈判的进程。当时，中国发布了一份全球招标公告，以色列、俄罗斯和英国提交了官方投标方案。

空中预警、指挥和控制系统能提供实时情报与雷达探测，是获取和保持制空权的重要条件，在现代战场上发挥着关键作用。以色列的"费尔康"预警机上装载的该系统由以色列航空工业公司的子公司埃尔塔公司研发和生产，是全世界最先进的空中预警、指挥和控制系统之一，能够同时跟踪几十个目标。中国希望利用"费尔康"预警机掌握其海上边界线附近的情况，并向整个亚洲投射军事力量。

结束对中国的访问后，拉宾要求国防部部长向美国国防部汇报以色列参加中国该项目招标的意向。拉宾这样做并没什么不妥，几年前，以色列和美国已达成谅解，只要不涉及美国技术，以色列可以将武器卖给中国。

以色列准备将"费尔康"系统（包括雷达系统和电子情报系统）安装在一架标准的波音飞机上，但中方强烈要求使用俄罗斯伊留申航空集团生产的运输机作为预警机。这样一来，事情变得极为复杂。以色列从未从俄罗斯购买过军事硬件，俄罗斯还是以色列敌对国的主要武器供应国。不仅如此，这次投标俄罗斯输给了以色列，因此不可能帮助以色列。

但拉宾决心完成这笔交易。1995 年，他直接向俄罗斯总统鲍里斯·叶利钦请求购买这款飞机，叶利钦的反应比较积极，但没作承诺。两年后，本雅明·内塔尼亚胡总理亲自到莫斯科敲定了这笔交易。这样一来，没人知道中国在其中的角色，内塔尼亚胡对身边记者也说这架飞机是以色列需要的。[4]

内塔尼亚胡结束访问后，以色列航空工业公司首席执行官摩西·克雷特飞到莫斯科落实技术细节，他成功把价格压到 4500 万美元，但接下来的任务是让俄罗斯工程师明白飞机在设计上需要做哪些调整，以便安装雷达系统，使其成为一架"费尔康"预警机。这个过程非常辛苦，因为伊留申航空集团的母公司虽然在莫斯科，但"伊留申"运输机的组装地点在乌兹别克斯坦，发动机则来自乌克兰。

同莫斯科达成协议后，以色列立即和中国签订了"费尔康"预警机交易合同，并收到预付款。一切似乎都在有条不紊地推进。

内塔尼亚胡认为整个交易要保持透明。达成交易后，他向比尔·克林顿总统汇报了这一进展。美国人当然说不上高兴，但也没有反对。然而，1999 年，事情发生变化。这一年，埃胡德·巴拉克当选为总理，几个月后，经过改装的"伊留申"运输机降落在本-古里安机场。几天后，这架拥有巨大圆顶的外形奇特的飞机的照片就登上了当地报纸的头条，同中国的军火交易已不再是秘密。

当一切被公开后，中国国防部部长迟浩田决定访问以色列，了解交易进展。这是中国国防部部长的第一次访以行程，这次访问具有重要的历史意义。然而，以色列万万没想到，迟浩田在特拉维夫检阅仪仗队的照片竟在美国引起轩然大波。

全球极具影响力的《纽约时报》的专栏作家 A. M. 罗森塔尔撰文谴责巴拉克政府允许中国国防部部长访问以色列。他还在文中说，犹太国连一把手枪都不能卖给中国，更不要提技术，这些技术很可能帮助北京击落美国飞机。[5]

由于批评的声音越来越多，此事开始引起美国国会的注意，事情接下来变得越来越糟。

2000 年 4 月，美国国防部部长威廉·科恩公开谴责这笔交易，并警告称这很可能削弱美国在亚洲的行动自由。6 月，美国众议院通过了一项反对这笔军售的非约束性决议。众议院外国行动拨款委员会主席索尼·卡拉汉议员建议削减 2.5 亿美元的对以军事援助，这正好是中国已支付给以色列的预付款金额。[6]

美国国防部官员向以色列国防部官员质问道："如果纽约戈德堡夫人的儿子在太平洋地区服役时，其驾驶的飞机因为犹太人的空中预警、指挥和控制系统而被击落，她会说些什么？"

克雷特飞到华盛顿，尝试向 K 街①的顶级游说公司寻求帮助，挽救"费尔康"订单。但只有一家公司答应研究一下这个案子，其他公司全说无能为力。克雷特失望而归，他明白这笔军火交易已经没

①K 街是美国首都华盛顿特区的一条主干道，是许多美国院外游说团体的驻地。在政治话语中，"K 街"已借指华盛顿游说行业。——译者注

有任何希望，接下来能做的只剩下在公开场合承认这次交易失败。

2000 年年中，巴拉克结束了以色列在黎巴嫩长达 18 年的军事存在，完成撤军，并做好了戴维营谈判的准备。在谈判中，他向亚西尔·阿拉法特提出一个全面和平协议，但遭到拒绝。要想同巴勒斯坦人实现和平，以色列需要美国的支持，说得更准确些，以色列需要美国的经济资助，用于以色列国防军的能力提升和以色列人从犹太定居点的撤离。在这一背景下，以色列必须牺牲"费尔康"交易。

230

2012 年，中国海军少将杨骏飞在海法港受到以色列海军准将埃利·沙维特的热情欢迎（以色列国防军提供）

同"费尔康"预警机事件一样，后来的"哈比"无人机事件也让美国国防部非常愤怒，在 2004 年的这次事件中，美国指控以色列使用美国技术升级几年前卖给中国的无人机，这导致美以关系再次出现危机。作为回应，美国暂停了在 F-35 联合攻击机研发项目中以方人员的参与活动，而该型号隐形战斗机正是以色列计划在未来购买的。美国国防部和以色列国防部之间的关系也降到冰点，以色列必须选边站。迫于巨大压力，以色列同意无限期完全停止向中国出售武器。

"费尔康"事件给以色列一个深刻的教训。军售可用于打开进入一个国家的大门，但如果处理不当，也可能瞬间让大门关上，有时甚至为此失去不止一个国家。

231

这下，不但飞机没卖出去，而且由于违约，以色列不得不向北京支付一笔巨额的赔偿金。这时，以色列航空工业公司几乎已完成了预警机雷达系统和相关子系统的安装工作，因此，以色列急需寻找新的买家。

克雷特到印度拿下了这一大单，他卖出的不是一架"费尔康"，而是以 11 亿美元的高价卖出了 3 架。很多人都没想到印度会成为以色列的买家。毕竟，这个国家同以色列建交的时间还不足 10 年，完成这笔交易时，很多人甚至都不知道这两个国家之间存在联系，知道两国间防务关系的人就更少了。

同中以军事关系一样，印以军事关系也是在两国正式建交前就开始建立了。20 世纪七八十年代，印度军官经常访问以色列，印度人在克什米尔同巴基斯坦人打仗，所以需要向以色列寻求帮助。印度人对新战术特别感兴趣，特别是以色列擅长的电子战这一新兴作战形式。两国间的武器交易规模当时很小，而且大多是通过第三方进行。

虽然从与以色列的关系中受益，但印度一直以秘密方式同以色列联系，其中原因很多，包括冷战结盟关系、担心激怒国内大量穆斯林以及维持与阿拉伯世界关系的需要。

1990 年，两国关系进入快速发展期。时任以色列国防部总司长的大卫·伊夫里（以色列空军前司令）秘密飞往伦敦，同（印度总理兼）印度国防部部长 V. P. 辛格会面。克什米尔的战事仍在继续，印度人需要升级军队装备，主要是针对一些过时的苏制武器。

232

几个月后，伊夫里派出一个由以色列国防军高级军官和国防企业代表组成的代表团来到新德里。然后他也飞到那里，同印度总理 P. V. 纳拉辛哈·拉奥举行会谈。这也是以色列国防部高官和印度元首之间的第一次会晤。

参加会谈的还有印度国防部秘书。伊夫里带来了以色列国防部部长伊扎克·拉宾的一封信，在信中，拉宾希望印度能同以色列建立正式防务关系。会议期间，当双方人员做完介绍后，拉奥让他的手下离开房间，要求同伊夫里单独谈几分钟，听听以色列能为印度提供什么，了解犹太国到底希望将其同印度的关系发展到什么程度。

伊夫里向拉奥简单介绍了以色列的军事能力，向他展示了拉宾的信，解释了印以关系继续发展的关键因素。

伊夫里说："我们不会在交易中增加任何附加条款。我们是一个小国，只有超级大国才会在防务关系中增加外交条款，我们不会。"

听到这些话，拉奥很高兴。在同以色列接触之前，印度尝试从美国购买武器，但被告知，交易被批准前他们需要满足一个长长的外交条款清单，其中主要是关于人权的条款。

拉奥打电话把印度国防部秘书叫回房间，特许他同以色列签订价值 20 亿美元的国防订单。关于如何同印度人做生意，以色列人还有很多需要学习的地方，但两国间军火贸易后来发展很快，截至 2014 年，以色列向印度出售军火的累积交易额超过 100 亿美元，成为除俄罗斯外印度的第一大武器供应国。[7] 军火交易还改变了印度在巴以冲突问题上的外交立场。2015 年，在联合国 3 个反以决议的投票中，印度出人意料地投了弃权票。

还有一个国家也是在同以色列建立军事联系后才建立起外交关系的，那就是新加坡。[8] 目前，新加坡已成为以色列的重要盟友，有不同报道显示，以色列国防军许多先进武器系统的研发都得到新加坡的资助。当今，新加坡军队成为全世界装备最精良的军队之一，这个岛国每年有 20％的总预算用于国防建设。

新加坡和以色列的双边关系可以追溯到 1965 年。那一年，新加坡刚刚脱离马来西亚联邦获得独立。当时的新加坡没有一兵一卒，英国人帮助马来西亚建立军队，但并没有向新加坡提供同样的帮助。新加坡迫切需要这样的帮助。

建国后，刚被任命为国防部部长的吴庆瑞秘密邀请以色列驻泰国大使莫迪凯·基德隆访问新加坡。很快，基德隆就和一名摩萨德的代表来到这个刚成立几天的国家，以色列给他们的指示非常明确：为这个新生国家提供军事援助。这对于新加坡而言很有吸引力。和新加坡一样，以色列的建国时间也不长，但却在短时间内建立起一支强大的军队。而且，两个国家面积都很小，并都与敌对国相邻，以色列周围有埃及和叙利亚，新加坡则与马来西亚隔水相望。[9]

新加坡国父、第一任总理李光耀之前就认识基德隆，而且很欣赏他。几年前，新加坡还属于马来西亚时，基德隆就找到李光耀，请求在新加坡设立一个以色列领事馆。虽然李光耀很信任犹太国，但他还是命令吴庆瑞不要急于谈判，等他得到印度和埃及的回信后再考虑同以色列建交一事。原来，他已向这两个国家发出了提供军事援助的请求。然而，几天后，李光耀得到的消息令他很失望。印度只是祝新加坡"幸福和繁荣"，完全不提军事援助的请求。埃及的回复也大同小异，承认新加坡的独立，派出海军顾问的请求则没有下文。李光耀一直将埃及总统贾迈勒·阿卜杜勒·纳赛尔视为好友，对此他特别失望。[10]

由于没有其他选择，李光耀批准国防部继续同以色列展开防务合作，但要求这件事必须保密，避免激怒马来西亚这个伊斯兰国家。3个月后，一位名叫杰克·艾拉扎里的上校带领一行以色列人来到新加坡。为了掩护他们以色列人的身份，新加坡人称他们为"墨西哥人"。

出发前往新加坡之前，艾拉扎里去见了以色列国防军总参谋长伊扎克·拉宾。拉宾对他说："记住，我们并不打算把新加坡变成以色列殖民地，你的工作是教授他们军事专业知识，让他们能够靠自己的双腿站起来，最终实现管理一支自己的军队。"[11]

以色列的确是这样做的。他们没有开设大规模培训课程，而是集中将少数拥有军事经验的新加坡人培养为指挥官。他们还参与了军事基地的建设和军事条令的撰写，并助其建立起必要的军政关系结构。在以色列的帮助下，新加坡一共有200人应征入伍，并被培养为指挥官。[12]

李光耀希望像以色列一样建立一支基于强制兵役制的人民军队。刚开始，这位新加坡领导人希望以色列团队只招募新加坡无业人员进入军队，并称这些人为"社会原始人"。李光耀引用了英国的例子，在第二次世界大战中，日本打败了教育水平更高的英军，这证明士兵并不需要才智，只要服从命令就行。

艾拉扎里和他的团队不同意这个观点，他们向李光耀解释说，日军士兵在第二次世界大战中之所以能服从命令、拼命战斗，是因为他们效忠于天皇。以色列人说："这不是教育的问题，而是动机问题。"最终李光耀被成功说服。

以色列团队在新加坡工作期间，基德隆再次来到新加坡，提出了一个交换条件。他说，新加坡应该考虑和以色列建交，两国可互派大使。李光耀说现在考虑这个问题为时尚早，同以色列建交不但会让新加坡国内的穆斯林感到不安，还会激怒和阿拉伯国家保持一致立场的马来西亚。

1967 年，六日战争爆发。以色列的获胜让李光耀深感欣慰，但也给新加坡出了一个难题。联合国正在讨论关于谴责以色列的决议，李光耀知道，如果新加坡支持这一决议，艾拉扎里及其团队就会放弃这个国家。但如果他投弃权票或反对票，全世界很快会明白以色列和新加坡的关系非同寻常。这让他感到非常为难。

经过激烈的思想斗争，这位新加坡领导人最终决定投弃权票，这相当于承认了这个岛国和以色列之间存在的亲密关系。接下来，新加坡不得不满足以色列之前的请求，1968 年 10 月，以色列被允许在新加坡设立一个贸易办公室，6 个月后设立大使馆。

中国、印度和新加坡是以色列通过"武器外交"实现正式建交的 3 个案例。在其中，伊夫里 1990 年向拉奥总理提出的不在军售中增加任何附加条款的原则发挥了关键作用，这帮助以色列成功占领了一些西方国家很难进入的市场，包括非洲、东欧和亚洲。 236

建国之初，以色列并没有太多朋友，特别是在周边的中东地区。

由于军队规模很小，不管过去还是现在，以色列国防军都很难通过常规采购刺激本土国防企业研发高端武器。因此，以色列国防企业生产的大多数产品都用于出口。只有这样，他们才能保持生产线的正常运行，并降低国防军的采购价格。

2014 年，以色列航空工业公司 78％的销售额来自外贸。其他以色列国防企业基本也是如此。这在世界其他国家难以想象。在美国，国防军工企业的国外销售只占总销售额的一小部分。波音公司国防部门的国际销售额只占总销售额的 35％，在洛克希德马丁公司，这一比例更是低至 20％。

以色列空军最先进的"突眼"（Popeye）导弹就是一个典型的例子。这款由拉斐尔先进防御系统国有公司研发的导弹能够穿越 60 英里外的窗户并准确击中目标。这是空军能从敌方防空区以外发射的最智能化的远程导弹。但以色列空军才需要多少导弹？为了压低价格，必须向国外出口导弹。这就是为什么以色列愿意将先进武器卖到美国、印度、韩国、澳大利亚和土耳其，而不是像许多国家那样选择单独持有。[13]

简言之，如果不出口"突眼"导弹，拉斐尔公司根本支付不起导弹的研发和生产费用。

但这件事情说起来容易做起来难，就像卖给中国"费尔康"预警机一样，有争议的军售很可能造成盟友间的紧张和怀疑。盟友必须相互信任，而军售可能会破坏这种信任。

对华军售引发美以关系危机后，2005 年，以色列国防部制定了新的监管国防产品出口的机制。之前，以色列国防部国际防务合作局（SIBAT）负责监督工作，但该单位的主要任务是发展海外军售业务，帮助企业同外国政府建立联系。在新的机制下，以色列成立了国防产品出口管制局（DECA），专门负责注册出口商，审批销售订单，并颁发海外市场销售许可证。

以色列还同意加强同美国的协调。可以说，只要涉及敏感武器的销售，以色列就会咨询美国国防部。以色列很大程度上失去了之前的独立性，付出了巨大的代价，但为了维持同华盛顿的友好关系，这一切都是值得的。

2008 年底，以色列国防部高级官员到美国呈送这个新的监管机制方案。他们还准备同美国讨论一笔前所未有的订单：以色列准备卖给俄罗斯价值 10 亿美元的军用无人机。

这可不是一般的军售。作为世界上最大的无人机出口国，以色列无人机远销非洲、欧洲、南美、美国和亚洲。但以色列从没向俄罗斯出口过武器，更不要说无人机。几十年来，俄罗斯是以色列敌对国的主要武器供应国，尤其是伊朗和叙利亚。包括反坦克导弹在内的俄罗斯武器已经落到真主党和哈马斯手中。如果以色列将无人机卖给俄罗斯，最后无人机很可能也会落到黎巴嫩、叙利亚和加沙地区的敌对分子手中。

俄罗斯之所以对以色列无人机感兴趣，主要是因为 2008 年夏天在南奥塞梯同格鲁吉亚发生的战争。这场战争持续了 5 天，虽然最终俄罗斯获胜，并承认南奥塞梯和阿布哈兹独立，但战争暴露了俄罗斯军队在科技能力上的严重不足，特别是无人机技术。

在战争爆发前几周，由于担心俄罗斯准备占领之前分裂出去的领土，格鲁吉亚派出无人机在冲突地区上空执行例行侦察任务。他们使用的不是普通的无人机，而是"赫尔墨斯"450 型无人机，这是由以色列埃尔比特公司生产并列装以色列空军的无人机。在 3 个月时间内，俄罗斯击落了 3 架无人机，其中有一次给人留下深刻印象，因为格鲁吉亚发布了一段一架"米格"战斗机发射导弹击落这架无人机的视频。

击落无人机本身很了不起，但格鲁吉亚对无人机的使用也暴露出俄罗斯的一些问题。一方面，俄罗斯无人机在战场上太落后，无

238

法提供实时情报，莫斯科不得不派出战斗机和远程轰炸机执行常规侦察任务。在战争中俄罗斯使用了老式"酥油草"无人机，俄罗斯后来也承认，这款无人机噪音太大，很容易被发现和拦截。

另一方面，格鲁吉亚军队有效搜集了大量情报，其中大部分是通过小规模以色列造无人机编队实现的。[14]

战争结束几周后，俄罗斯找到以色列，要求购买格鲁吉亚使用的"赫尔墨斯"450型无人机。刚开始以方人员感到非常惊讶，俄罗斯之前从来不在海外购买武器，更不要说在以色列。但这次战争给莫斯科敲响了警钟，他们不得不承认自己需要技术援助。

很多人都认为，以色列无论如何都不能将正在本国空军服役的无人机卖给俄罗斯。在2006年的第二次黎巴嫩战争中，真主党向以色列坦克发射了几十枚俄罗斯反坦克导弹，以色列可不想看到自己的无人机出现在敌方队伍中。

但接着，国防部官员提出一个新的想法：如果将无人机卖给俄罗斯，以色列是否能够阻止俄罗斯将先进武器交付给伊朗和叙利亚？如果可以的话，以色列不但能够承受这个风险，还非常值得这样做。[15]

以色列人在这个问题上出现分歧。外交部支持这笔交易，声称这能够加强同莫斯科的关系。伊朗正在推进核计划，此时加强俄以关系非常重要。这些官员还说，对俄出售无人机能加强以色列对俄罗斯在伊朗等问题上的政策的影响。国防部一方面承认这样做能够加强对莫斯科的影响力，但另一方面非常担心无人机技术有一天会落到伊朗、叙利亚甚至黎巴嫩真主党和加沙地带的哈马斯手中。

当时，俄罗斯有一笔军售是以色列人不惜一切代价阻止的，那就是向伊朗交付S-300防空导弹系统。这个最初价值8亿美元的交易合同于 2005 年秘密签署，但迫于来自以色列和美国的压力，俄罗斯一直在推迟交付时间。

以色列之所以会想到通过对俄出售无人机来阻止俄向伊朗销售防空导弹系统，理由很简单：S-300 是世界上最先进的防空导弹系统之一，经受过实战考验，能够同时跟踪 100 个目标，可能让以色列无法空袭伊朗核设施。

240

俄罗斯人很清楚以色列对 S-300 防空导弹系统的担忧，双方领导人几乎每次对话时都会提及这件事。南奥塞梯战争结束一周后，以色列总理埃胡德·奥尔默特和俄罗斯总统德米特里·梅德韦杰夫就通了电话。俄罗斯很担心以色列为格鲁吉亚提供武器和无人机，在通话中，奥尔默特同意暂停以色列向格鲁吉亚的军售，但同时对莫斯科向叙利亚和伊朗的武器出售施压。[16]

克里姆林宫官方向以色列保证，俄罗斯不会交给伊朗有损地区稳定的武器，这似乎可以理解为俄罗斯不会向伊朗提供 S-300 防空导弹系统。但同时，莫斯科又向以色列解释说，如果伊朗履行了其对联合国和监督机构国际原子能机构的义务，那就需要重新考虑 S-300 防空导弹系统的交付问题。[17]克里姆林宫还指出，不管怎样，S-300 防空导弹系统只是防御系统，如果以色列有任何担心，就应该选择放弃对伊朗核设施的袭击。

俄罗斯一直拒绝透露真实目的。2009 年初，美国参议员卡尔·列文访问俄罗斯。当时，列文是美国参议院军事委员会的主席，访问莫斯科的目的是加强美俄间在导弹防御上的合作，以应对伊朗对核武器的不断追求。列文非常支持以色列，因此，在访问期间他提到 S-300 防空导弹系统，敦促俄罗斯外交部副部长谢尔盖·里亚布科夫终止将该武器系统交付给伊朗。但里亚布科夫的立场非常强硬，他说这笔交易虽然目前已冻结，但不断提及对任何一方都不利。

他说："我们不希望再听到华盛顿提这件事，提得越少越好。"[18]

交易冻结的消息并没能缓解以色列的担忧。在耶路撒冷，有人认为应该在 S-300 防空导弹系统部署到伊朗之前发动袭击。

以色列将这一消息透露给了海湾地区一些同其保持友好关系的温和阿拉伯国家。2009 年初，阿联酋总参谋长哈马德·塔尼·鲁迈希在会见美国驻阿布扎比大使理查德·奥尔森时，向美方提出紧急请求：希望美国立即在阿联酋部署 5 套"爱国者"导弹防御系统。他给出的理由是，由于 S-300 防空导弹系统的交易，以色列马上会对伊朗发动袭击，而作为报复，伊朗会接着对阿联酋发动袭击。[19]

鲁迈希对奥尔森说："我必须非常坦诚地告诉你，这一地区发生了一些让我们非常担心的变化。"他解释说，"爱国者"导弹防御系统将部署在阿布扎比及其周边，以防止伊朗在以色列袭击后发动报复性导弹袭击。被问到这一判断的根据时，鲁迈希才提到 S-300 防空导弹系统的交付。他补充说道："我不相信俄罗斯人。我认为俄罗斯人和伊朗人都不可信。"

在以色列，无人机交易变得越来越紧迫。最终决策权并不在国防部，而在外交部，但另一方面，即便外交部否决这一交易，国防部仍然可以提交以色列安全内阁进行讨论，而安全内阁有权撤销外交部的决定。

2009 年，安全内阁举行了多次会议讨论这笔交易。针对俄罗斯计划购买格鲁吉亚在战争中使用的那款长航时无人机的发盘，以色列给出还盘：以色列可以考虑出售无人机，但只出售已经在以色列空军退役的老型号无人机，比如"搜索者"无人机。

2009 年 6 月，刚刚担任以色列外交部部长的阿维格多·利伯曼飞到莫斯科。由于利伯曼出生于摩尔多瓦，这一时期以色列和俄罗斯的关系非常好。截至那年夏天，有 5 名以色列内阁部长访问莫斯科，两国间旅游来往人数创下历史新高，自由贸易协定正在谈判过程中，俄罗斯还考虑在莫斯科举办一次中东和平会议。

在华盛顿，一些圈内人士甚至担心以色列准备让俄罗斯取代美国成为其最主要盟友。当时美以关系已经出现问题，本雅明·内塔尼亚胡再次当选以色列总理后，已多次和美国新任总统巴拉克·奥巴马发生摩擦。

242

2006 年 9 月，美国国防部部长阿什·卡特（右）在五角大楼会见以色列国防部部长阿维格多·利伯曼（美国国防部提供）

在莫斯科会谈期间，利伯曼提到了 S-300 防空导弹系统。俄罗斯人之前就公开反对以色列对伊朗核设施发动袭击，这次他们对利伯曼说，S-300 防空导弹系统"只有当你准备袭击伊朗时才能发挥巨大作用"，并拒绝放弃销售该系统。[20]

离开莫斯科时，利伯曼在这个问题上已经得出明确的结论：完成 S-300 防空导弹系统的交易关系到俄罗斯人的尊严，所以最终这一定会成为现实。如果说之前在是否有必要对俄出售无人机的问题上还存在很多疑虑，当利伯曼回到耶路撒冷后，这些疑虑已不复存在。

几周后，美国和以色列高级官员相聚特拉维夫参加一年一度的战略对话论坛，成立这个论坛是为了讨论地区形势变化和确保以色列相对于邻国具有质量型军事优势。会上，S-300 防空导弹系统再次被提及，以色列人向美国人透露了最新发现，如果美国继续推进在波兰和捷克部署导弹防御系统的计划，俄罗斯也将继续推进 S-300 防空导弹系统的交易。[21]

这成为以色列推进无人机交易的最佳时机。

要想同莫斯科签订合同，以色列还有最后一个阻碍，那就是美国。俄罗斯和美国是老对手，如果以色列将先进的无人机卖给俄罗斯，美国当然不会高兴，毕竟，俄罗斯曾是美国的敌人，现在这两个国家在很多领域仍然针锋相对。

负责国际安全事务的助理国防部部长玛丽·贝思·隆恩是最早听到这个销售计划的美国官员之一，也是最早支持"铁穹"防御系统的美国官员。听到这个消息后，隆恩非常惊讶，主要是因为当时以色列还请求美国不要将先进武器卖给沙特阿拉伯和其他海湾国家。隆恩对与她职位相同的以色列官员说："你们的意思是说，美国在未经你们允许的情况下不能将武器卖给阿拉伯国家，但你们可以将包含或不包含美国科技的先进武器卖给俄罗斯？"[22]

以色列人给出了两点理由：第一，他们声称出售给俄罗斯的无人机不涉及任何源自美国的科技；第二，他们告诉隆恩，卖给俄罗斯的无人机只比俄罗斯目前的无人机略微先进，和中国准备卖给俄罗斯的无人机相差无几。[23]

隆恩问道，俄罗斯未来有没有可能将无人机转给真主党或伊朗？以色列人向她保证，即便发生这样的事情也不用担心，以色列目前使用的无人机比卖给莫斯科的无人机要领先一代。

如果以色列将无人机卖给俄罗斯，那么俄罗斯就需要以色列提供保养、零配件和相关知识。以色列认为这种依赖性有助于增强以色列对俄罗斯外交政策的影响力，特别是在俄对以色列的阿拉伯敌对国军售的问题上。如果克里姆林宫做出有损以色列利益的事情，以色列可以拒绝向俄罗斯提供零配件或日常保养，让俄罗斯无人机只能停在地面。

隆恩把这些情况向上级做了汇报。美国国防部成立了一个研究以色列无人机的小组，负责证明准备出售的以色列无人机确实不包含美国科技，以及同中国准备卖给俄罗斯的无人机处在同一技术水平。最终，虽然美国对以色列向俄罗斯靠拢很不满意，但还是批准了这笔交易。

隆恩回忆说："由于这牵涉双方的利益，俄罗斯被合同掣肘，以色列人认为这能在未来影响俄罗斯在伊朗乃至更广阔地区的决策。"

如果俄罗斯和伊朗的交易已成定局，以色列也可以与俄罗斯达成类似的交易。

后来将近 5 年的时间里，以色列的无人机交易似乎达到了既定目标。伊朗不断催促俄罗斯交付 S-300 防空导弹系统，但克里姆林宫一直拒绝。在这期间经常出现伊朗人在俄罗斯接受 S-300 防空导弹系统操作训练的新闻，这让以色列感到非常紧张，但该系统并没有运离俄罗斯。

2015 年夏天，这一切发生了改变。经过将近一年的谈判，在美国领导下的西方大国（P5＋1）① 同伊朗历史性地达成了旨在遏制其核计划的协议。有了该协议，俄罗斯又开始声称没必要再推迟 S-300 防空导弹系统的交付了。俄罗斯国有科技公司说合同已"重新生效"。

以色列刚准备发动新的外交攻势，另一件意想不到的事件爆发了。9 月，为了拯救阿萨德政权，俄罗斯开始轰炸位于叙利亚的"伊斯兰国"目标。俄罗斯不但在叙利亚部署了多个飞行中队，还向地中海派出军舰和潜艇。20 世纪 70 年代以来，俄罗斯军队从未如此靠近以色列边界。由于担心两国因为误解而引发冲突，以色列总理内塔尼亚胡立即飞到莫斯科，和弗拉基米尔·普京总统见面，决定立即建立处理以色列国防军和俄罗斯军队间微妙关系的协调机制。

11 月，俄军一架"苏霍伊"轰炸机被土耳其击落。愤怒的莫斯科威胁要采取军事行动，并暂停了和安卡拉的贸易关系。普京还做了另一件事，他将 S-300 防空导弹系统的升级版本 S-400 防空导弹系统部署到该地区，接收该武器的国家不是一直在这个问题上同以色列抗争的伊朗，而是以色列空军的后院——北部邻国叙利亚。

和 S-300 防空导弹系统一样，S-400 防空导弹系统也能同时追踪和拦截远至几百英里外的多个目标，但后者拥有升级后抗干扰能力更强的雷达系统和由多种导弹组成的多层防御系统。S-400 防空导弹系统的射程更远，能够击落特拉维夫上空的飞机。

这个消息令以色列非常震惊。一位以色列空军军官说："在最糟

---

① 此处翻译尊重了原文。但实际上，"P5＋1"为包括中国在内的 5 个联合国安理会常任理事国加上德国。——译者注

糕的噩梦中，我们也想不到会发生这样的事情。"

除了战术上的影响（以色列空军需要改变之前的飞行队形），俄罗斯在叙利亚部署防空导弹系统的事实还让以色列明白，之前的军售对俄罗斯的影响非常有限。在中东这个复杂的地区，理想总是会被现实打败，计划永远赶不上变化。

结语　末日战场

按照计划，哈马斯指挥官在加沙策划的这次针对以色列的袭击将震惊全国，成为以色列的"9·11"事件。在这次进攻面前，之前旷日持久的战争、自杀式爆炸袭击、火箭弹袭击和流血事件都将黯然失色。审判日即将到来。

凌晨4点半，大约有10多名身着迷彩服的武装分子从地洞里钻了出来，他们全副武装，装备有AK47自动步枪、火箭助推榴弹（RPG）、手枪、手榴弹和夜视镜。为了能将这次行动摄录下来，有的人头盔上还装有GoPro相机。他们神不知鬼不觉地突然出现在一片黄瓜地里。

当时是2014年7月17日，以色列和哈马斯在加沙地带最近一次的战斗已持续了一周。每天都有几十枚火箭弹从加沙射向以色列城镇，以色列则出动空军对加沙进行轰炸，摧毁激进组织基地、火箭弹发射架、指挥所和武器储藏地，并追捕哈马斯指挥官。

以色列已经做好了应对哈马斯通过地道发动袭击的准备，但并不知道地道的具体出口。截获的情报锁定了大致区域，以色列国防军在这些区域附近部署重兵，无人机也持续在天空盘旋。

后来，以色列国防军发布了一段无人机拍摄的黑白热成像视频，其中显示，哈马斯武装分子从地面一个洞口爬了出来，迅速在田野里分散开来，但当发现自己位置暴露后，他们又赶紧朝洞口跑去，并一个接一个地爬回地道。最后一个人刚爬进洞口，以色列导弹就发射过来，摧毁了这个地道的入口，消灭了这个小组的几名成员。

这些武装分子试图在以色列和哈马斯之间停火协议生效前几小时发动地道袭击。但对以色列而言，这成为压死骆驼的最后一根稻草。大约 10 天前，以色列刚刚炸毁了此处以南发现的一个大型地道，那个地道竟能直接通到附近的一个基布兹。

以色列知道哈马斯一直在沿着边界挖"进攻地道"，甚至还组建了一支名为"努克巴"（阿拉伯语中"精英"的意思）的秘密突击队。经过训练，这支部队的高级成员能够徒步或骑小型摩托在狭窄的地道中移动和作战。[1]

以色列国防军声称，哈马斯计划通过大约 30 条地道让数十人渗透到以色列境内，这些地道的路线经过精心设计，每条地道都通往不同的基布兹或城镇。这些武装分子将闯入私人住宅、餐厅和幼儿园大开杀戒。这个小组有的成员负责劫持以色列人，再通过地道强行将人质带到加沙，作为未来同以色列交换战俘的筹码。他们的目标是杀死几十人，绑架几十人。如果目标实现，这将极大挫伤以色列的民族士气。

加沙地道的存在并不是秘密。20 世纪 80 年代初，根据埃以之间签订的和平协议，以色列将西奈半岛归还给埃及，并将加沙南部的拉法一分为二。从那时起，加沙地带开始出现大量地道。但当时地道主要用于边境走私。1989 年，地道第一次被用于武装袭击，哈马斯激进分子马哈茂德·马巴胡赫在绑架和谋杀了两名国防军战士后通过地道逃离以色列。后来，马哈茂德·马巴胡赫成为哈马斯高级

248

特工，负责武器采购。2010 年，他死在迪拜一家酒店房间内，据说是摩萨德暗杀小组所为。

截至 2000 年，埃及和加沙边界上有数百条可使用的地道，所有能从地道运输的东西都能走私到加沙，包括武器、香烟、炸药、等离子电视甚至汽车。

拉法靠近埃及边界，那里的加沙人几乎都是挖地道的高手。他们经常利用儿童修建地下通道和运送走私品。他们首先在边境附近的家中向地下打竖井，然后再横向挖地道。地道的修建周期从两周到两个月不等，费用有时能达到 10 万美元。虽然成本不菲，但一条成功的走私地道能创造巨大的经济利益。

随着时间推移，哈马斯开始将更大更先进的地道同其作战方法结合起来，利用地道袭击以色列国防军在加沙地带的基地。2004 年，一枚重达 1.5 吨的炸弹在靠近拉法的一个以色列国防军阵地下方的地道被引爆，接着，哈马斯突击队对该哨所发动猛攻，5 名国防军战士牺牲。

从战术角度分析，哈马斯使用地道的原因很好理解。持续的火箭弹袭击虽然对以色列民众造成有效威慑，但由于边界地区戒备森严，哈马斯很难发动能够震惊整个犹太国的大规模袭击。除了巨大的隔离墙，以色列在边境地区还部署有先进的雷达系统、密集的观察哨所和大量巡逻人员，从地面根本无法突破这道防线。地下通道自然成为他们进入以色列、发动袭击并迅速撤离的最佳途径。地道拥有巨大的潜能。

哈马斯的地道挖掘能力也取得了很大的进步。2014 年 10 月，以色列国防军在靠近加沙边界的恩哈什洛沙发现了一个巨型地道。恩哈什洛沙是 20 世纪 50 年代由一群拉丁美洲移民建立的田园基布兹。

2014 年，一名以色列士兵站在加沙边境发现的一个哈马斯的地道入口（以色列国防军提供）

以色列之前掌握了一些零星的情报，当地军民也经常声称他们听到了一些奇怪的声音，凭借这些线索，以色列非常幸运地找到了这个地道的位置。

这条地道有 50 英尺深，将近 1 英里长，地道内部高度达到 6 英尺，大多数人站在里面根本不用弯腰。修建这个巨型地下通道使用了超过 500 吨混凝土。一位基布兹居民说，这个地道的模样让他联想到纽约地铁。以色列情报部门称这条地道的建设成本为数百万美元，哈马斯原本计划利用它渗透到基布兹，对当地居民展开屠杀。

250

虽然一直知道地道的存在，但发生在 2014 年夏天的事件还是让以色列措手不及。7 月 17 日的袭击发生后，以色列安全内阁决定向加沙派出以色列地面部队，定位和标记这些跨界地道，并将其摧毁。

但以色列面临两个问题：第一，以色列情报机构并不知道所有地道的具体位置；第二，即便发现了地道的位置，以色列也没有摧毁这些地道的详细战术。所以，国防军战士们虽然明白自己的任务，但对于如何完成任务却是一头雾水。

于是，针对地道，一批部队授命进入加沙地带，执行一次规模有限但意义重大的专项行动，行动中目之所及的一切让久经沙场的老兵也惊讶不已。哈马斯修建了大约30条从加沙通往以色列的地道，大多数已经完工，有的还处于收尾阶段。这些地道完全不同于以色列之前发现的狭窄的短距离地道，它们设有通风管道和通信线路，墙也是水泥砌的，人可以在里面直立。有的地道绵延数英里，主线路之外还有分支，这意味着发现地道的一个入口并没有用，因为它可能还有好几个入口，只有进入地道，以色列国防军才能摸清地道的实际路线。

根据《华尔街日报》的报道，这给以色列带来两个挑战：第一是如何定位和识别地道，第二是如何摧毁地道。对于第一个挑战，以色列国防军已经形成了一些初步的想法。早在行动前，利用蜂窝网络和信号扫描技术，以色列情报部门通过追踪地道挖掘者的手机信号成功发现地道的出口。以色列发现，当挖掘者进入地下时，手机信号会突然消失，几小时后他们从同一地点出来，信号再次恢复。[2]一旦出现大量类似情况，基本可以确定在这附近存在地道入口。

2000年初，以色列国防部就开始测试各种用于探测地道的系统。2007年，国家审计长在报告中对国防部和国防军在这方面工作的不足之处提出强烈批评。的确，不管出于何种原因，当国防军战士2014年进入加沙地带时他们手足无措，得不到任何技术上的支持。在这场针对地道的行动开始前，国防部部长预计只需要2—3天的时间就能实现既定目标。但事实上行动持续了将近 3 周，在这期间，哈马斯持续通过地道发动袭击。

由于缺少探测和摧毁地道的明确方法，以色列国防军选择随机应变，不断尝试新的方法。在发现地道后，一开始他们会炸毁地道的竖井，但国防军很快意识到如果该地道存在分支线路，这样做无济于事，事实上，几乎所有地道都有分支线路。

后来战士们选择将机器人放入地道，探测地道的线路。为了炸毁地道主体部分，有时他们会选择向地道倾倒液体炸药。在极少数情况下，战士们会直接进入地道，在墙体上安装炸弹和地雷。空军也为摧毁地道的行动提供了支持。一旦地道的线路被查明，飞机会沿地道线路投掷联合直接攻击弹药（JDAM），这是一种专门用来穿透地表的精确制导炸弹。以色列国防军称这种方法为"动能钻井"。

然而，即使以色列部队正在进行定位和摧毁地道的行动，哈马斯仍然成功地利用地道发动了多次袭击。在一次袭击中，一群哈马斯武装分子从纳哈尔奥兹基布兹附近的地道口冲出来。哈马斯后来公布了一段从固定在该武装分子头盔上的 GoPro 相机拍摄的视频，从视频中可以看到，一名武装分子爬出地道后，在光天化日下跑过田野，进入附近以色列国防军一个边境哨所，枪杀了 5 名士兵，然后，这名渗透者又跑回地道口，逃回加沙。

针对加沙地道的行动结束时，以色列成功摧毁了大约 30 条地道，但付出的代价相当惨重，几十名以色列士兵和数百名巴勒斯坦人丧生。此外，另一个本该在短短几天内结束的军事行动竟然持续了 50天，成为 1948 年独立战争以来以色列历史上持续时间最久的武装冲突。

这场战争给以色列敲响了警钟，以色列一直清楚哈马斯把武器和指挥中心隐藏在医院或学校，但这次行动发现的地道表明一种新的战争形式的产生。利用这些地道，哈马斯可以发动相当于"9·11"事件规模的袭击。

以色列在 2014 年加沙战争中遇到的是一种全新的战争形式。以色列国防军本以为自己为这场战争做好了充分的准备：国防军战士都被训练为巷战专家；国防军的坦克装备有最新的"战利品"主动防御系统，能够防御反坦克导弹的攻击；"铁穹"防御系统能够有效拦截射向以色列的"喀秋莎"和"卡萨姆"火箭弹，拦截率远高于之前的预期。但是，在某种程度上，地道让这些准备工作变得毫无意义。

这属于典型的"颠覆性创新"，这个词由哈佛大学商学院教授克莱顿·克里斯坦森创造，专门形容那些让传统竞争对手（以色列国防军）失去竞争力的创新（激进分子的地道）。

253　　但最终，以色列国防军攻克了这个难题，虽然花的时间比预期要长，双方也因此付出了惨重的伤亡代价，但国防军最终找到了定位和摧毁地道的方法。通过不断适应瞬息万变的战场，以色列国防军创造出新的战术战法，成为世界各国军队争相学习的对象。

以色列也许是第一个在边境面临激进分子地道挑战的国家，但未来，这样的地道也可能出现在美国和墨西哥边境、土耳其和叙利亚边境或印度和巴基斯坦边境，这些威胁并非危言耸听。

加沙战争的经历让人们明白，不管国防军认为自己的战备有多么充分，随时都可能出现意想不到的事情。

这对以色列而言并不是最近才有的感受，特别是在军队。1973年赎罪日战争爆发后，部署在埃以边境的以色列坦克不断被一种神秘的导弹击中。刚开始，指挥官们以为这只是敌方步兵发射的普通火箭助推榴弹，于是命令坦克向后撤离了一段距离，本以为这样能处于敌方火力范围之外，结果仍被击中。

随着战斗的持续，以色列国防军的坦克兵意识到这是一种新的威胁，通过有线制导，这种导弹由单兵发射后能够精确命中1英里外的目标。这款由苏联研制的新型反坦克导弹被称为"萨格尔"导弹。为了应对这种导弹，以色列国防军必须适应新的形势，提出新的应对方案。后来，每当发现有该导弹发射，坦克就会互相通告，然后开始毫无规律地朝各个方向行驶，扬起巨大的沙尘，阻挡导弹发射者的视线。

这一战术非常成功，后来被北约部队采用。不过，此法虽然有效，但这并不能完全避免以色列坦克被导弹击中，在战斗第一天，超过180辆以色列坦克退出战斗，其中一半是被"萨格尔"导弹击中的。[3]

不仅在1973年和2014年，事实上，自建国以来，以色列在逆境中和战场上一直表现出极强的随机应变能力。本书从头到尾都在展示以色列这一标志性特征，每当遇到挑战和威胁，以色列都会运用这一能力。

从以色列的经历中我们可以看到，尽管以色列国防军一直在积极备战，未雨绸缪，但未来总是充满变数。以色列本以为自己成功阻止了S-300防空导弹系统的交付，但没想到更先进的防空导弹系统被部署在叙利亚；以色列本以为来自加沙的火箭弹袭击不会构成战略性威胁，但没想到后来有数千枚火箭弹射向以色列的城市。中东地区仍处于历史上最剧烈的动荡期，以色列国防军的指挥官们知道还有更多预想不到的情况将要发生，他们能做的是最大限度地减小

254

这些情况的不利影响。

为不确定性做准备，这个说法听上去有些矛盾，但这正是以色列国防军的工作。以色列国防军并不能确定未来战争将会是怎样的，但和其他现代军队一样，它将努力为未来战争而不是已经过去的战争做准备。

在以色列特拉维夫国防部地下几百英尺处有一个名为"波尔"（希伯来语中"洞穴"的意思）的地下指挥中心，这里是以色列未来战争的实验室。

波尔指挥中心是以色列国防军的神经中枢，所有大规模军事行动都在这里策划和指挥。进入这个地下指挥中心需要经过两道巨大的铁门，一旦遇到非常规袭击，这两道大门就会封闭起来。在大门外标有很大的提示语，提醒访客将手机存放在门外。伊朗和黎巴嫩真主党采用各种手段监听以色列，以色列必须极度谨慎，容不得半点侥幸心理。波尔指挥中心拥有独立的空气净化系统和发电系统。即使地表建筑被摧毁，指挥中心仍可以继续运行。

地下的楼梯可能有数英里长。在其中一层楼，一个房间门外写着"北部战线：叙利亚"，穿过大厅，还有房间门外写着"加沙""黎巴嫩"和被国防军称为"纵深"的战线名称，"纵深"战线的部队有时需要远离以色列边界执行深度渗透行动。在这些房间里，作战参谋研究地图，制订未来行动计划，并决定在不同的行动和战场派遣哪个军事单位与使用何种型号飞机。

再向下走几层就来到以色列国防军总参谋长的会议室。以色列军队高层指挥官每周都会围坐在 U 形会议桌旁，审批各类行动，讨论适用于以色列未来冲突的作战原则和战术。房间的墙上挂有记录着以色列以往危急时刻在此召开会议的照片，照片中的一位位将军神情严肃，若有所思，这些照片在不断提醒人们，在这里做出的决定关乎国家的命运，绝不能向外界泄露。

在会议室一边是一个落地玻璃围成的房间，这个房间被称为作战室，是以色列国防军的主要指挥中心。指挥中心的长桌上摆满了电脑和不同颜色的电话（根据颜色区分加密级别），长桌中间是总参谋长的位置。所有将军都面对着一面挂满各种屏幕的墙，屏幕上显示有不同传感器（包括安装在飞机、海军舰船和卫星上的）发回的图像。总参谋长凭借这些信息指挥作战行动。

第二次黎巴嫩战争结束几年后的一个夏日，一位国防军将军在总参谋长的会议室就以色列的未来战场发表演讲。他解释说，目前的形势不容乐观，中东动荡给以色列带来了一些好处，但更多的是威胁和挑战。一方面，曾经是以色列最主要敌人的叙利亚军队已不复存在，这意味着犹太国不再面临常规战争的威胁。他说，以色列担心敌国使用坦克入侵并占领以色列领土的岁月似乎已一去不复返。

但另一方面，这名将军继续说，黎巴嫩真主党和哈马斯不再是小型组织。未来以色列国防军将面对一场"拼图式"战争，以色列必须知道如何同时应对反坦克导弹（常规战争）、士兵劫持（武装袭击）和从地道中钻出来的激进分子（游击战）。战斗机对于轰炸战略目标和在广阔地区投射力量仍然发挥着非常重要的作用，但如果有50名哈马斯分子从地道中钻出来袭击附近的基布兹食堂，战斗机就无能为力了。

为了应对这些"拼图式"冲突，以色列国防军近年来强调在三个方面的能力建设：提高协同能力，加强安全距离/机器人平台的建设，以及确保以色列作战行动的国际合法性。

"协同能力"是指军队各单位之间合作的能力。在最基本的层

256

面，这意味着飞行员和步兵能够使用共同的语言，比如，当地面士兵尝试指挥飞行员轰炸某一目标时，他们能听懂对方的语言。在更高的层面，提高协同能力还能对科技产生直接影响。以前，空军飞行员在驾驶舱中看不到地面部队正在攻击的目标，但现在通过高科技可以实现。

"协同能力"的提高离不开许多军官的努力，这其中包括哈南·伊塞罗维奇上校的参与。2015 年以前，他担任以色列国防军精锐计算机部队马姆拉姆部队的指挥官。马姆拉姆是希伯来语"计算机和信息系统中心"缩写的音译，这支部队主要负责以色列国防军的网络维护，确保部队在战术层面上具有良好的连通性。这支部队声望很高，从这里退伍的老兵都成为科技公司争相抢夺的人才。

该部队最近发明了一个被国防军称为"水晶球"的系统，通过这个系统，指挥官只需在屏幕上一点，就能将战场的实时录像上传，并将目标坐标加载到数字地图中。

这样一来，坐在指挥中心的军官可以看到无人机和其他装备的传感器提供的录像，以此为依据选择进攻目标，并将目标迅速转换成数字坐标，发送到该区域所有作战部队的数字地图系统中。

"水晶球"和其他类似系统能够缩短以色列国防军"从传感器到射手"的周期，以前这一过程可能需要 20 分钟，现在要快很多。

伊塞罗维奇深知这些系统的重要性。2006 年第二次黎巴嫩战争期间，伊塞罗维奇是纳哈尔旅第五十步兵营的指挥官，他的部队被部署在黎巴嫩南部。一天，他的无线电通话系统响了起来，原来，一名以色列北部战区司令部的情报官在向他提供一条非常重要的情报。

这名情报官说："附近一座房屋建筑内有一个真主党反坦克导弹

小组，请做好准备。"

　　在战场上很少能得到这样精确的情报。这场战争中以色列国防军原计划通过入侵黎巴嫩来结束真主党在边境附近的存在，但国防军无法获取关于该组织在黎巴嫩南部村庄具体位置的高质量情报，这条情报却非常精准。通过夜视镜，伊塞罗维奇在几英里外发现了这个真主党反坦克导弹小组。形势非常紧张，当时虽然伊塞罗维奇已经发现了对方，但真主党战士还没有发现以色列国防军的位置。一旦他们发现以军，这将是一场非常血腥的战斗。

258

　　伊塞罗维奇通过无线电联系上附近一架"阿帕奇"武装直升机，请求飞行员对这个藏匿有真主党小组的房屋进行轰炸。但伊塞罗维奇足足用了 15 分钟才向飞行员解释清楚真主党小组和以色列部队的位置。飞行员需要确保不会意外轰炸到伊塞罗维奇和他的士兵所躲藏的建筑。为了核实他们说的是同一个目标，两人竟然交流了 10 多次。

　　这样的经历让以色列国防军意识到部队在协同能力上的严重不足。拥有了"水晶球"等系统后，伊塞罗维奇等指挥官只需在电子地图上标记真主党武装分子所在建筑的坐标，同一网络下所有部队就都能看到这一位置，包括战斗机和直升机。

　　一位以色列国防军高级军官解释说："不管是真主党还是哈马斯，现在的敌人都非常低调，非常非常狡猾，经常在复杂的城市环境中活动。我们需要知道如何迅速而精准地发现、识别和攻击这些目标。"

　　以色列国防军正在进行的第二个变革是将更多包括机器人在内的自动系统融入作战体系。2015 年，以色列空军大多数飞行任务都由无人机完成。未来几年，这一比例还会继续上升，以色列空军计划在 2030 年前拥有一支由无人机和隐形战斗机组成的机群。

无人系统并不局限于在天空执行任务的无人机。在地面，以色列国防军也使用了很多无人系统，比如能扔到房间内拍摄内部情况的球形照相机和能在加沙、叙利亚等动荡边界取代战士执行侦察任务的无人地面车辆（UGV）。

以色列国防军一辆"守护者"无人地面车辆正在加沙地带边境巡逻（以色列国防军提供）

未来还可以在地面部队到达前向敌方领土派出无人地面车辆。以前由精英侦察部队执行的危险任务现在也可以由配备有360度摄像头、扬声器和自动步枪的小型无人沙丘车来完成。在不知道屋内情况时就发起强攻的做法也将成为历史。很快，蛇形机器人将在战士发动进攻前爬到敌方指挥部进行侦察。此外，还有由以色列拉斐尔公司研制的无人侦察艇"保护者"，艇上装备有武器套件和执行非致命任务的高压水管。这款基于小型快艇设计的无人侦察艇已在加沙海域成功完成了多次海军试验。

在不久的将来，空中和地面的机器人将冲在战场最前线。在未来，就算战士仍然被视为不可或缺的因素，他们的模样也会发生很大的变化。不同于现在的制式战靴和防弹衣，未来的战士们将穿戴机械化装甲，这些装甲不但能提供更好的防护，还能让士兵的移动速度更快、能够轻松地背带更多装备。他们还会配备一个用于提高态势感知的个人头部显示器，他们的冲锋枪所使用的子弹还能够识别敌军和友军。

在未来战场上，坦克也将实现无人驾驶，并安装有能够连续工作几个星期的混合动力引擎。空中的无人机在机翼上将安装太阳能板和燃料电池，凭借这两个动力源，无人机可以一直在空中飞行，只有日常维修检查时才让其降落到地面。

空军在战场发射的纳米卫星集群将为地面部队提供实时图像，并能够在远离国土的地方被用作以色列通信设备的"蜂窝塔"。袭击预定目标将主要使用精确制导火箭弹，只有执行远距离战略性任务才使用空军的隐形战斗机。

如果未来再次发生六日战争，以色列甚至无须派出飞机轰炸埃及和叙利亚机场，可以利用先进而强大的网络武器让敌方所有的飞机都无法起飞。

这就是未来以色列的作战方式。

然而，如果缺少国际合法性，这一切都没有意义。这个国家可以研发和生产最先进的武器，甚至将这些武器卖到全世界，但是，如果全世界都不支持以色列的行动，再先进的武器也没有用武之地。

对以色列这样的国家而言，合法性非常重要。由于非常依赖国际支持，特别是美国的支持，以色列几乎在每次军事行动前都会寻求许可，哪怕只是默许。在最近的加沙和黎巴嫩冲突中是如此，考虑对伊朗核设施发动军事袭击时亦是如此。由于国际社会的强烈反对，以色列最终没有对伊朗发动军事袭击。

战争并不能在战场上结束，特别是针对非国家行为体的战争。战场上行动结束后，战争将继续在媒体、法庭和联合国安理会谈判桌上展开。现在的公众支持比 10 年前更为重要，如果缺少支持，战争很可能在达成军事目标之前就提前结束。

2006 年 7 月 30 日上午，以色列同黎巴嫩真主党的战争已进行了两周时间。突然，黎巴嫩南部小镇加纳村发出一阵巨大的爆炸声，爆炸物是前天晚上以色列空军投掷的炸弹，由于故障，炸弹在落地后没有立即爆炸。

根据最初的报道，60 多人在这次事件中死亡，其中一半是儿童。几乎每个国际新闻网都立即通过卡塔尔半岛电视台从废墟现场发回了实况报道。以色列声称加纳村附近区域是真主党的"喀秋莎"火箭弹发射点所在地，但直到 12 个多小时后以色列才拿出确凿的证据。

那天的事件成为战争的转折点。正在以色列访问的美国国务卿康多莉扎·赖斯利用这次爆炸事件，要求以色列在未来 48 小时内停止在黎巴嫩上空的一切空中行动，对于战争中的以色列而言这是一个惨痛的代价。在接下来的几天里，国际社会对以色列针对真主党行动的支持几乎消失殆尽。

也许，如果以色列当时能更快拿出证明加纳村真实情况的证据，国际社会对这次行动的支持就可以延续。不管怎样，加纳村事件和后来发生的其他事件都迫使以色列适应新的现实，在袭击目标前，以色列必须要考虑将袭击全过程摄录下来，并考虑这次袭击可能带来的国际法律后果。这不仅是为了维护外交官的利益，这些行动也可能对军官造成影响。实施行动的军官以后还能在全球自由通行，不担心被捕吗？国际社会是否会对以色列高级军官发出逮捕令？

2016 年的一天，当来到特拉维夫北部海边的一座公寓楼时，我们的心情有些忐忑。我们即将和以色列前总理和前总统西蒙·佩雷斯见面。还有几分钟就到预约时间了，说实话，我们真不知道 93 岁高龄的佩雷斯能给我们多少时间，甚至不确定他还能否记起我们想从他那儿得知的事情。但后来佩雷斯的讲话出乎我们的意料。

佩雷斯是一位伟大的以色列政治家。在他公寓的书架上摆满了他 70 年政治生涯留下的纪念品，其中有他和世界各国领导人的合影、在国外获得的奖项，包括他同伊扎克·拉宾、亚西尔·阿拉法特共同获得的富有争议的诺贝尔和平奖。

佩雷斯亲眼见证了这个国家是怎样一路走来的：独立战争期间他在本-古里安身边工作，后来负责为这个新成立的国家购买军火。是佩雷斯说服阿尔·史威默来到以色列建立以色列航空工业公司，也是佩雷斯让以色列和法国建立起战略合作关系，并通过这段关系秘密启动了核计划。

263

在政府中，他几乎在每个部门都工作过，包括交通部、国防部、财政部和外交部。他两次担任以色列总理，2007—2014 年担任以色列总统，这也是他的最后一份工作。

如果只有一个人能解释为什么以色列能为世界研发出如此之多极具创新性的武器，我们认为这个人非佩雷斯莫属。

其实，佩雷斯能成为本-古里安的助手纯属巧合。佩雷斯从小生活在一个坐落于约旦河谷的基布兹，1947 年，该基布兹决定派一名年轻人到特拉维夫，成为哈加纳的志愿者。一个周六的晚上，基布兹秘书处举行了一次投票，第二天早上，当时 24 岁的佩雷斯就上路了，准备前往哈加纳在特拉维夫被称为"红房子"的总部。当时，他在基布兹的朋友往他口袋里塞了 3 里拉，这就是他全部的盘缠。

但他到那儿后，谁也不知道该给他安排些什么工作。在楼里闲逛时，他碰到一位熟人，于是佩雷斯问道："你知道我应该在这儿做什么工作吗？"

他的朋友回答说："不知道，我们真不知道让你做什么。"

佩雷斯开始有些慌张。难道这一趟白跑了？来这儿一天就回去，他该怎么向基布兹的朋友解释？正当他思考这些问题时，身后楼梯上有人大声对他问道："你到这儿了？"

佩雷斯转过身，发现站在眼前的正是以色列第一任总理大卫·本-古里安。他们两人因都是左翼政党马帕伊党成员而相识，几年后这个政党合并到现在大家熟知的以色列工党。

"是啊。"佩雷斯回答说。本-古里安走到他跟前，从夹克里拿出一张纸条递给佩雷斯，然后说道："这就是我们目前所有的军火和武器的清单。"接着他快速说出哈加纳武器储存点机枪和子弹的数量。他还说："如果在武器不足的情况下受到进攻，我们将被摧毁。我们需要武器，这是现在最紧迫的任务。这就是你的工作。"

虽然受到本-古里安的热情接待，但其他哈加纳领导人还是冷落他。那天晚些时候，那位朋友又找到佩雷斯，并告诉他，虽然没有具体工作，但他可以坐在哈加纳总参谋长雅科夫·多里的办公室办公，这位总参谋长正在休病假。

佩雷斯来到多里的办公室，坐在他那张巨大的木桌旁。闲着无聊，佩雷斯翻看了一下抽屉，发现了两封写给本-古里安的信。他打开其中一封，读后大吃一惊。

在信中，一位以色列国防军将军向本-古里安解释了关于自己拒绝担任以色列国防军新任总参谋长的原因。这位将军说，虽然这一邀请让他受宠若惊，但在发现犹太国的军火库里只有 600 万发子弹后，他决定拒绝这一邀请。

这位将军写道："在战争中我们每天需要 100 万发子弹，我不想成为一个只能在任上干 6 天的总参谋长。"

佩雷斯之前从来不知道形势有如此可怕。但他没有在这种情绪中停留太久，因为他很快有了具体的工作要做。他的任务是在本-古里安身边运营一个由世界各地联络人员组成的网络，这些人负责想尽办法为以色列国购买武器和军火。这成为接下来 10 年佩雷斯的主要工作。

正是这些经历塑造了佩雷斯独特的性格。在不遗余力购买武器的同时，他也在思考以色列该如何弥补自己在武器方面的巨大不足。建国早年，以色列没有坦克和飞机，也没有国家愿意向以色列出售这些武器。所以，佩雷斯想到许多创造性地解决这一问题的方法，比如，让以色列独立研发反坦克导弹和高射炮，这样以色列至少能具备一定的防御能力。

265

他告诉我们："如果前方有一堵墙，只有傻子才会用头去撞墙。你应该做的是想其他方法完成工作，你必须有创造性。"

这一路走得并不顺利。比如，20 世纪 50 年代，以色列开始生产自己的步枪。但当以色列国防军试射这些步枪时，子弹总是在枪管里爆炸。战士们换其他的步枪试射，结果还是一样。军官们感到很困惑，他们反复检验了子弹和步枪，但怎么也找不到故障原因，直到一名工程师决定检查制造子弹的铜。原来，存放铜的仓库有鼠患，老鼠的尿液腐蚀了这些铜，所以生产的这一批子弹都存在缺陷。

在本-古里安的支持下，佩雷斯带领以色列走上了一条"科技强国"的道路。但是，当他到以色列国防军总部建议购买超级计算机时，他直接被赶出了房间；当他建议投资研发导弹时，将军们对此嗤之以鼻，讽刺地说道："我们连子弹都没有，你却在这儿谈导弹和计算机。"

这些阻碍一直都在，但佩雷斯从不言败。当财政部部长告诉他"一分钱"都不能花在修建核反应堆上时，佩雷斯在预算之外成功筹集了数百万美元；当以色列各所大学拒绝在武器研发上进行合作时，他从其他地方找来科学家。佩雷斯总能在别人认为危险的地方看到机会。他从不轻易放弃，哪怕知道有人在他背后冷嘲热讽或恶意中伤，他也毫不在意。

266　　当回忆起 1947 年 11 月 29 日晚上联合国就分治决议投票后他和本-古里安坐在一起的场景时，他严肃地说道："我们从一开始就遭到进攻，因此别无选择。"本-古里安在那天晚上说："今天他们在跳舞，但明天就会发生战争。"

但以色列撑过了这场独立战争，打败了敌人。佩雷斯说，之所以能取得胜利，主要是依靠以色列的高素质人才和惊人的斗志。

他说："犹太人在 DNA 中就有一种永不满足的基因。不管给犹太人任何多不好用的东西，他们都可能将其修好或进行改进。给以色列空军一架飞机，他们也能进行改进……我们认为没有什么事是不可能的。"

我们问这位年长的以色列政治家是否担心以色列会失去军事上的质量优势。我们说，近年来，美国宣布计划向沙特阿拉伯出售价值数十亿美元的先进军事平台。与此同时，黎巴嫩真主党和哈马斯在体制上越来越接近正规军队，并使用了包括反坦克导弹、无人机等以前常规部队才拥有的武器。

佩雷斯思考了片刻，然后表达了他对未来的展望。他说："要维持以色列在军事上的质量优势，我们需要把钱花在战士的大脑上，而不是花在他们的肌肉上。"

这就是为什么佩雷斯最近建议以色列国防军总参谋长批准每名战士在服兵役前先读大学，拿到学士学位。这也是为什么他最近建议教育部在幼儿园开设教两三岁幼儿第二外语的课程。

佩雷斯说，没有什么事情是不可能的。但是他补充说，同样，没有任何事情会自动发生，要想让其发生，我们需要不断去推进，有时甚至仅凭一己之力。

通过那天的见面我发现，佩雷斯是一名梦想家。这位为以色列军队和国家拥有核能力立下汗马功劳的功臣，在科学、技术、机器人、和平等问题上同样侃侃而谈。他告诉我们，未来武器和未来战争的关键在于利用"拥有巨大潜力"的太空和理解如何使用更少的能源。他还饶有兴致地谈到纳米科技，认为这项技术能够帮助以色列研发出更小、更智能和更可靠的传感器与武器。他激动地说："我们要用更少的投入换来更大的产出。"

在谈话快结束时他说，多年的战争让以色列人有些悲观，对未来有些怀疑，但他坚持认为，科技可以改变这一现象。他说："未来不会是坦途，但我们可以改变人的性格，我们可以利用科技让人变得更好、生活得更好、对未来更抱有希望。"

佩雷斯的观点是否正确我们不得而知。但是，这位前总统在 93 岁高龄还畅想着 50 年以后的事情，这一点着实让我们感到佩服。

267

在写这本书的过程中，我们深感自己正处在一个特殊的历史阶段。作为记者，我们每天在报道阿以冲突的各个方面，同时又看到新的武器不断被研发和引入这一地区，这不得不让我们感慨这个时代的复杂和神奇。

以色列的武器正在改变现代战场，这些武器对战争方式的影响并不局限于以色列边界以内，而已经辐射到更广阔的中东、欧洲、非洲和亚洲地区。这些武器的研发一方面吸取了战争中积累的军事经验，另一方面也融入了长期创新的成果，因此，关于这些武器的故事一直吸引着全世界的注意力。

在本书的写作过程中，我们奔波于世界各地，包括亚洲和欧洲，当然，还有以色列和美国。在我们到访之地，大多数人对以色列都很熟悉，但对于其科技实力和先进的武器却所知甚少。

我们相信，在以色列几乎没有人希望发生战争，但这个国家建国以来平均每10年就要经历一场大规模战争，直到今天其周边仍有敌人叫嚣要灭亡这个国家。所以，以色列必须时刻做好准备。未来会怎么样，我们并不知道，但毫无疑问，以色列的武器必将成为书写未来故事的重要力量。

268

致　谢

　　如果没有数百人愿意接受我们的采访，同我们分享他们的见解，这本书根本无法完成。他们中的许多人讲述了自己在以色列军队和国防体系中扮演的角色；还有不少人属于外交官，在世界权力走廊中进行着一场没有硝烟的战争；部分人要求在书中匿名，我们接受了他们的要求。

　　雅科夫非常感谢安·玛丽·利平斯基和哈佛大学尼曼新闻基金会的其他成员，这本书最初的想法就是在该基金会成形的。雅科夫参加了该基金会安妮·波尼斯和佩奇·威廉姆斯两位优秀导师主持的写作研讨会，从书中您可以感受到这次学习的效果。他还要感谢《耶路撒冷邮报》，目前他担任该报主编，在过去 15 年里他一直利用这个平台向全世界讲述以色列的故事。

　　阿米尔想感谢瓦拉网（Walla），过去 6 年来他一直在这家以色列主要新闻网站工作。在这之前，他在以色列《晚报》（*Maariv*）工作了 12 年。来到瓦拉网后，由于新的团队水平高、追求前沿科技且具有创新精神，在这个团队的支持下，他的写作水平被提升到新的高度。

　　阿米尔还要感谢巴伊兰大学，他的论文导师是该校的什洛莫·

沙皮拉教授，他是以色列在情报和恐怖主义研究方面的国际知名专家。

我们要特别感谢我们的编辑伊丽莎白·黛茜加德，她从一开始就为本书感到非常兴奋。我们还要感谢我们非常敬业的代理人彼得和艾米·伯恩斯坦，他们一直在帮助我们推敲文中的思想，陪伴我们走过了这项工作的全过程。

最后，我们要感谢我们的家人。夏娅（雅科夫的妻子）和法妮（阿米尔的妻子）给予了我们巨大的支持。为了让我们能够拥有充足的空间和时间来完成这项工作，她们花费了很多精力照顾孩子（雅科夫的孩子：阿塔拉、米基、莱利和艾利；阿米尔的孩子：罗恩、亚哈里和塔马里）。夏娅和法妮一直鼓励我们将这项工作做到极致。没有她们的支持，我们无法完成本书的写作。

注 释

前言

1. Gili Cohen, "Israeli Defense Exports in 2014: $5.6 Billion" [Hebrew], *Haaretz*, May 21, 2015, http://www. haaretz. co. il/news/politics/1. 2642295.

2. Marcus Becker, "Factory and Lab: Israel's War Business,"*Der Spiegel*, August 27, 2014, http: // www. spiegel. de/international/world/defense-industry-the-business-of-war-in-israel-a-988245. html.

3. Fareed Zakaria, "Israel Dominates the Middle East," *Washington Post*, November 21, 2012, https://www. washingtonpost. com/opinions/fareed-zakaria-israel-dominates-the-middle-east/2012/11/21/d310dc7c-3428-11e2-bfd5-e202b6d7b501story.html.

4. Reuven Gal, *A Portrait of the Israeli Soldier* (Westport, CT: Greenwood Press, 1986), 10.

5. Arthur Herman, "How Israel's Defense Industry Can Help Save America," *Commentary*, December 1, 2011.

6. Becker, "Factory and Lab. "

7. Ann Scott Tyson, "Youths in Rural US Are Drawn to Military,"*Washington Post*, November 4, 2005.

8. Christopher Rhoads, "How an Elite Military School Feeds Israel's Tech Industry,"*Wall Street Journal*, July 6, 2007, A1.

9. Ben Caspit, "Talpiot Industrial Zone,"*Maariv*, March 29, 2010, 10.

第一章

1. Golda Meir,*My Life* (New York: Dell, 1975), 213, 222, 224.

2. Yuval Steinitz, "The Growing Threat to Israel's Qualitative Military Edge," Jerusalem Center for Public Affairs,*Jerusalem Issue Brief*, Vol. 3, No. 10, December 11, 2003.

3. Ignacia Klich, "The First Argentine-Israeli Trade Accord: Political and Economic Considerations,"*Canadian Journal of Latin American and Caribbean Studies*, Vol. 20, 1995; and Shimon Peres and David Landau,*Ben-Gurion: A Political Life* (New York: Schocken Books, 2011), 16.

4. Michael Bar Zohar,*Shimon Peres: The Biography* (New York: Random House, 2007), 81.

5. Ibid. , 77.

6. Ibid. , 106.

7. Avner Cohen, *Israel and the Bomb*（New York：Columbia University Press，1998），53.

第二章

1. "The Dronefather,"*The Economist*，December 1，2012，http：// www. economist. com/news/technology-quarterly/21567205-abe-karem-created-robotic-plane-transformed-way-modern-warfare.

2. Richard Whittle，"The Man Who Invented the Predator,"*Air and Space Magazine*，April 2013.

3. "Military UAVs：Up in the Sky，an Unblinking Eye,"*Newsweek*，May 31，2008，http：// www. newsweek. com/military-uavs-sky-unblinking-eye-89463；and Phil Patton，"Robots with the Right Stuff,"*Wired*，March 1，1996，http：// archive. wired. com/wired/archive/4. 03/robots pr. html.

4. 源于本书作者之一 2013 年夏天对卡雷姆的采访。

5. Frank Strickland，"The Early Evolution of the Predator Drone,"*Studies in Intelligence*，Vol. 57，No. 1，March 2013.

6. George Arnett，"The Numbers behind the Worldwide Trade in Drones,"*Guardian*，March 16，2015.

7. See Anshel Pfeffer，"WikiLeaks：IDF Uses Drones to Assassinate Gaza Militants,"*Haaretz*，September 2，2011，http：// www. haaretz. com/news/diplomacy-defense/wikileaks-idf-uses-drones-to-assassinate-gaza-militants-1. 382269.

8. Nick Meo，"How Israel Killed Ahmed Jabari，Its Toughest Enemy in Gaza,"*Daily Telegraph*，November 17，2012，http：// www. telegraph. co. uk/news/worldnews/middleeast/israel/9685598/How-Israel-killed-Ahmed-Jabari-its-toughest-enemy-in-Gaza. html.

9. 下文关于以色列在苏丹发动袭击的叙述主要依据外国媒体报道（包括《时代周刊》和《星期日泰晤士报》）和作者在对该行动理解基础上的推断。

10. "How Israel Foiled an Arms Convoy Bound for Hamas,"*Time Magazine Online*，March 30，2009；and Uzi Mahnaimi，"Israeli Drones Destroy Rocket-Smuggling Convoys in Sudan,"*Sunday Times*，March 29，2009，http：// www. thesundaytimes. co. uk/sto/news/world_news/article158293. ece.

11. Mahnaimi，"Israel Drones Destroy Rocket-Smuggling Convoys in Sudan. "

12. WikiLeaks，https：// wikileaks. org/plusd/cables/09KHARTOUM249_a. html.

13. See WikiLeaks diplomatic cable 09KHARTOUM249 created February 24，2009，https：// wikileaks. org/cable/2009/02/09KHARTOUM249. html.

14. 同注释 9。

第三章

1. Amnon Barzilai, "Turret Exposed" [Hebrew],*Globes*, July 29, 2006, http://www. globes. co. il/news/article. aspx? did=1000137025.

2. Josh Mitnick, "Mighty Merkavas Fail in War Gone Awry: 'Boom, Flames and Smoke,'"*Observer*, August 21, 2006, http://observer. com/2006/08/mighty-merkavas-fail-in-war-gone-awry-boom-flames-and-smoke-2/.

第四章

1. Deganit Paikowsky, "From the Shavit-2 to Ofeq-1, a History of the Israeli Space Effort,"*Quest*, Vol. 18, November 2, 2011.

2. See Paikowsky, "From the Shavit-2 to Ofeq-1"; and Y. Rabin, Diary, Tel Aviv, *Maariv* [Hebrew], 1979 , Vol. 2, 497 – 498.

3. Bob Woodward, "CIA Sought 3rd Country Contra Aid,"*Washington Post*, May 19, 1984, A13.

4. E. L. Zorn, "Israel's Quest for Satellite Intelligence," https://www. cia. gov/library/center-for-the-study-of-intelligence/kent-csi/vol44no5/pdf/v44i5a04p. pdf.

5. Bernard Gwertzman, "Israel Asks US for Gift of Jets, Citing Saudi Sale,"*New York Times*, April 4, 1981, 2.

6. Amnon Barzilai, " Here We Build a Force Multiplier" [Hebrew], *Haaretz*, September 25, 2001, http://www. haaretz. co. il/misc/1. 736130.

7. Glenn Frenkel, "Israel Puts Its First Satellite into Orbit,"*Washington Post*, September 20, 1988, A16.

8. Lawrence Wright,*Thirteen Days in September* (New York: Knopf,2014), 35.

9. Moshe Nissim, "Leadership and Daring in the Destruction of the Israeli Reactor,"*Israel's Strike Against the Iraqi Nuclear Reactor 7 June*, 1981 (Jerusalem: Menachem Begin Heritage Center, 2003), 31.

10. Shlomo Nakdimon, "Begin's Legacy: 'Yehiel, It Ends Today,'"*Haaretz*, February 22, 2010.

11. Barzilai, "Here We Build a Force Multipier. " See also "Meeting Minutes Regarding Israel-South Africa Agreement," Woodrow Wilson Center Digital Archive, http://digitalarchive. wilsoncenter. org/document/114148.

12. Amnon Barzilai, "Somewhere Beyond the Horizon," *Haaretz*, September 26, 2001.

13. Paikowsky, "From the Shavit-2 to Ofeq-1. "

14. Uzi Eilam,*Eilam's Arc* (Eastbourne, UK: Sussex Academic Press, 2011), 232-237.

15. Ibid.

16. "We Operate on the Border of Imagination,"Mako News Website [Hebrew], March 27, 2014, http:// www. mako. co. il/pzm-units/intelligence/Article-0b71c430eb30541006. htm.

第五章

1. Amnon Barzilai，"How to Build a Wall"［Hebrew］，*Haaretz*，November 13，2002，http：// www. haaretz. co. il/misc/1. 839763.

2. Lior Avni，"A Decade under Fire：10 Years to the First Kassam"［Hebrew］，*NRG*，April 14，2011，http：// www. nrg. co. il/online/1/ART2/232/334. html.

3. David Horovitz，"Only a Drill?"*Jerusalem Post*，May 25，2010.

4. Anshel Pfeffer，"Behind the Scenes of Iron Dome"［Hebrew］，*Haaretz*，November 23，2012，http：// www. haaretz. co. il/news/politics/1. 1871793.

第六章

1. See "Report of the Special Rapporteur on Extrajudicial，Summary or Arbitrary Executions," May，2010，http：// www2. ohchr. org/english/bodies/hrcouncil/docs/14session/A. HRC.14.24. Add6. pdf.

2. Laura Blumenfeld，"In Israel，a Divisive Struggle over Targeted Killing," *Washington Post*，August 27，2006，https：// www. washingtonpost. com/archive/politics/2006/08/27/in-israel-a-divisive-struggle-over-targeted-killing/2e6d9107-6a81-4500-a7e4-001b4fc853c9/.

3. Steven R. David，"Fatal Choices：Israel's Policy of Targeted Killing,"*Mideast Security and Policy Studies*，No. 51 （Ramat，Israel：The Begin-Sadat Center for Strategic Studies，Bar-Ilan University，2002）.

4. Yaakov Katz，"Analysis：Lies，Leaks，Death Tolls & Statistics,"*Jerusalem Post*，October 29，2010，1.

第七章

1. David Sanger,*Confront and Conceal：Obama's Secret Wars and Surprising Use of American Power* （New York：Crown，2012），188.

2. Ibid. ，195.

3. Peter Beaumont，"Stuxnet Worm Heralds New Era of Global Cyberwar," *Guardian*，September 30，2010.

4. Ibid.

5. 源于本书作者之一对拉尔夫·兰纳进行的一次电话采访。

6. John Markoff，"In a Computer Worm，a Possible Biblical Clue,"*New York Times*，September 29，2010.

7. Ellen Nakashima，"U. S. ，Israel Developed Flame Computer Virus to Slow Iranian Nuclear Efforts，Officials Say,"*Washington Post*，June 19，2012.

8. James Clapper，testimony before the Senate Select Committee on Intelligence，January 31，2012.

9. Barbara Opall-Rome，"Israeli Cyber Exports Double in a Year,"*Defense News*，

June 3, 2015, http: // www. defensenews. com/story/defense/policy-budget/cyber/2015/06/03/israel-cyber-exports-double/28407687/.

10. 下文关于以色列在叙利亚发动袭击的叙述主要依据外国媒体报道(包括《明镜周刊》和《纽约客》)和作者在对该行动理解基础上的推断。

11. Sharon Weinberger, "How Israel Spoofed Syria's Air Defense System,"*Wired*, October 4, 2007, http: // www. wired. com/2007/10/how-israel-spoo/.

12. Ibid.

13. Eric Follath, "The Story of Operation Orchard,"*Der Spiegel*, November 2, 2009, http: // www. spiegel. de/international/world/the-story-of-operation-orchard-how-israel-destroyed-syria-s-al-kibar-nuclear-reactor-a-658663-2. html.

14. Ibid.

15. David Makovsky, "The Silent Strike,"*New Yorker*, September 17, 2012.

16. Ibid.

17. Ibid.

18. Ibid.

第八章

1. Yoram Evron, "Sino-Israel Relations: Opportunities and Challenges," *INSS Strategic Assessment*, Vol. 10, No. 2, August 2007, http: // www. inss. org. il/index. asp? id＝4538&articleid＝1479.

2. "Weizman Initiated Eisenberg's Involvement in Chinese Arms Sales 20 Years Ago" [Hebrew], *Globes*, February 4, 1999, http: // www. globes. co. il/news/article. aspx? did＝82076.

3. Thomas Friedman, "Israel and China Quietly Form Trade Bonds,"*New York Times*, July 22, 1985.

4. Amon Barzilai, "The Phalcons Didn't Fly,"*Haaretz*, December 26, 2001.

5. A. M. Rosenthal, "On My Mind: The Deadly Cargo,"*New York Times*, October 22, 1999.

6. Sharon Samber, "Congress Urged Not to Link Israel Aid to China Arms," Jewish Telegraphic Agency, June 13, 2000.

7. Sadanand Dhume, "Revealed: The India-Israel Axis,"*Wall Street Journal*, July 23, 2014.

8. 下文中对以色列和新加坡关系的叙述主要依据新加坡国父李光耀的自传。Lee Kuan Yew:*From Third World to First*: *The Singapore Story*—1965-2000 (New York: Harper, 2000).

9. Amnon Barzilai, "Israeli Officers Reveal: This Is How We Founded the Singapore Military"[Hebrew],*Haaretz*, July 15, 2005.

10. Lee Kuan Yew,*From Third World to First*, 15.

11. See Barzilai, "Israeli Officers Reveal."

12. Ibid.

13. Duncan Lennox，ed. ，"AGM-142 Popeye 1/2? (Have Nap/Have Lite/Raptor/Crystal Maze) (Israel)，Offensive Weapons,"*Jane's Strategic Weapon Systems*，Issue 50 (Surrey：Jane's Information Group，January 2009)，78-80. See also Nuclear Threat Initiative's Israel Section：http:// www. nti. org/country-profiles/israel/delivery-systems/.

14. Nicholas Clayton，"How Russia and Georgia's 'Little War' Started a Drone Arms Race,"*Global Post*，October 23，2012.

15. WikiLeaks cable 09TELAVIV2757_a, https：// wikileaks. org/plusd/cables/09 TELAVIV2757 a.html.

16. WikiLeaks cable 08Moscow2785，https：// wikileaks. org/plusd/cables/08MOS-COW2785 a. html.

17. WikiLeaks cable 09MOSCOW2800_a，https：// search. wikileaks. org/plusd/cables/ 09MOSCOW2800 a. html.

18. WikiLeaks cable 09MOSCOW1111_a，https：// wikileaks. org/plusd/cables/09 MOSCOW1111 a. html.

19. WikiLeaks cable 09ABUDHABI192_a，https：// wikileaks. org/plusd/cables/09 ABUDHABI192 a. html.

20. WikiLeaks cable 09TELAVIV1340_a，https：// search. wikileaks. org/plusd/cables/ 09TELAVIV1340 a. html.

21. WikiLeaks cable 09TELAVIV1688_a，https：// search. wikileaks. org/plusd/cables/ 09TELAVIV1688 a. html.

22. Interview with Mary Beth Long in November 2015.

23. See WikiLeaks cable 09TELAVIV2757_a.

结语

1. Adam Ciralsky，"Did Israel Avert a Hamas Massacre?"*Vanity Fair*，October 21，2014，http：// www. vanityfair. com/news/politics/2014/10/gaza-tunnel-plot-israeli-intelligence.

2. Asa Fitch，"Early Failure to Detect Gaza Tunnel Network Triggers Recriminations in Israel,"*Wall Street Journal*，August 10，2014.

3. Saul Singer and Dan Senor，*Start Up Nation* (New York：Twelve Books，2009)，42.

原书索引